Em busca de um mundo perdido

Laura Rónai

Em busca de um mundo perdido

*Métodos de flauta do
Barroco ao século XX*

TOPBOOKS

Copyright © 2008 Laura Rónai

Direitos de edição da obra em língua portuguesa no Brasil adquiridos pela TOPBOOKS EDITORA. Todos os direitos reservados. Nenhuma parte desta obra pode ser apropriada e estocada em sistema de banco de dados ou processo similar, em qualquer forma ou meio, seja eletrônico, de fotocópia, gravação etc., sem a permissão do detentor do copyright.

Editor
José Mario Pereira

Editora-assistente
Christine Ajuz

Revisão
Sinval Liparoti

Capa
Noni Geiger

Diagramação
Arte das Letras

TODOS OS DIREITOS RESERVADOS POR
Topbooks Editora e Distribuidora de Livros Ltda.
Rua Visconde de Inhaúma, 58 / gr. 203 – Centro
Rio de Janeiro – CEP: 20091-000
Telefax: (21) 2233-8718 e 2283-1039
E-mail: topbooks@topbooks.com.br

Visite o site da editora para mais informações
www.topbooks.com.br

À memória de Paulo Rónai, meu pai
e à minha amiga Ruth Serrão

Sumário

ÍNDICE DE ILUSTRAÇÕES, 15
ÍNDICE DE EXEMPLOS MUSICAIS, 19

PREFÁCIO – *Luiz Paulo Sampaio,* 23

INTRODUÇÃO
Em Busca de Um Mundo Perdido, 25

UM POUCO DA HISTÓRIA DA FLAUTA
Uma Trajetória Tortuosa, 55
Do Século XVI ao Século XVIII, 60
A Flauta do Século XVIII, 64
Estéticas Contrastantes, 68
Construção e Estilo, 71
A Flauta de Boehm, 74
A Flauta Boehm Enfrenta a Oposição, 80
Em Direção ao Século XX, 82
A Cristalização de um Modelo, 86
Outros Caminhos são Trilhados, 91

EXERCÍCIOS DE MECANISMO:
UMA REVOLUÇÃO NO ESTUDO
Tradição ou Novidade?, 107
O Mundo se Transforma, 109

Uma Diferença Notável, 110

O Método de Quantz, 115

Universos Paralelos: Música e Técnica, 119

Um Novo Público Consumidor, 121

O Auge dos Estudos Melódicos, 122

Uma Demanda Crescente, 125

Uma Herança Viva, 130

EMBOCADURA E SONORIDADE: UMA PERSPECTIVA HISTÓRICA

Som, Marca Registrada, 133

Uma Imagem Vale Mais Do Que Mil Palavras?, 134

O Que é um Bom Som?, 140

Questão de Predisposição?, 142

Uma Mudança de Enfoque, 146

Certas Coisas não Mudam..., 150

Antes de Tudo, Postura!, 152

As Bases da Boa Embocadura, 157

Explicando a Prática, 159

Aplicando a Teoria, 162

O Queixo e a Afinação, 164

Vibrato, 166

ARTICULAÇÃO, OU A ARTE DE SE EXPRESSAR

A Pronúncia da Música, 175

Uma Escolha Pessoal, 178

Uma Classificação Problemática, 182

As Variantes do *Staccato*, 186

O Legato, 188

A Inegalité e Outros Efeitos Rítmicos, 192

Interpretação Versus Mecânica, 195

O Duplo-Golpe no Banco Dos Réus, 197

A Palavra Impera, 203

Uma Questão de Concepção, 206

TEORIA E PRÁTICA DA
IMPROVISAÇÃO PARA A FLAUTA

Duas Culturas, Dois Estilos, 212

Uma Saudável Profusão de Símbolos, 214

Menos é Mais?, 216

A Partitura Como Esboço, 219

Notação Ornamental: Auxílio ou Entrave?, 221

Estabelecendo os Princípios, 226

Música Italiana, Escola Francesa, 230

A Província dos Profissionais, 232

Duas Obras Imprescindíveis, 233

O Método de Quantz, 234

A Improvisação Sai de Cena, 237

Razões para o Declínio, 240

CONCLUSÃO, 245
BIBLIOGRAFIA, 257
ÍNDICE ONOMÁSTICO, 271

APÊNDICE: TEXTOS ORIGINAIS

Capítulo I: Um Pouco da História da Flauta, 279

Capítulo II: Exercícios de Mecanismo: Uma Revolução no Estudo, 285

Capítulo III: Embocadura e Sonoridade: Uma Perspectiva Histórica, 288

Capítulo IV: Articulação, ou a Arte de se Expressar, 299

Capítulo V: Teoria e Prática da Improvisação para a Flauta, 309

Índice de Ilustrações

Índice de Ilustrações

1. Pé com sistema de rolotês...56
2. Flautas modernas de ouro e prata (Haynes) 57
3. Algumas Flautas Barrocas (de cima para baixo): Grenser, 1796; Stanesby, 1735; Naust, 1690...58
4. Orifícios típicos: redondos barrocos, oval clássico, quadrado romântico, oval tipo Reform...................................59
5. Consort de flautas Bassano...60
6. Flauta com quatro corpos de troca, atribuída a Johann Joachim Quantz; Berlim, ca. 1740-50.................................64
7. Ilustração do Método de Camus (1839: 10) 78
8. Apoio de punho, flauta Hammerschmidt, 1940. 78
9. Flauta Laube-Boehm, 1832...82
10. Flauta Laurent, detalhe de mecanismo 83
11. Flauta Laurent..84
12. Três flautas Laurent, feitas de cristal....................................84
13. Flauta Djalma Juillot...85
14. Flauta Nicholson-Prowse...87
15. Flauta Nicholson-Clementi 87
16. Flauta Rudall, de sistema antigo, ca. 1820.............................90
17. Flauta Rudall and Rose, 1828 91

18. Flauta Siccama..92
19. Flauta Pratten Perfected..92
20. Flauta de sistema Meyer..93
21. Flauta Rudall & Carte, 1867...93
22. Catálogo francês, século XIX 95
23. Catálogo Zimmerman, 1889...95
24. Da esquerda para a direita, as flautas mostradas são:Giorgi
(desenho de contorno); Sistema Meyer; Sistema Ziegler;
Sistema Pupeschi; Sistema Schwedler-Kruspe; Flauta
Alto Boehm; Flauta Reform; Flauta Cônica Boehm (estilo
Bürger); Flauta Boehm de madeira; Flauta Boehm de Metal.........96
25. Detalhe de dois porta-lábios de ebonite 97
26. Flauta Rockstro (notar o bocal elevado)............................97
27. Godfroy, 1860, corpo cônico de jacarandá,
mecanismo em prata...98
28. Alemã, 10 chaves, cabeça em marfim, corpo
cônico de madeira...98
29. C. G. Conn. Entre 1907 e 1912, cabeça em madeira,
corpo cilíndrico em prata..98
30. Flauta Rudall-Carte, final do século XIX/ início do século XX.
Dois bocais, um de madeira, outro de prata.......................98
31. G. Rudol Uebel, prata e alumínio, 1969.............................99
32. Flauta de fibra de carbono de Matti Kähönen..................100
33. Detalhe de flauta Matti Kähönen 2003.............................100
34. Detalhe de flauta Arista moderna, de madeira e prata..............101
35. Flauta irlandesa Terry McGee, 2002 (baseada em Rudall)..........101
36. Flauta Metzler, anterior a 1860, utilizada
para música irlandesa 102
37. Flauta John Lunn, 2002 246

Índice de exemplos musicais

Índice de exemplos musicais

I.	Bach: Trecho de Christ Lag in Todesbanden	72
II.	Bach: Sonata em Si menor, BWV 1030 para flauta e cravo	73
III.	Quantz: Solfejos	111
IV.	Popp: Exercício de mecanismo	126
V.	Krakamp: trecho de Exercício de mecanismo para flauta	128
VI.	De Lusse: perlé	181
VII.	De Lusse: aspiré	181
VIII.	De Lusse: golpe duplo	181
IX.	De Lusse: síncope	182
X.	Boismortier: Sonata para duas flautas, Sarabanda	186 / 187
XI.	Tartini: Adágio	213
XII.	Hotteterre: Allemande	213
XIII.	Tabela de ornamentos de autores franceses	215
XIV.	Telemann: Sonata Metódica em si menor, para flauta e b.c (compassos 1 a 5)	221
XV.	Platti: Sonata opus 3, nº VI, em sol maior, Arietta con Variazioni	222
XVI.	De Lusse: Sonata Armonica	223
XVII.	Corelli: Sonata IV para violino e b.c.	223
XVIII.	Boismortier: Suíte II para flauta solo	228
XIX.	Hotteterre: Prelúdios para flauta	229

Prefácio

Prefácio

Luiz Paulo Sampaio

Prefaciar o belo resultado de uma pesquisa que trouxe à luz uma importante tese de doutorado em música é ao mesmo tempo um prazer e um privilégio.

No caso deste livro de Laura Rónai, o fruto é, além de magnífico, muito saboroso e, para quem, como eu, um dos examinadores de sua defesa de doutorado, acompanhou parte do processo de sua criação, há também a alegria de ver difundir-se mais amplamente um trabalho original, de grande valia tanto para a área da musicologia quanto para a prática interpretativa.

Em geral, as teses de doutorado levam a fama (freqüentemente merecida) de serem textos de grande seriedade, escritos numa linguagem técnica e erudita, de difícil leitura. Não é o caso aqui: Laura Rónai mostrou que, além do talento musical, foi agraciada com o dom da palavra escrita e seu texto flui de modo elegante e altamente agradável à leitura sem deixar de lado o rigor científico e a profunda reflexão que caracterizam e fundamentam a pesquisa acadêmica.

A tudo isso vem somar-se um mergulho profundo num tema, tão importante quão fascinante, que permanecia envolto pelas misteriosas brumas da História. Desde a mais remota antiguidade a flauta sempre ocupou uma posição ímpar no universo musical, mas foi a partir do barroco que conheceu uma evolução extraordinária, tanto no que se refere ao seu fabrico quanto às técnicas de sua execução. Para resgatar esse conhecimento perdido foi preciso que alguém com o perfil da autora – que tem formação como flautista e subseqüente especialização em flauta barroca – pudesse resgatar os valiosos ensinamentos dos tratados do Barroco e do século XIX, trazendo-os para perto de nosso tempo, permitindo assim que iluminem a prática de um amplo e importante repertório do instrumento, que não cessa de crescer.

Após constatar, numa revisão bibliográfica da literatura especializada, a inexistência de qualquer texto abordando a história da flauta sob o ponto de vista das transformações nos hábitos de seu ensino, a autora explica a importância desse resgate quando escreve: "Ao cotejar métodos de flauta dos séculos XVIII e XIX, procurei traçar as linhas mestras que moldaram as diferentes escolas de flauta do Ocidente. A análise dos principais tratados do período me forneceu uma perspectiva histórica do ensino e da prática da música de um passado relativamente recente, que recebemos como herança e que afeta os nossos hábitos musicais até hoje."

Além de tudo o que ficou dito acima, esse texto também traz uma contribuição significativa para o estudo do repertório dos séculos XVII, XVIII e XIX : ao mostrar como a gradual mudança do estilo e da prática musicais levou a novos desafios – e conquistas – dos intérpretes, o que, por sua vez, provocou a elaboração de novos métodos de ensino do instrumento, ele nos fornece pistas de importância essencial para instrumentistas e musicólogos no que se refere aos problemas de interpretação da flauta e sua transformação ao longo de três séculos.

Pelo seu caráter inédito, pela profundidade da pesquisa e pela reflexão que provoca este é um estudo imprescindível para os flautistas e para todos aqueles que se dedicam ao repertório musical seja ele barroco, clássico ou romântico. Mas também representa uma leitura agradável e altamente instrutiva para quem ama a música e sua história.

Assim sendo, só nos resta esperar que este livro percorra um caminho em sentido inverso daquele a que estamos habituados aqui no Brasil e que, a partir desta publicação, seja rapidamente vertido e editado, em inglês, francês, italiano, alemão e outros idiomas.

Afinal, nossos irmãos, musicistas ou apenas amantes da música, sejam eles do Norte ou de outros quadrantes desse nosso esplêndido planeta azul, também merecem o benefício de sua instigante e aprazível leitura.

Rio de Janeiro, maio de 2006.

Agradecimentos

À Ana Luiza Martins Costa, revisora de primeira e amiga de todas as horas, por me aconselhar em relação a estilo, formatação e idéias. E pela torcida incansável.

Ao Hermano Taruma, pela paciência.

A Veruschka Mainhard e Alcimar do Lago, pelo empréstimo gentil de inúmeros tratados.

À Lílian Krakowski, por ajudar a abrir a minha cabeça.

Ao Tom Moore, pelas excelentes sugestões, por conseguir vários manuscritos valiosos, e finalmente, por me fazer acreditar em mim.

A todos os meus alunos, por participarem desta odisséia, mas principalmente ao Alexandre Bittencourt, leitor cuidadoso e crítico, e ao Claudio Frydman, um autêntico rato de biblioteca, e grande auxiliar de pesquisa.

À Sandra Miller, que me viciou na flauta barroca.

A meu pai, Paulo Rónai, e a José Maria Neves e Michael Wrigley, *in memoriam*.

A Júlia e Manoela Rónai Porto, por serem a minha força vital.

À minha mãe, Nora Tausz Rónai, por todas as razões.

Music
Amy Lowell (1874-1925)

The neighbor sits in his window and plays the flute.
From my bed I can hear him,
And the round notes flutter and tap about the room,
And hit against each other,
Blurring to unexpected chords.
It is very beautiful,
With the little flute-notes all about me,
In the darkness.

In the daytime,
The neighbor eats bread and onions with one hand
And copies music with the other.
He is fat and has a bald head,
So I do not look at him,
But run quickly past his window.
There is always the sky to look at,
Or the water in the well!

But when night comes and he plays his flute,
I think of him as a young man,
With gold seals hanging from his watch,
And a blue coat with silver buttons.
As I lie in my bed
The flute-notes push against my ears and lips,
And I go to sleep, dreaming.

Introdução

Introdução

Os autores não tinham uma percepção de estarem escrevendo para a posteridade, e, portanto, freqüentemente deixavam de documentar o que era óbvio para seus pares, mas que poderia soar estranho para o leitor de hoje. A maioria dos autores de manuais viajava muito pouco e o que sabiam das práticas de outros lugares era apenas o que eles mesmos podiam deduzir examinando a própria música. Isso era às vezes muito pouco, como sem dúvida se dão conta os intérpretes de hoje.
Em última análise, tratados e tutores deixam muitas perguntas sem resposta. Mesmo quando podem ser interpretados inequivocamente, é impossível saber se um compositor ou intérprete não estava apenas tentando provar que um determinado teórico estava certo. Não é nem um pouco claro o quanto a música do período e seus tratados eram amplamente conhecidos. Poucos livros ou obras musicais sobreviveram com mais do que um punhado de cópias.[1]

(Selfriedge-Field, 1989: 13).[1]

Em Busca de Um Mundo Perdido

Apesquisa que deu origem a este livro surgiu de um interesse antigo pela evolução da metodologia de flauta. Desde que comecei meus estudos de música, constatei que os mais variados professores se utilizavam de um mesmo método, o de *Taffanel & Gaubert*. Quando muito, usavam como métodos de apoio os de *Gariboldi* ou *Altès*, e os três me pareciam bastante

---

[1] Praticamente todas as citações foram traduzidas por mim. As poucas exceções trazem o nome do tradutor na bibliografia. Optei por disponibilizar este rico acervo para aqueles que possam se interessar, anexando todos os textos originais em um apêndice ao final do livro, numerados em algarismos romanos.

parecidos (até materialmente; afinal, são todos editados pela firma francesa *Leduc*). Isso me intrigou: será que não existiam outros métodos? Se existiam, o que diziam eles? Será que a flauta, como instrumento, mudara tanto que todos os métodos que os precederam, escritos antes da flauta Boehm dominar o mercado, deveriam ser desconsiderados?

Para isso, eu precisava descobrir o que diziam os tratados anteriores ao século XX. A simples procura desses métodos antigos foi uma aventura emocionante, na qual se engajaram vários colegas e amigos do mundo todo, que acharam textos preciosos escondidos em lugares inusitados. Na Escola de Música da UFRJ, uma queima de livros usados, estragados pela chuva e considerados sem interesse maior, me forneceu o *Manual do Flautista*, de Pedro de Assis, publicado em 1925. O pequeno e delicioso livro de P. Scudo, edição original de 1860, foi garimpado por um aluno numa pilha de livros a dois reais, em um sebo de Copacabana. E foi na coleção de livros raros da Biblioteca Nacional que me deparei com um exemplar de uma revista inglesa de 1827, organizada por W. N. James, contendo críticas detalhadas de recitais e também de peças para flauta. Eu já ouvira falar desta revista (ela é mencionada no estudo introdutório ao Método de Hugot[2] & Wunderlich[3]), mas não conseguira localizá-la nem mesmo nas

---

[2] A maioria das notas biográficas de compositores, até o final do livro, foi por mim traduzida e adaptada do *Grove Dictionary of Music and Musicians* (versão on-line). As biografias de alguns flautistas cujos nomes não se encontram no *Grove* foram levantadas na *The International Cyclopedia of Music and Musicians* (1949) ou na Internet.

A. (Antoine?) Hugot (1761-1803). Flautista francês, começou seus estudos com Atys. Quando Viotti formou a orquestra para os *Buffons Italiens*, em 1789, Hugot obteve a posição de primeiro-flautista, e seu irmão mais velho a de segundo-flautista. Apesar de mudanças no Teatro (que virou *Opéra Comique*), Hugot conseguiu manter seu posto na orquestra. Dono de excelente reputação, Hugot era considerado por muitos como o melhor flautista dentre seus pares. Em 1792, foi nomeado professor do Conservatório. Quando ainda estava empenhado em terminar o seu Método de flauta, Hugot foi acometido de violenta febre, e no ápice do desespero, se apunhalou diversas vezes e acabou se suicidando, ao se jogar de uma janela do quarto andar.

[3] Johann Georg Wunderlich (1755-1819). Nascido na Alemanha, Wunderlich começou seus estudos com o pai, posteriormente mudando-se para Paris, onde estudou com Rault. Em 1782 obteve o posto de segundo-flautista na *Grand Opéra* de Paris. De 1787 a 1813, exerceu o cargo de diretor da *Grand Opéra*. De 1795

melhores bibliotecas dos Estados Unidos. Neste exemplar obtive algumas informações fundamentais a respeito da vida musical do século XIX, em geral, e de técnicas flautísticas, em particular. O fac-símile do método de Nicholson[4], escrito em 1836, foi capturado através da Internet, num *site* dedicado à música folclórica... irlandesa!

O tratado de Quantz[5] (1752) foi o mais fácil de conseguir. Johann Joachim Quantz é o autêntico herdeiro daquele que costumamos chamar de "o homem da Renascença". Flautista de méritos reconhecidos, professor de Frederico II, o Grande, construtor de instrumentos de mão-cheia, compositor de boa cepa, Quantz não esquece jamais as razões musicais que estão sempre por trás de qualquer análise técnica. Seu tratado é mais do que apenas um amontoado de informações. Revela uma personalidade fascinante, um homem antenado com seu tempo, organizado em seu pensamento, dono de uma visão ampla do fenômeno musical, e principalmente, capaz de escrever com estilo fluido e envolvente. Precisamente por isso, seu Método consegue a proeza de se manter atual, independente da passagem

---

até 1816 foi professor do Conservatório de Paris, tendo entre seus alunos Tulou e Berbiguier. Além da colaboração com Hugot, escreveu sonatas, solos e peças diversas para seu instrumento.

[4] Charles Nicholson (1795-1837). Flautista e compositor inglês que teve brilhante carreira a partir da segunda década do século XIX. Primeiro-flautista dos *Concertos da Philharmonic Society* e de outras orquestras importantes de Londres, Nicholson era conhecido por sua técnica brilhante e fluente. Foi igualmente reconhecido como professor e autor de métodos para seu instrumento. Nicholson usava uma flauta feita por George Astor (ca.1778-ca.1831) modificada por seu pai, também flautista renomado. O estilo Nicholson de tocar, assim como o repertório que ele favorecia (temas e variações, melodias líricas com traços nacionais) e o som potente de seu instrumento, logo viraram uma coqueluche em Londres.

[5] Johann Joachim Quantz (1697-1773). Flautista e teórico, fez estudos musicais completos em Merseburg, Dresden e Viena (com Zelenka), mas só veio a aprender flauta (o instrumento que o tornou célebre) com a idade de 22 anos, quando era oboísta da Capela Real de Dresden. De 1724 a 1727 visitou Praga (onde ouviu Tartini), Roma (onde estudou contraponto com Gasparini), Nápoles (onde freqüentou Scarlatti, Hasse e Leo), Parma, Milão, Turim, Lyon, Paris e Londres. A partir de 1718 tornou-se professor de Frederico II, então príncipe herdeiro. Em 1741, este se tornou rei e o nomeou Músico de Câmara e Compositor da Corte. Quantz escreveu cerca de 300 concertos para uma ou duas flautas, e aproximadamente 200 peças instrumentais diversas, além do *Tratado* (1752).

dos anos e das mudanças de gosto musical decorridas desde então. Seu livro continua disponível no mercado, e nunca deixou de ser uma referência para músicos de todas as épocas.

O tratado de Johann Georg Tromlitz[6] também deveria poder ser encontrado em qualquer boa biblioteca. O exemplar que utilizo foi obtido através da *Amazon.com*. Tromlitz escreve grande parte de seu tratado como uma resposta a Quantz, ou pelo menos com o tratado de seu predecessor em mente, e perde, portanto, no quesito originalidade. Mas é inegável que seu livro é uma obra de paixão, que percorre várias facetas da execução flautística com competência e graça. O capítulo sobre articulação, para citar apenas um exemplo, contém a mais exaustiva e importante discussão sobre o assunto, até o nosso século. Tromlitz descreve com grande clareza todo o processo de articular as notas, do movimento que a língua faz dentro da boca, ao caminho percorrido pelo ar até se transformar em som. Em nada menos do que sessenta e uma páginas, discute minuciosamente cada aspecto ligado aos golpes de língua, e o faz de maneira sistemática e eficiente.

De todos os autores estudados, e não por acaso, Quantz e Tromlitz são os que oferecem o estudo mais detalhado de assuntos como interpretação, improvisação, sonoridade e articulação. Como bons alemães e homens inseridos em seu tempo, ambos exibem uma abordagem abrangente do ensino da flauta. A excelente tradução para o inglês do tratado de Tromlitz, por Ardal Powell, publicada recentemente (1991), fará certamente com que este texto, até bem pouco tempo quase inacessível aos estudiosos da história da *performance* passe a ser um livro tão consultado e citado quanto o de Quantz, verdadeira bíblia do flautista.

O que se revela fascinante no estudo comparativo dos métodos do passado é justamente a descoberta de tesouros que se encontram fora do alcance da maioria dos flautistas modernos. Algumas dessas obras se destacam pela

---

[6] Johann Georg Tromlitz (1725-1805). Flautista, teórico e construtor de flautas alemão, Tromlitz começou a construir flautas em 1750, por estar descontente com os instrumentos então disponíveis. A partir de 1754, ocupou o lugar de primeiro-flautista da orquestra que atualmente se chama *Gewandhaus-Orchester*. Em 1776, abandonou a orquestra para fazer *tournées* e se dedicar à construção de instrumentos.

qualidade dos conselhos (Quantz, Tromlitz), outras pelo estilo saboroso (Prelleur[7], James), outras ainda pelo alto nível de composição musical (Bordet[8], Hotteterre[9]). Às vezes é a progressão cuidadosamente planejada que atrai (Vanderhagen[10]), outras vezes, a primorosa apresentação gráfica: quem resistiria à caligrafia clara e bela de Bordet, e à disposição verdadeiramente artística de suas tabelas e gráficos? Alguns autores se notabilizam pelo raro equilíbrio entre todos esses aspectos (Devienne[11],

[7] Peter Prelleur (ca.1720-ca.1745). Descendente de Huguenotes, Prelleur levava uma vida dupla. Era organista da famosa *Christ Church*, em Londres, e escreveu uma boa quantidade de música litúrgica. Ao mesmo tempo escrevia música incidental e óperas cômicas para os muitos teatros e cabarés do East-End, região onde morava. Além de tocar órgão com extremo virtuosismo, era exímio cravista. As primeiras edições de seu Método foram publicadas anonimamente.

[8] Toussaint Bordet (ca.1710-ca.1775). Compositor francês, escreveu inúmeras coleções de árias para viola, flauta e outros instrumentos. Algumas dessas peças eram adaptações de óperas famosas (de Rameau, Rebel, Francoeur e outros). Por volta de 1780, lançou um volume de *Airs variés pour flûte et basse*, que obteve enorme sucesso junto aos músicos da época.

[9] Jacques-Martin Hotteterre [le Romain] (1673-1763). Membro mais importante de ilustre família francesa de instrumentistas e fabricantes de instrumentos, teve carreira longa e brilhante como flautista, professor e compositor. Músico da Orquestra Real, seu inventário mostra que atingiu posição verdadeiramente extraordinária na corte, possuindo várias mansões em Paris. Igualmente à vontade ao compor nos estilos italiano e francês, Hotteterre era capaz de expressar tanto paixão quanto inocência pastoral. Suas obras são repletas da singeleza e do charme das canções populares da época, e revelam um compositor completo, que conhecia profundamente não apenas as técnicas de composição mas também os instrumentos para os quais escreveu. Foi responsável pelo surgimento da Escola Francesa de Flauta, sendo ele mesmo emblemático da nova era que estabeleceu para a flauta. Por sua influência direta, quando o *Concert Spirituel* começou, em 1725, a flauta dividia os holofotes com o violino.

[10] Amand (Jean François Joseph) Vanderhagen (1753-1822). Clarinetista flamengo, filho de um organista de Hamburgo que morou em Rotterdam e na Antuérpia. Começou a carreira como cantor de coro, depois foi a Bruxelas ter aulas com o tio, oboísta. Em 1785 já morava em Paris, onde publicou seu *Méthode nouvelle et raisonnée pour la clarinette*, o primeiro Tratado escrito para esse instrumento. Tocou na Banda do Regimento da Guarda Real Francesa de 1786 a 1788. Exerceu importantes cargos militares durante toda a vida. A partir de 1805 foi clarinetista da orquestra do *Théatre-Français*, tendo sido condecorado em 1807 com a medalha da *Légion d'honneur*. Prolífico compositor de música militar e para sopros, Vanderhagen é conhecido principalmente por suas obras didáticas para flauta, oboé e clarineta.

[11] Francois Devienne (1759-1813). Flautista e fagotista francês, teve as primeiras aulas com o irmão. Em 1788 conseguiu o posto de primeiro-fagotista no *Théâtre de Monsieur*. Em 1793 passou a ocupar a posição de fagotista na *Opéra*. Dois anos

Taffanel[12] & Gaubert[13]); outros pela originalidade. O fato é que a extrema criatividade e mesmo audácia de um De Lusse, o bom senso de um Vanderhagen, a objetividade de um Mahaut[14], nos fazem rever nossos próprios conceitos e despertam o desejo de descobrir outros tratados que podem ainda estar perdidos nas prateleiras de alguma biblioteca obscura.

Aos poucos, consegui coletar um acervo riquíssimo, não apenas de fontes secundárias como principalmente de fontes primárias. Ao todo, trabalhei com um universo de 78 métodos, sendo 32 do século XVIII, 24 do século XIX, e 22 posteriores a 1900. Quanto às nacionalidades, como era de se

depois, já era professor de flauta do Conservatório de Paris. Escreveu 13 concertos para flauta, sinfonias para sopros, quartetos e trios para diversas formações, 84 duetos e inúmeros solos para flauta, além de concertos para fagote. Seu Método teve carreira longa e muito bem sucedida, sendo copiado no mundo inteiro. Devienne morreu de estafa (quem diria!), num sanatório francês.

[12] Claude-Paul Taffanel (1844-1908). Flautista francês, é considerado o pai da moderna Escola Francesa de Flauta que se tornou dominante a partir de meados do século XX na Europa e nos Estados Unidos. Estudou com Louis Dorus no Conservatório de Paris, tendo se diplomado em 1860. Até sua morte, teve uma carreira brilhante como solista e músico de orquestra, sempre procurando desenvolver uma identidade musical nacional. Tornou-se professor do Conservatório em 1893, sendo responsável por grandes mudanças tanto em relação aos métodos de ensino utilizados quanto ao repertório recomendado, reintroduzindo a música Barroca assim como a de compositores estrangeiros. Ao morrer, deixou incompleto seu Método, que foi terminado pelos alunos Louis Fleury e Philippe Gaubert.

[13] Philippe Gaubert (1879-1941). Flautista, regente e compositor francês, foi o mais célebre dos alunos de Paul Taffanel, tendo recebido o *Premier Prix* do Conservatório de Paris em 1894. Estudou também composição, e recebeu o segundo lugar no *Prix de Rome* de 1905. Tocou na Orquestra da *Ópera de Paris* e na *Société des Concerts du Conservatoire*, tendo sido também solista consagrado. A partir de 1904, passou a se dedicar à regência tornando-se maestro assistente da *Société des Concerts*. Em 1919, assumiu o posto de maestro principal da *Société des Concerts* e de professor do Conservatório. No ano seguinte foi nomeado maestro da orquestra do *Théatre de l'Opéra*, e em 1931, seu diretor artístico. Gaubert escreveu inúmeras obras para flauta, assim como óperas, *ballets*, peças sinfônicas e canções.

[14] Antoine Mahaut (1719-ca.1785). Flautista flamengo, nasceu numa família de músicos, e provavelmente começou os estudos com o pai, também flautista. Quando ainda adolescente foi empregado pelo Bispo de Strickland, e o acompanhou a Londres, onde conheceu o editor John Walsh, que acabou publicando suas *Seis Sonatas ou Duetos*. Ao voltar para Namur, em 1737, serviu à esposa de Walter de Colijaer, e posteriormente mudou-se para Amsterdam onde fez carreira como instrumentista e professor. Viajou muito pela Europa, e fez amizade com o flautista P.-G. Buffardin, a quem dedicou seis trio sonatas e dois concertos. Seu Método de flauta foi publicado simultaneamente em francês e holandês, tendo obtido merecido sucesso.

esperar, predominam os autores franceses, com 31 métodos. Os ingleses comparecem com 8, os alemães com 7, os italianos com 6, os norte-americanos com 12 (concentrados no século XX, naturalmente) e os brasileiros com 3. Os restantes têm as procedências mais diversas.

A própria obscuridade em que se encontrava a maior parte desses tratados atesta o descrédito e esquecimento em que haviam mergulhado. Isso reforçou a minha convicção de que era necessário resgatá-los e examiná-los com novos olhos, deixando de considerá-los como mera curiosidade musicológica. Minha formação como flautista, e subseqüente especialização em flauta barroca, me ajudou a trazer os tratados barrocos mais para perto de nosso tempo, e me possibilitou aplicar seus ensinamentos na prática.

Neste livro, baseei-me nos métodos mais comumente citados em estudos musicológicos, como os de Hotteterre (1707), de Quantz (1752) e de Tromlitz (1791), mas também nos menos cotados Bordet (1755), Mahaut (1759), Cambini (1793), Camus (1839), Krakamp (1847) e Popp (1870), entre outros. Desses, há algumas análises importantes, como os excelentes estudos introdutórios aos livros de Vanderhagen, Devienne e Cambini (por Castellani), Quantz (por Reilly), Mahaut e Tromlitz (por Hadidian) e Hugot & Wunderlich (por Jenkins). Existem também obras que discutem aspectos específicos da música antiga, como o imenso tratado de ornamentação de Neumann e o livro sobre articulação de Castellani, que usam os métodos como fonte de exemplos. Mas nenhum desses estudos se propõe analisar todos os métodos comparativamente.

Ao cotejar métodos de flauta dos séculos XVIII e XIX, procurei traçar as linhas mestras que moldaram as diferentes escolas de flauta do Ocidente. A análise dos principais tratados do período me forneceu uma perspectiva histórica do ensino e da prática da música de um passado relativamente recente, que recebemos como herança e que afeta os nossos hábitos musicais até hoje.

*

Quando se discute a aquisição de "técnica" flautística, diferentes aspectos de execução são normalmente evocados: a qualidade e afinação do som, a agilidade dos dedos e da língua, os diversos tipos de articulação e finalmente os assuntos mais propriamente ligados a estilo e interpretação. No decorrer dos séculos, a abordagem desses aspectos de execução musical variou bastante, à medida que foram se ampliando os recursos técnicos do instrumento e a demanda de virtuosismo. Minha principal intenção era mapear essas mudanças, inserindo-as em seu contexto, e verificar sob que forma se manifestam na moderna pedagogia do instrumento.

Como veremos no Capítulo I, "Um Pouco da História da Flauta", durante os séculos XVII e XVIII, a flauta sofreu modificações que visavam torná-la um instrumento mais afinado e com maiores recursos técnicos e expressivos. Na França, especialmente, muitas inovações (como a perfuração cônica e uma chave para o ré#) acabaram por transformar a flauta em um dos instrumentos mais populares entre amadores e profissionais. De 1750 a 1850, já contando com um repertório bem amplo, a flauta foi motivo de pesquisa e experimentação para inúmeros fabricantes. As mudanças efetuadas na flauta fizeram dela um instrumento de aceitação generalizada, e acabaram por destronar de vez a flauta doce. O som da flauta transversal, mais expressivo, passou a ser comum, tanto em meios profissionais, quanto entre amadores abastados.

Por volta de 1775, no ápice do período clássico, a flauta passou a ter seis e às vezes até oito chaves, para facilitar a digitação de passagens rápidas. Nesse período ela sofreu mais modificações do que em todos os séculos anteriores, pois os ideais estéticos haviam mudado, e a flauta barroca já não mais preenchia os novos requisitos. As salas de concerto deixavam de ser apenas o salão dos nobres refinados e suas comitivas.

O público alvo era agora a burguesia e as salas de concerto se tornavam mais amplas, sendo necessário que se produzisse um som mais potente e penetrante, com uma capacidade de emissão de intervalos cada vez maiores. Não apenas as flautas, mas todos os instrumentos tinham seus sons ampliados. Afinal, o próprio nível geral de ruído era cada vez maior, e os instrumentos tentavam se sobressair. Como bem observa R. Murray Schafer (2001: 115):

> O aumento de intensidade da potência do som é a característica mais marcante da paisagem sonora industrializada. A indústria precisa cres-

cer: portanto, seus sons precisam crescer com ela. Esse é o tema estabelecido nos últimos duzentos anos. De fato, o ruído é tão importante como meio de chamar a atenção que, se tivesse sido possível desenvolver a maquinaria silenciosa, o sucesso da industrialização poderia não ter sido tão completo. Para maior ênfase, digamos isso de forma mais drástica: se os canhões fossem silenciosos, nunca teriam sido utilizados na guerra.

Assim, os fabricantes da época começaram a procurar soluções que aumentassem o volume de som de seus instrumentos. Sem contar que o fortalecimento da afinação temperada, e o conseqüente enfraquecimento da Teoria dos afetos[15], até então determinante na composição e mesmo na prática instrumental da época, exigia uma furação diferente, que permitisse a execução de peças em qualquer tonalidade.

*

Com o sistema de temperamento igual, era preciso também criar a possibilidade de compor para a flauta (e tocar!) em tonalidades variadas, sem abusar dos dedilhados de forquilha[16], que impossibilitavam a execução de peças muito cromáticas ou com excesso de bemóis. A flauta transversal não foi o primeiro dos instrumentos barrocos a adquirir chaves adicionais para a execução de cromatismos. A *musette*[17] já tinha várias chaves desde

---

[15] Teoria dos afetos (em alemão, *Affektenlehre*): termo que descreve um conceito estético originalmente derivado das doutrinas gregas e latinas da oratória e da retórica. Assim como os oradores empregavam os recursos da retórica para controlar e dirigir as emoções de seu público, os compositores buscavam mover os *afetos* (i.e. emoções) do ouvinte. Da retórica, a música herdou não apenas a terminologia como também muitas analogias entre as duas artes. Os *afetos* seriam estados emocionais racionalizados que os compositores tentavam refletir na música a partir dos textos que serviam de base para a música vocal, de início, e depois mesmo para a música instrumental. Normalmente cada peça (ou movimento) exibia uma paixão preponderante, como tristeza, coragem, alegria, amor. Muitos autores do período escreveram páginas e mais páginas na tentativa de definir e codificar essas paixões em forma de música, indicando as conotações respectivas de cada estilo, forma, movimento de dança, ritmo, tonalidade ou instrumento.

[16] Dedilhados de forquilha são aqueles nos quais se alternam dedos pares e ímpares simultaneamente, gerando notas de qualidade desigual.

[17] Pequena gaita de foles que gozou de grande popularidade na França nos séculos XVII e XVIII, a *musette* era considerada um instrumento aristocrático. No século

o século XVII, mas os instrumentos de sopro ainda resistiam às modifica-ções. Na flauta, estas foram introduzidas, pela primeira vez, pelos ingleses – especialmente Florio, Gedney e Potter –, que começaram também a fazer instrumentos com pé em dó, um pouco antes de 1760.

De fato, as novas idéias sociais e políticas encontravam eco em conceitos musicais: o temperamento igual, que contém a noção de democracia entre as várias tonalidades e oferece a possibilidade de uma liberdade até então inaudita, torna-se particularmente atraente para compositores e intérpre-tes. Pode-se tocar música em qualquer tonalidade! Uma tonalidade não é inferior a outra!

*

Desse ponto em diante, e devido às modificações introduzidas no ins-trumento, a ênfase passa a recair sobre a riqueza de timbres, resultante da mistura entre a flauta, o instrumento barroco por excelência, e as cordas, que dominaram totalmente o clássico. As formas que então se destacam são os concertos para flauta e orquestra e os quartetos para flauta, dos quais os de Haydn e Mozart são os mais conhecidos. Aos poucos, durante o século seguinte, além da adição de chaves e da mudança de furação, começa a se manifestar na Europa uma predileção por madeiras mais duras, como o ébano, que permitiam uma parede mais fina e ressonante, em contrapo-sição à grande variedade de materiais existentes nas décadas anteriores, como o buxo,[18] a cerejeira, o marfim, a porcelana, o cristal.

XVII seu uso era restrito principalmente à execução de danças rústicas. Sua exten-são foi paulatinamente ampliada e, com a adição de um segundo tubo, acordes pas-saram a ser possíveis. O instrumento e suas técnicas são descritos cuidadosamente no *Méthode pour la musette* (Paris, 1737), de Hotteterre. Sonatas e Suites para uma ou duas *musettes* foram publicadas por Boismortier, Chédeville, Corrette, Lavigne, Aubert e outros. Por volta de 1760, a *musette* entrou em declínio.

[18] Madeira obtida de uma pequena árvore da família das buxáceas, muito útil para marchetaria, torno, instrumentos musicais de sopro e instrumentos de desenho. Não é uma madeira muito estável, e é menos densa do que as outras comumente usadas para fazer flautas. Mas produz som muito suave e doce, e seu peso leve é considerado uma vantagem por muitos flautistas. A coloração inicial do buxo é de um amarelo bem claro, e com o passar do tempo escurece até um rico tom de mel.

No período Romântico, normalmente sendo confeccionada em ébano ou prata, a flauta já era parte integrante da orquestra sinfônica, merecendo alguns dos mais belos solos orquestrais que se conhecem. Mesmo compositores que nunca escreveram especificamente para a flauta, como Brahms, por exemplo, desenvolveram para este instrumento, na orquestra, linhas melódicas de sentida beleza. O parceiro camerístico mais comum para a flauta passou a ser, então, o piano, instrumento-símbolo do Romantismo, e peças de grande dificuldade técnica, entre as quais a mais famosa provavelmente é "Trockene Blumen", de Schubert, consagraram uma combinação considerada eterna: flauta e piano.

*

Acompanhar de perto essas transformações e a mudança nos hábitos de ensino é tarefa fascinante. Curiosamente, percorrendo a literatura especializada, não encontrei nenhum trabalho que abordasse a história da flauta sob este ponto de vista. Quando muito, enfocam o desenvolvimento da prática musical em relação ao contexto social, como os excelentes livros de Harnoncourt, que estabeleceu um novo paradigma para a interpretação da música do passado.

É exatamente no período que poderíamos chamar de neoclássico que emerge uma classe média representativa, e o músico, tanto o intérprete quanto o compositor, deixa de ser apenas um empregado da classe nobre, para adquirir um status mais elevado, ou seja, o de membro da mesma burguesia que consome sua arte. Como já foi observado por Marcello Castellani (1984: 1), no ensaio que acompanha a edição conjunta dos facsímiles dos métodos de Devienne, Cambini e Vanderhagen, *Tre Metodi per Flauto Del Neoclassicismo Francese*:

> A afirmação da burguesia na Paris revolucionária sanciona a liberação do músico profissional de uma condição de artesão, apenas ligeiramente melhor que servil, e estabelece uma relação completamente nova, e de quase paridade, entre compositor e destinatário/consumidor, cujas diferenças de classe tendem sempre mais a se anular: o músico

– sobretudo o músico de sucesso – acaba por fazer parte daquela classe burguesa que constitui também sua clientela mais importante.[II]

Seguindo as modificações realizadas no instrumento, e às vezes sendo sua causa direta, os compositores passam a escrever obras cada vez mais sofisticadas tecnicamente, em que os recursos desses novos instrumentos podem ser claramente apreciados. Surgem grandes solistas, como Drouet[19], Fürstenau[20], Tulou[21], Nicholson, Ribas[22], para citar apenas al-

[19] Louis-François-Philippe Drouet (1792-1873). Flautista francês, tocava no Conservatório de Paris desde a surpreendente idade de 7 anos. Estudou composição com Méhul e Reicha. No início dos 1800, fez várias *tournées* bem sucedidas com seu pai. Em 1808, foi designado solista da corte do rei da Holanda. Em 1811, mudou-se para a Paris de Louis XVIII, onde obteve sucesso considerável, sendo nomeado primeiro-flautista da Capela Real. Em 1817, visitou a Inglaterra, onde sua técnica brilhante causou sensação, apesar de ter como rival ninguém menos que Charles Nicholson. Em 1818, estabeleceu-se como fabricante de flautas em Londres, em parceria com Cornelius Ward, mas seus instrumentos nunca foram tão populares na Inglaterra quanto os de Nicholson. Drouet morou em Nápoles por três anos, como diretor dos Teatros Reais. Em sua carreira de viagens, percorreu as maiores capitais da Europa e chegou a se apresentar em Nova Iorque. Como compositor, escreveu, principalmente para seu instrumento, obras que serviam de veículo para seu imenso virtuosismo técnico.
[20] Anton Bernhard Fürstenau 1792-1852). Flautista e compositor, filho do famoso flautista Caspar Fürstenau, com quem aprendeu a tocar. Tornou-se membro da Orquestra de Oldenburg, em 1804. Tocou em duo com seu pai, e depois com seu filho Moritz, tendo feito viagens a Berlim, Frankfurt, Munique, Viena, Paris, Londres, Copenhague e Praga, onde conheceu Carl Maria von Weber que seria a maior influência de sua obra de compositor. Tocou na Orquestra Municipal de Frankfurt, e depois na de Dresden, sob a batuta do próprio Weber. Os críticos da época louvavam seu belo som e técnica brilhante. Era muito amigo de Kuhlau, com quem costumava tocar duetos.
[21] Jean-Louis Tulou (1786-1865). Flautista francês, filho de um fagotista professor do Conservatório, Tulou foi admitido como aluno aos dez anos. Estudou com Jean-Georges Wunderlich. Em 1799, recebeu *Second Prix* (só não ganhou o *Premier* por causa de sua pouca idade). Dois anos depois, recebeu o almejado *Premier Prix* e passou a ser considerado o melhor flautista da França. Durante anos cultivou uma rentável rivalidade com Drouet, dividindo os amantes de música em partidários de um ou de outro. Trabalhou como primeiro-flautista da Orquestra do *Opéra* (de 1815 a 1822; e de 1826 até se aposentar). Sua carreira foi prejudicada por seus posicionamentos políticos – Tulou era Republicano assumido. Foi professor do Conservatório de 1829 até 1856. A partir de 1831, dirigiu uma bem sucedida fábrica, que produzia flautas "ao estilo antigo". Essas flautas tinham doze chaves, com a adição de uma chavinha para corrigir a afinação do fá natural, problema herdado diretamente das flautas barrocas.
[22] José Maria Del Carmen Ribas (1796-1861). Filho de músico de banda, durante certo tempo foi flautista e clarinetista do regimento espanhol. Durante a guerra

guns. Freqüentemente, os próprios compositores eram premiados construtores de flautas, além de exímios flautistas. Até o final do século XIX, instrumentos não muito diferentes das flautas que usamos hoje gozavam de grande popularidade.

Como se sabe, o principal artífice desta autêntica revolução foi o flautista e fabricante Theobald Boehm. É importante frisar, porém, que vários fabricantes estavam empenhados numa corrida para modificar a flauta transversal, e inúmeros sistemas conviveram durante anos até que a flauta Boehm fosse aceita pela maioria dos flautistas. Além disso, muitas das suas inovações são, na verdade, empréstimos tomados de outros fabricantes ilustres: as sapatilhas acolchoadas, em vez de simplesmente forradas de couro, como no Barroco, são devidas a Müller; as molas foram invenção de Buffet. Outros inventores já haviam pensado em modificar o sistema de chaves, para que estas ficassem sempre abertas quando não estivessem sendo usadas. Foi Boehm, no entanto, quem conseguiu reunir essas várias idéias, acabando por cristalizar a flauta como o instrumento mais potente e de técnica mais ágil que conhecemos hoje.

Diante das novas possibilidades que oferecia, a flauta se tornou muito atraente para os compositores, que passaram a explorar efeitos cada vez mais inesperados e de notável virtuosismo. As obras de câmara desse período têm, de fato, características bem marcadas: intercalam momentos de bravura com trechos altamente líricos, em que o som e a capacidade expressiva da flauta podem se expandir; exibem grandes saltos e passagens cromáticas freqüentes, algo inimaginável cem anos antes.

---

peninsular, foi capturado pelos franceses, e depois libertado pelos ingleses. Com o final da guerra se estabeleceu em Portugal, onde teve aulas com um flautista célebre, Parado. Logo fez fama, nomeado primeiro-flautista da Ópera de Lisboa. Mudou-se depois para o Porto, onde ocupou importantes posições em orquestras e sociedades musicais. Por volta de 1825, tendo se indisposto com as autoridades eclesiásticas locais, decidiu se mudar para Londres, onde também obteve grande sucesso como flautista e como clarinetista. Em 1835 foi contratado como segundo-flautista da *King's Orchestra*, e dois anos depois, com a morte de Nicholson, sucedeu-o como primeiro-flautista. Até 1851, quando resolveu voltar para Portugal, era considerado o principal flautista da Inglaterra. Escreveu obras para flauta que exploram o virtuosismo, geralmente baseadas em temas de óperas famosas.

É natural, portanto, que tenha havido uma mudança na orientação dos métodos instrumentais. Como veremos no capítulo II, "Exercícios de Mecanismo: Uma Revolução no Estudo", e no capítulo III, "Embocadura e Sonoridade: Uma Perspectiva Histórica", durante o século XVIII a ênfase estava na sonoridade, na flexibilidade, nos dedilhados especiais, e, muito particularmente, na improvisação (cf. *L'Art de Préluder sur la Flûte Traversière*, de Hotteterre). No século XIX a flauta passa a ser olhada como instrumento de virtuosismo, e os exercícios começam a enfatizar os aspectos de técnica mecânica e de articulação. Intervalos grandes são esquadrinhados e trechos cromáticos passam a fazer parte do vocabulário habitual dos exercícios.

Em termos de som, em vez de procurar as diferenças entre cada nota e o *affekt* particular de cada tonalidade, a grande meta é a homogeneidade de som, é a passagem, sem costuras, de uma nota para outra, de uma tonalidade a outra. Busca-se um som cada vez mais intenso e vibrante, que possa ser ouvido no meio de orquestras cada vez maiores. Sobrevém, então, a alteração do formato do orifício da embocadura, que passa a ser mais oval, e as pesquisas de material levam os fabricantes a trocarem, gradualmente, a madeira pelo metal, que vibra mais e produz um som mais poderoso. Os métodos começam a dar ênfase ao volume e à penetração de som, e surgem exercícios de notas longas, técnicas específicas para aumentar o volume. Anotações de dinâmica (pp, p, mf, f, etc...), até então raramente usadas pelos compositores, tornam-se corriqueiras nas partituras, e passam a freqüentar todos os métodos instrumentais.

*

Apesar da homogeneização cada vez mais intensa, a flauta ainda continua a ser um dos instrumentos que mais permitem e encorajam a diversidade. Além disso, apesar da adição do mecanismo para as chaves, o som é sempre resultado direto da interação entre boca e bocal, sem palhetas ou qualquer acessório "intermediário". Isto constitui ao mesmo tempo um charme e um problema. Com uma variedade infinita de possibilidades de combinação, se torna difícil estabelecer regras para uma embocadura perfeita. Este é, portanto, um dos grandes desafios de qualquer método de flauta.

Do século XVIII para o XIX, no que concerne à sonoridade, assim como sob outros aspectos, os autores de tratados (Popp, Krakamp, Tulou, Gariboldi[23], etc...) procuram ser cada vez mais técnicos e minuciosos. Exercícios de notas longas são sugeridos e elaborados de maneira cada vez mais específica, e as instruções para obtenção do som ideal se tornam o mais precisas possíveis. Ao mesmo tempo, a forma de se encarar a articulação também sofre transformações radicais. Enquanto no Barroco enfatizam-se as várias maneiras de produzir articulações de ataque, aos poucos a preocupação dos autores muda de foco, e se concentra na execução límpida do *legato*, modo mais eficaz de se executarem as passagens excessivamente rápidas que caracterizam a música do período.

À medida que os problemas de técnica ocupam lugar de destaque nos métodos tradicionais, questões ligadas à interpretação e à improvisação perdem espaço, e os exercícios se tornam mais mecânicos e repetitivos. A questão das tonalidades também modifica o tipo de exercício. Se no século XVIII as tonalidades são apresentadas de modo orgânico e progressivo, começando com aquelas mais idiomáticas, e progressivamente acrescentando acidentes, no século seguinte o fascínio exercido pela liberdade tonal recém-adquirida aparece na variedade de tonalidades introduzidas desde o começo do aprendizado. Em 1836, Nicholson se dá ao trabalho de explicar a razão de ter decidido começar seu *Método* com a escala de Dó Maior:

> Eu me diferenciei de todos os outros livros de instrução para flauta que conheço, ao selecionar a tonalidade de Dó para a minha primeira escala; a razão para tal é que a progressão através de todas as tonalidades talvez seja a mais sistemática, e porque sou da opinião de que, para alguém que está apenas começando no instrumento, tanto faz qual tonalidade é estudada primeiro – a dificuldade de quatro ou cin-

[23] Giuseppe Gariboldi (1833-1905). Italiano, foi flautista e compositor. Por muitos anos viveu em Paris, onde firmou excelente reputação como instrumentista e publicou três operetas e inúmeras canções. Para seu instrumento, escreveu solos, duos com piano e várias obras didáticas que obtiveram grande sucesso e ainda hoje são apreciadas.

co sustenidos ou de um igual número de bemóis consiste inteiramente na raridade de seu uso (*Nicholson, 1836)*.[III]

Assim como todas as tonalidades são contempladas nos novos métodos, também se expande o escopo do público alvo. Buscam-se denominadores comuns, pois se antes o método era uma "conversa" cheia de conselhos dirigidos a um aluno hipotético, agora se transforma numa espécie de sistema mecanizado de "fabricar" flautistas. As diferenças são aplainadas, e o ensino é pensado de maneira mais massificada, isto é, mais democrática.

A idéia é pôr a música ao alcance de um maior número de pessoas, e criar exercícios que se adaptem a todos. A classe média estava em franca expansão, e um dos meios pelos quais procurava o aval da elite era uma imersão na cultura, até então um privilégio da nobreza. A verdadeira "sede de saber" da burguesia, um fenômeno simultâneo ao próprio surgimento desta fatia da sociedade – que, no final do século XVII, já havia sido ridicularizada por Molière em seu *Burguês Fidalgo* –, aumenta significativamente o público consumidor de concertos, assim como o contingente de músicos amadores, alvo preferencial dos vários métodos que surgem nesse período. Assim como o Monsieur Jourdain de Molière, muitos membros desta nova classe social procuravam aprimorar seus conhecimentos das artes, e os mestres de música mais conhecidos tinham seus serviços disputados com avidez. O século XIX vê o apogeu desta moda musical, que podemos constatar até mesmo no Brasil. No Rio de Janeiro de 1800, praticamente não havia residência de classe média que não tivesse ao menos um piano na sala, e saber cantar ou tocar um instrumento era uma prenda feminina tão comum quanto bordar.

Da mesma forma, não se deve esquecer que o advento dos conservatórios, institucionalizando a prática do ensino musical, abre um novo campo para a literatura didática.

E se no século XVIII a aquisição de técnica vem junto com a de repertório – os exemplos utilizados nos Métodos são normalmente extraídos de peças em voga no momento – no século XIX, exercícios e peças são bem separados. Aparecem trechos compostos de intervalos difíceis, repetidos em várias tonalidades (os precursores dos "Exercices Journaliers" de *Taffanel & Gaubert*) e exercícios sobre escalas cromáticas. Inúmeros tratados são lançados quase simultaneamente, e as editoras florescem. Os velhos métodos são abandonados e esquecidos, assim como todo o repertório dos séculos anteriores.

*

Como veremos em detalhe no capítulo I, depois do século XIX, a flauta quase não sofreu modificações importantes. Ela é, no final do período Romântico, a antepassada imediata das flautas transversais modernas, que todos conhecem. Cada vez mais a madeira cede lugar ao metal, e atualmente, seguindo o modelo estabelecido por Boehm, as flautas em geral têm chaves vazadas e tubos cilíndricos, com exceção de alguns modelos de *piccolo*, que ainda conservam o formato cônico. De certa maneira, o fato de a flauta continuar basicamente o mesmo instrumento que era, em 1850, faz com que se imagine que não há uma necessidade de renovação de sua metodologia.

Portanto, não nos surpreende que hoje os métodos utilizados sejam essencialmente os mesmos do século XIX. Na maior parte das universidades e conservatórios do mundo, ainda são adotados os métodos de flauta do passado. Desses, *Taffanel & Gaubert* é o método mais freqüente, e aqueles que pretendem ser diferentes utilizam em seu currículo *Altès*, ou às vezes algum método mais recente, porém igualmente baseado nos autores importantes do século XIX. A adoção de um dos grandes métodos do século XIX é prática difundida a ponto de imaginarmos que o aprendizado musical – a aquisição de técnica e repertório – sempre se deu de maneira idêntica. O mais curioso, no entanto, é que apesar de métodos e conservatórios serem claramente uma herança do século XIX, o ensino de instrumentos segue ainda alguns preceitos básicos do século XVIII. Um instrumento se aprende individualmente, num contato mestre/aprendiz não muito diferente daquele que caracterizava as corporações e que no século XVIII se aplicava a praticamente todas as profissões ditas "artesanais", como as de ferreiro, marceneiro, ourives...

Ao refletir sobre esse paradoxo, tentei encontrar a resposta para algumas perguntas que me vieram à mente: como era travado o contato com música há duzentos e cinqüenta anos atrás? Que tipo de exercício era regularmente feito por um estudante de flauta? Principalmente, pensei que o estudo dos métodos de flauta do século XVIII e do século XIX teria um objetivo eminentemente prático. Afinal, não seria possível resgatar os antigos métodos de flauta, assim como têm sido resgatados o maravilhoso repertório e até mesmo os instrumentos daquela época?

Para procurar essas respostas, consultei tratados e livros referentes ao ensino de flauta e à prática interpretativa a partir do século XVIII, me baseei em fontes secundárias e, principalmente, comparei métodos de flauta de diferentes épocas. Para avaliar sua eficácia, apliquei vários dos exercícios sugeridos nesses métodos a alunos principiantes e avançados do meu curso de flauta no Instituto Villa Lobos da UNIRIO. Executei os exercícios utilizando duas flautas barrocas confeccionadas por Rod Cameron (uma, em ébano e marfim, cópia de Rottenburgh[24], outra, em marfim e ouro, cópia de Stanesby[25]), uma flauta de prata antiga, A. R. Hammig[26] e outra, moderna, também de prata, da marca Sankyo.

[24] Família de fabricantes de instrumentos de sopros, principal fornecedora para a corte e a igreja na Bélgica, durante o século XVIII. Seu membro mais importante, Jean-Hyacinth (1672-1756), fez flautas-doces, traversos, oboés, fagotes, violinos e cellos. Seu selo continuou a aparecer em instrumentos feitos por seu filho, Godfroid-Adrien, e seu neto, François-Joseph. Godfroid-Adrien também fez instrumentos com seu próprio selo. As flautas que sobreviveram são particularmente excelentes, fáceis de tocar. Seguem a tradição francesa, são feitas com um tubo de furação estreita.

[25] Fabricante de instrumentos de sopro na Inglaterra na primeira metade do século XVIII, e grandemente responsável pela excelente reputação de que gozavam os fabricantes ingleses, Thomas Stanesby (1692-1754) aprendeu seu ofício com o pai, também chamado Thomas Stanesby e igualmente famoso. A partir de 1713, passou a gerir seu próprio estabelecimento. Em 1734 herdou do pai as ferramentas e o selo. Teve, entre seus aprendizes, William Sheridan e Caleb Gedney, seu sucessor, que também gozavam de bom nome no meio musical. Thomas filho fabricou inúmeras flautas, das quais 38 sobreviveram. Destas, 25 são de marfim, o que atesta a popularidade deste material. Suas flautas seguem o desenho inglês estabelecido por seu pai e por Bressan, ou seja, todas as partes se abrem em direção à cabeça. No resto da Europa, a parte da cabeça se abria em direção ao pé da flauta, o que facilitava as trocas de *corps-de-rechange* tão freqüentes no Continente.

[26] August Richard Hammig (1883-1979). Membro de uma família que fabrica flautas há mais de 250 anos, sendo uma das mais antigas dinastias de fabricantes em

A análise comparativa dos diferentes métodos conduz às próprias diferenças entre Barroco, Classicismo e Romantismo, assim como está intimamente ligada aos diferentes tipos de suporte material (os instrumentos propriamente ditos). Mas este estudo proporciona descobertas ainda mais profundas e totalmente esquecidas pela história, e às vezes até bem engraçadas. Quem diria que num capítulo do método de Nicholson sobre a pulsação e a divisão do tempo eu iria encontrar recomendações estritas para que o flautista se resignasse a bater seu pé em silêncio, para evitar a balbúrdia produzida por uma orquestra inteira batendo o pé de acordo com a marcação individual de cada músico? E que, um pouco mais à frente, um grande progresso seria saudado entusiasticamente: a introdução da figura do maestro!

Os vários conflitos a respeito de técnicas de articulação e emissão de som, as idas e vindas filosóficas, as discussões sobre qual instrumento era o mais adequado, qual sonoridade a mais desejável, e mesmo as divertidas farpas trocadas entre autores, tudo isso me fez entender o desenvolvimento dos vários estilos musicais e modalidades de ensino de forma muito mais clara e definitiva. Assim, um estudo que parecia inicialmente me distanciar da prática interpretativa tornou-se, na verdade, o caminho para uma nova aproximação a um repertório que continua sendo considerado por todos como o mais importante para a flauta. E também serviu para me tornar ainda mais favorável ao resgate dos instrumentos e técnicas do passado.

Os grandes métodos do final do século XIX e do início do século XX continuam vivos e atuantes no mundo todo. Seus méritos são amplamente reconhecidos, o que demonstram as inúmeras reedições de autores importantes como Altès[27],

---

atividade contínua desde 1750. Baseado em Markneukirchen, durante os séculos XVIII e XIX o ateliê Hammig fabricava todos os tipos de instrumentos de sopro, sendo suas flautas baseadas nos sistemas de Quantz e Meyer-Schwedler. A partir de 1908, os irmãos Philipp e August Richard Hammig passaram a fabricar apenas flautas. Na Alemanha dividida do pós-guerra, a fábrica foi estatizada. Devolvida à família Hammig apenas em 1991, hoje emprega 24 operários.

[27] Joseph-Henri Altès (1830-1899). Flautista e teórico francês, foi professor do Conservatório de Paris de 1868 a 1893. Era também flautista do *Théatre de l'Opéra*. Seu irmão, Ernest Eugène, era compositor e maestro renomado.

Andersen[28], Hugues[29] e Taffanel e Gaubert. Em compensação os grandes autores didáticos do século XVIII, como Hotteterre, Bordet, Corrette e Vanderhagen estão, hoje em dia, totalmente relegados ao esquecimento. E mesmo muitos mestres do século XIX, como Terschak[30], Dorus[31], Camus, Hugot, Berbiguier[32], Drouet, Fürstenau e tantos outros, são ainda pouco usados como ferramenta de ensino. Acredito que o resgate dessa

[28] Karl Joachim Andersen (1847-1909). Flautista, regente e compositor dinamarquês, escreveu oito volumes de estudos para flauta, que têm servido como ferramenta pedagógica padrão no mundo inteiro. Sua maior qualidade é aliar uma percepção aguda dos vários problemas enfrentados pelos flautistas à melhor maneira de resolvê-los, com uma clara concepção de progressão de dificuldades e um melodismo de inspiração notável. Andersen compôs também mais de 30 obras para flauta e piano. Foi flautista da orquestra do *Kongelige Teater*, em Copenhagen, membro fundador e maestro assistente da Orquestra Filarmônica de Berlim, e regente das orquestras do *Rosenborg Slot* e dos *Jardins Tivoli*.

[29] Luigi Hugues (1836-1913). Compositor que, além de um Método contendo somente exercícios de mecanismo, escreveu *La Scuola Del Flauto*, extensa obra inteiramente constituída por elegantes duetos, em que tanto o aluno quanto o professor têm a oportunidade de aprimorar não apenas a técnica quanto a leitura à primeira vista e o fraseado.

[30] Adolf Terschak (1832-1901). Brilhante flautista húngaro, Terschak escreveu inúmeras obras para seu instrumento, no estilo característico de sua geração. Utilizava uma flauta de dezesseis chaves, feita em 1850 por Ziegler, em Viena, e foi neste instrumento que, até o fim da vida, executou peças de extremo virtuosismo; esta flauta tinha um pé estendido até o sol grave. Existem inúmeras anedotas a respeito de sua feroz resistência contra a flauta Boehm.

[31] Louis Dorus (1812-96). Seu nome verdadeiro era Vincent Joseph Steenkiste. Formou-se no Conservatório de Paris, em 1828, na classe de Guillou, Joseph. Foi um dos três primeiros flautistas franceses a adotar a flauta Boehm (de 1832) e a escrever um método para ela (os outros dois foram Paul Hyppolite Camus e Victor Jean Baptiste Coche). Inventou chaves fechadas, alternativas à chave de sol# aberta, proposta por Boehm, que foi muito comum até 1860. Em 1839-40, Dorus fez parte de uma banca que examinou a flauta Boehm (o modelo com chaves de anel) para decidir sua adoção no Conservatório de Paris. O instrumento foi rejeitado devido à oposição de Tulou, cuja fábrica era uma das principais fornecedoras de instrumentos para esta instituição. Em 1847, começou a se apresentar com uma flauta Boehm cilíndrica. Treze anos depois foi nomeado professor do Conservatório.

[32] Benoit Tranquille Berbiguier (1782-1835). Flautista francês, aprendeu flauta, violino e cello sozinho, quando ainda criança. Em 1805, fugiu de casa para poder se dedicar inteiramente à carreira de músico, que sua família desaprovava. Estudou no Conservatório de Paris com Wunderlich. Escreveu a maior parte de sua obra para a flauta. É autor de 15 livros de duetos, sete concertos, seis solos, e sete livros de sonatas, variações e romances, além de um grande número de estudos e vários duos de flauta e cello, instrumento tocado por um de seus melhores amigos.

enorme fatia de repertório e pensamento musical se justifica, não apenas pelo enriquecimento da literatura específica, mas em especial pela oportunidade de contato com uma forma de pensar, ensinar e fazer música diferente da atual.

Será que, até mesmo para os nossos instrumentos de hoje, esses métodos esquecidos não revelariam belas surpresas e segredos valiosos? Foi esta a questão sobre a qual me debrucei. A resposta, acredito, poderá ser importante e esclarecedora, não apenas em relação a um período passado de nossa herança cultural, mas também como uma fonte de luz que nos ajude a compreender de que maneira pensamos, estudamos e tocamos música.

Capítulo I

Um pouco da história da flauta

A principal preocupação do compositor é buscar a natureza expressiva de qualquer instrumento específico e escrever com ela em mente. Existe música que pertence à flauta e apenas à flauta. Um certo lirismo objetivo, uma espécie de fluidez etérea que conectamos com a flauta.
Compositores de imaginação têm alargado nossa concepção do que é possível num instrumento específico, mas além de certo ponto, definido pela natureza do próprio instrumento, mesmo o mais talentoso compositor não pode ir (Copland, 1959: 39) [IV]

Uma Trajetória Tortuosa

A sonoridade de qualquer instrumento é causa e conseqüência de todo um processo evolutivo. A história da composição e do ensino da música está intimamente ligada à história da pedagogia e da fabricação de instrumentos. Quando pensamos em evolução dos instrumentos, temos a tendência de imaginar um processo linear, em que modelos cada vez mais avançados de instrumentos vão substituindo modelos ultrapassados, numa regularidade confortante e organizada. Na realidade, diferentes modelos de instrumentos convivem durante décadas, e até que um desses modelos se transforme em padrão, muitas invenções (algumas excelentes!) são descartadas ou esquecidas. Para citar apenas um exemplo, a flauta August Richard Hammig, da qual pelo menos dois exemplares chegaram ao Brasil[33],

---

[33] Uma pertencia ao chorão Dante Santoro, e se encontra atualmente nas mãos desta autora. A outra veio na bagagem de Hans Joachim Koellreuter. Parece que existia ainda uma terceira, que se encontraria atualmente em São Paulo.

continha inovações notáveis do ponto de vista ergonômico, como a chave elevada para o *dó* natural e um "rolotê" para as chaves de *do-dó#-ré*, semelhante àquele usado no saxofone.

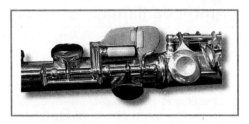

1. Pé com sistema de rolotês

Outra boa idéia que se perdeu na história foi uma novidade introduzida por Nicholson, e que foi adotada por muitos flautistas do século XIX: uma ligeira indentação na madeira, coberta por pele de foca, no local exato em que o dedo polegar da mão direita deveria segurar a flauta, não apenas para marcar a posição correta do dedo, mas também para prevenir que este escorregasse devido ao suor. No entanto esses mecanismos simples, lógicos e utilíssimos, que não traziam qualquer desvantagem de contrapeso, não foram incorporados à flauta atual. Ao estudarmos as coleções de flautas que existem em museus do mundo todo, constatamos que a flauta, em seus muitos séculos de existência, foi objeto de pesquisas fascinantes, passando por transformações surpreendentes.

Acompanhar a evolução deste instrumento é, portanto, um trabalho quase detetivesco, cheio de idas e vindas, altos e baixos. Ao considerarmos esta evolução sob uma abordagem teleológica, perdemos de vista todas as ramificações, desvios, atalhos e falsos-caminhos, que são na realidade a parte mais fascinante do estudo de musicologia. No caso da flauta e sua evolução entre os séculos XVIII e XIX, instrumento e período que nos interessam particularmente, é fundamental entendermos de que forma a trajetória desta evolução se encontrará refletida nos métodos, uma vez que são estas transformações da técnica e pedagogia musical que irão afetar, em última instância, a própria história da música para este instrumento no

Ocidente. De fato, a adoção do sistema Boehm foi o passo mais importante para a padronização na fabricação de flautas, mas não se deu sem resistência. Hoje em dia a adoção de um padrão único na construção de flautas é um fenômeno tão assimilado mundialmente que instrumentos feitos na China pouco diferem de flautas feitas no Brasil.

2. *Flautas modernas de ouro e prata (Haynes)*

No período barroco, porém, as flautas podiam ser feitas não apenas em vários tamanhos como também de vários materiais: madeira (a mais comum era o buxo, depois o ébano), marfim, porcelana ou até cristal. Metal era utilizado somente para os anéis e a chave (ou as chaves, quando existia mais do que uma). A variedade de materiais utilizados e métodos de furação era fonte de igual variedade tímbrica, que espelhava o gosto e a concepção sonora de cada construtor individual. As diferenças existentes entre uma flauta barroca e outra do mesmo período (e até de um mesmo fabricante!) são muitíssimo maiores do que as que existem atualmente entre flautas de metal de fabricantes diferentes. Esta variedade perdurou, ainda que mais diluída, até a primeira década do século XX, e teve como uma de suas conseqüências diretas a proliferação dos métodos de flauta. Afinal, a idéia de se escrever um método único para todo e qualquer flautista esbarrava numa questão técnica: como estabelecer regras homogêneas para instrumentos tão diferentes?

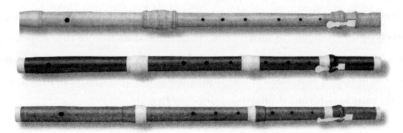

3. Algumas Flautas Barrocas (de cima para baixo): Grenser, 1796; Stanesby, 1735; Naust, 1690.

Para se perceber como existe um imbricamento completo entre a construção de instrumentos, a música de cada época e a metodologia que será adotada neste período, basta tomarmos um exemplo: o do estudo de trilos. Numa flauta barroca, que exige freqüentemente dedilhados de forquilha, nem sempre é possível executar trilos de semitom, e mesmo os de tom inteiro podem ser traiçoeiros. Muitas vezes o único recurso plausível é fazer longa *appoggiatura* com a nota "certa" (o semitom) e em seguida trilar com a nota "errada", o tom inteiro. Assim cada trilo tem uma cor única (ou uma desafinação característica, se pensarmos dentro de parâmetros modernos!), e é muitas vezes impossível fazer uma seqüência de trilos com igual qualidade de timbre. Devemos lembrar também que a função do trilo no Barroco não é a mesma do que nos séculos subseqüentes. As dissonâncias causadas pelo trilo eram sua principal razão de ser. Com o advento das chaves, a regularidade passa a ser possível e desejável. Assim, os métodos posteriores a este acréscimo no sistema mecânico da flauta, contêm muitos exercícios para a igualdade dos trilos. Já os métodos do Barroco, como é compreensível, não enfatizam este aspecto específico da técnica.

A embocadura das flautas no século XVIII era redonda (embocaduras ovais foram uma inovação do período clássico), resultando em um som mais escuro e menos centrado do que nas flautas posteriores, e de certa forma mais misterioso. Durante os séculos seguintes a embocadura passaria por muitas modificações até chegar à forma de hoje. Na ilustração a seguir, podem-se ver alguns dos diferentes formatos pelos quais passou o orifício do bocal:

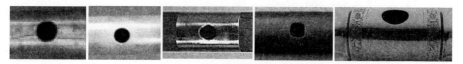

4. Orifícios típicos: redondos barrocos, oval clássico, quadrado romântico, oval tipo Reform.

Até se estabilizar, no século passado, o orifício do bocal era exatamente uma daquelas características do instrumento que mudavam de acordo com cada construtor e mesmo com cada indivíduo que encomendava o instrumento. Assim como os orifícios para os dedos, a tendência da embocadura foi se alargar com a passagem das décadas, na busca de um som mais poderoso. De fato, para um flautista de hoje, a embocadura de uma flauta barroca parece muito pequena. Em uma revista de 1827, o articulista chega a comentar, com uma linguagem deliciosa, cheia de imagens zoológicas:

> Os modernos terão uma perfuração de imensa magnitude – nem tão grande quanto a toca de uma raposa – mas grande o suficiente, em toda a consciência, para nela enterrar uma moeda de seis centavos. Essa cavidade alarmante tem seus partidários; pois não há dúvida de que o Sr. Nicholson foi seu inventor, e quem não seguiria o capricho de tão grande homem? Neste buraco, no entanto, têm sido enterradas as esperanças de muitos amadores, que, pensando, como o sapo da fábula, imitar o touro, a quem queria se assemelhar, acabou perecendo na empreitada (*James, 1827: 186-187).*[v]

Mas não era apenas o orifício do bocal das flautas barrocas que era diferente dos modernos. Todos os outros elementos responsáveis pela qualidade do som desses instrumentos também eram de outro tipo. O tubo, por exemplo, ao invés de ser cilíndrico, assim como na flauta atual, era cônico. Isto produzia uma desigualdade entre as notas que, ao contrário do que se pensa hoje, era considerada uma vantagem, já que produzia notas com "personalidade" própria. Neste simples fato pode se perceber a propensão do Barroco de se enfatizar as diferenças, justamente o oposto da era moderna, em que a tendência é a padronização. Quanto ao sistema de chaves, havia de início uma chave apenas, e os orifícios eram cobertos diretamente pela polpa do dedo, o que, se diminui sensivelmente a rapidez de digitação, abre todo um universo de sutilezas sonoras ao alcance dos dedos do intérprete.

Gostaria de abrir parênteses, nesta altura do presente capítulo: é curioso observar que a flauta renascentista era cilíndrica, como hoje em dia, e possuía um som mais potente do que sua sucessora. Tanto o timbre mais doce quanto a forma cônica, que permitia que os orifícios digitais ficassem mais próximos uns dos outros, foram considerados melhoramentos!

Do Século XVI ao Século XVIII

A típica flauta transversal do século XVI era um tubo inteiro, de furação cilíndrica. Seus seis orifícios para os dedos, assim como o correspondente à embocadura, eram mais ou menos alinhados. O escopo da flauta renascentista era de duas oitavas aproximadamente. Existia em três tamanhos, afinados com uma quinta de distância: alto em lá, tenor em ré, baixo em sol. As flautas menores eram torneadas de um único pedaço de madeira, as maiores às vezes possuíam juntas. Geralmente eram usadas em *consorts*[34] e tinham um som razoavelmente forte, porém pouca flexibilidade tímbrica. Até o século XVII, este instrumento não tinha função precípua de solista, e era de muito suplantado pela flauta doce, que possuía som mais penetrante, permitia maior agilidade digital e afinação mais precisa. No século seguinte esta situação acabou por se inverter, e a flauta doce foi relegada a uma aposentadoria precoce.

5. *Consort de flautas Bassano*

[34] Grupos instrumentais que incluíam famílias de um mesmo instrumento, sendo o mais comum o *Consort of Viols*, grupo de violas-da-gamba.

Com o declínio dos *consorts*, o instrumento mais agudo da família, assim como o mais grave, caiu em desuso, e foi a flauta tenor que sobreviveu, e se tornou a base da flauta transversal tal como a conhecemos. Os primeiros grandes fabricantes de flautas do Barroco foram membros da família Hotteterre, à qual pertencia Jacques Martin Hotteterre, conhecido também como intérprete e compositor de grande qualidade. A flauta que desenvolveram tinha cabeça cilíndrica e corpo cônico, orifícios digitais relativamente pequenos, um orifício a mais, assim como a chave correspondente para o *ré# / mib*, embocadura em forma de círculo e anéis protetores de marfim bastante largos. Sua afinação era baixa, a escala básica era ré maior, e o som, aveludado e encorpado.

Por meio de ajustes da furação do tubo e orifícios, ela tinha semitons quase tão bons quanto a sua escala primária, e possibilidades técnicas e expressivas bastante amplas. Esta flauta era dividida em três partes apenas, e sua doçura de timbre é elogiada até hoje. O som era particularmente rico e redondo na primeira oitava. Um bom resumo das causas de sua ascensão está no livro *Instrumenti Musicali nell'Arte*, de Sergio Paganelli (1966: 111):

> Bem mais ágil, flexível no timbre e na técnica, a flauta transversal correspondia com maior precisão ao desenvolvimento da música instrumental no '700. A maneira pela qual o som era produzido, soprando contra a borda de uma abertura circular sobre uma extremidade do canudo, permitia efeitos de *chiaro-oscuro*, de piano e forte, que não eram possíveis na flauta vertical; além disso, as notas podiam ser emitidas com rapidez e precisão.[VI]

Jacques Hotteterre aproveitou o sucesso que as flautas remodeladas estavam fazendo para lançar, em 1707, o seu *Principes de la flûte traversière, de la flûte a bec et du hautbois*, o primeiro método a abordar esta nova flauta de maneira sistemática. Seu livro oferecia tabelas de dedilhado, e conselhos sobre embocadura, articulação, ornamentação. As modificações introduzidas na flauta pela família Hotteterre tiveram o efeito imediato de aumentar sua popularidade na França, e conseqüentemente a qualidade da música escrita para este instrumento.

Entre os anos 1680-1730, e apesar da flauta transversal ser denominada de *flûte allemande* denotando sua origem teutônica, foi a França que dominou o cenário musical europeu. Praticamente todos os fabricantes de instrumentos de sopro neste período eram franceses, e o próprio florescimento da composição para flauta nestes anos atesta o sucesso que faziam os instrumentos franceses. As *Pièces pour la Flûte Traversière*, de Michel de la Barre, publicadas em 1702, constituem um marco na literatura flautística. A época de ouro da flauta viu a publicação de obras de compositores como os já citados de la Barre, Hotteterre e Corrette, além de Caix d'Hervelois, Boismortier, Montéclair, Clérambault, Dornel, Philidor e muitos outros.

Com o estabelecimento dos *Concerts Spirituels*, em 1715, o público francês passou a ter a oportunidade de apreciar obras flautísticas de grande beleza, e a flauta gozava de prestígio cada vez maior. Sua popularidade se estendeu à Alemanha, onde passou a ser instrumento regular nas orquestras e nos recitais mais sofisticados. A flauta atingiria tal popularidade na Alemanha que se tornaria instrumento de nobres: o próprio Frederico II, rei da Prússia, foi aluno de Johann Joachim Quantz e além de se notabilizar por seu governo severo, porém hábil, entrou para a história como flautista e compositor. Graças ao prestígio do instrumento, os alemães também tiveram acesso à arte de intérpretes celebrados como Pierre Gabriel Buffardin, que foi professor de Quantz, e flautista para quem se supõe que Bach tenha dedicado suas mais conhecidas obras para flauta, como a *Partita* em lá maior.

A flauta transversal começava a ocupar um lugar de destaque dentre os instrumentos de sopro. De fato, no decorrer do século XVIII, a flauta transversal acabou por tomar o cetro da flauta doce, e seu uso se espalhou, da França e da Alemanha, para toda a Europa. A flauta cônica se firmou como a favorita de construtores e intérpretes. O instrumento passou a ser dividido em quatro partes, a embocadura se ovalou gradualmente, o som se tornou menos escuro e mais penetrante. Os fabricantes mais importantes desta época foram Quantz, Bressan[35], Grenser[36], Denner[37], Rottenburgh, Stanesby e Palanca[38], cujas flautas ainda servem de modelo para os atuais fabricantes de réplicas de instrumentos barrocos.

Uma excelente descrição genérica da flauta no século XVIII pode ser encontrada no *Méthode Raisonnée pour aprendre aisément a jouer de la Flûtte Traversière*, de Corrette:

> A flauta transversal [...] é feita ordinariamente de *bouis*, de pau-violeta, grenadila, buxo, ébano verde, ébano negro, etc. São feitos às vezes anéis de marfim, cobre ou prata, mesmo de ouro; mas isso não acrescenta nada à bondade do instrumento. As flautas mais na moda são compostas de quatro partes para poderem mais comodamente ser guardadas no bolso [...] a primeira se chama cabeça; sobre esta peça é perfurado um único buraco que serve para a embocar a flauta; sobre a segunda, nomeada primeiro corpo, são cortados três buracos que servem para a mão esquerda; sobre a terceira peça, chamada de segundo corpo, também são perfurados três buracos que servem para a mão direita; e sobre a quarta peça, nomeada pata (pé) é perfurado um

[35] Pierre Jaillard Bressan (1663-1730). Bressan nasceu Pierre Jaillard, na França, e foi lá que começou o aprendizado de seu ofício. Em 1688 mudou-se para Londres e lá estabeleceu seu ateliê de instrumentos, usando o nome de Bressan como marca. Também trabalhou como oboísta, e fabricou flautas doces e oboés além das excelentes flautas transversais que fizeram sua fama.

[36] Karl August Grenser (1720-1807). Grenser aprendeu seu ofício em Leipzig, tendo posteriormente se mudado para Dresden, onde, em 1744, fundou um ateliê de fabricação de instrumentos. Sob sua liderança e a de seu sobrinho Johann Henrich Grenser (1764-1813), seu estabelecimento se tornou um dos mais famosos da Europa, recebendo o selo Real em 1753. As flautas Grenser têm som pequeno e mais delicado do que a maioria das outras flautas de modelo verdadeiramente barroco, e são afinadas de modo a valorizar tonalidades com sustenidos. Seu modelo variou pouco durante a vida de Grenser, se bem que no final dos anos 1780 Grenser já estava fazendo flautas com chaves adicionais.

[37] Jacob Denner (1681-1735). Conhecido oboísta, membro de importante família de fabricantes de instrumentos, Denner foi o primeiro a fabricar clarinetas, de acordo com documentos da época. Seus instrumentos que sobreviveram incluem flautas em três e quatro partes, oboés, clarinetas, flautas doces e fagotes. Devido à sua boa afinação, e ao som forte e colorido, as flautas Denner foram muito populares, servindo ainda de modelos para cópias modernas.

[38] Carlo Palanca (ca.1690-1783). Fabricante de flautas nascido em Turin, na Itália, Palanca era também fagotista da Corte de Turin. Como fabricante, era famoso por seus oboés, fagotes e flautas doces, além de belas flautas transversais. Parecidas em construção com as flautas Denner, as Palanca possuem, no entanto, um som mais robusto e mais escuro.

único orifício, sempre fechado por uma chave de cobre ou prata, e esta chave cobre naturalmente o buraco, que se descobre pondo em cima dela o dedo mínimo da mão direita (*Corrette, 1773: 7*).[VII]

A Flauta do Século XVIII

O método de Corrette pretendia ensinar não apenas os elementos básicos da flauta, como também princípios de ornamentação e improvisação, assim como estilo, incluindo os diversos sinais de indicação de andamento na França e na Itália. Corrette foi dos primeiros a mencionar que a flauta passara a se dividir em quatro, e não mais três partes. Ele comenta também a necessidade de cada flauta vir com diferentes partes centrais. Descrevendo a solução dada pelos fabricantes ao problema das afinações múltiplas com a qual se deparava o flautista do século XVIII, ele diz:

> Todas as flautas são do tom da Ópera.[39] Mas como às vezes se encontra nos concertos o Cravo muito alto ou muito baixo, normalmente se tem vários corpos de troca de diferentes comprimentos para afinar ao tom do Cravo. Mas essas mudanças de tom só acontecem pelo capricho de certas vozes para exibirem uma ária, ou quando estão gripadas. Assim, os corpos de troca têm grande utilidade (*Corrette, 1773: 7*).[VIII]

6. *Flauta com quatro corpos de troca, atribuída a Johann Joachim Quantz; Berlim, ca. 1740-50*

[39] N.A.: Ou seja, afinadas no diapasão principal utilizado no Teatro de Ópera de Paris.

O hábito permaneceu durante muito tempo, e é mencionado no *Méthode pour la Flûte* de Peraut (ca.1800: 2), publicado por volta de 1800, em Paris. A seção do meio, bastante longa, foi dividida em duas partes, sendo que a seção superior vinha em diferentes comprimentos para acomodar os diversos diapasões existentes. O pé continuava a ser separado da segunda seção, não apenas para permitir as trocas de corpo, mas principalmente para facilitar a utilização da flauta por pessoas canhotas. Assim, até o século XIX, as flautas podiam ser empunhadas tanto para o lado direito quanto para o lado esquerdo. Berbiguier, flautista de grande renome, segurava seu instrumento para o lado esquerdo![40] Novamente, estamos diante de um traço muito característico do período, que tenderá a desaparecer nos séculos seguintes: é o instrumento que se adapta ao intérprete, e não o contrário.

Ainda assim, a adoção da flauta dividida em quatro não se deu instantaneamente. Flautas tri-partidas continuaram a ser usadas durante décadas, ainda, como pode ser constatado por referências em textos da época, pela vasta iconografia que sobreviveu até nossos dias e pelos exemplares de instrumentos de que dispomos hoje. Acusticamente a flauta em quatro partes também trazia novidades importantes. Tinha um som mais brilhante do que a flauta francesa mais antiga, e seu escopo era maior. Cobria duas oitavas e meia, e o som era potente nas notas agudas (de acordo com os critérios da época, é claro!). O timbre era menos velado e a digitação mais fácil, possibilitando a execução de passagens floridas e de saltos mais dramáticos.

Durante muito tempo a diversidade de diapasões foi fator determinante na confecção de instrumentos. Temos que nos lembrar que existia um diapasão diferente não apenas em cada país, mas também em cada cidade

---

[40] É curioso notar que este costume sobreviveu no Brasil. É freqüente encontrarmos duplas de tocadores de pífano, geralmente dois irmãos, nas quais os flautistas seguram seus instrumentos para lados opostos, por razões de distribuição espacial, mesmo quando nenhum dos dois é canhoto. Ao perguntar a uma dessas duplas se a posição do músico que direciona a flauta para a esquerda não prejudica a velocidade de digitação, obtive a resposta lógica de que a parte de segunda flauta, de qualquer maneira, não contém passagens muito difíceis, já que é basicamente parte de acompanhamento.

e às vezes até em cada Teatro de Ópera dentro de uma mesma cidade. Inicialmente a flauta manteve a afinação baixa que associamos até hoje à música do início do século XVIII, ou seja, *lá* bem abaixo de 400hz. À medida que a flauta foi se incorporando à orquestra, percebeu-se que o instrumento de afinação mais baixa "sumia" no meio das cordas, enquanto uma afinação mais alta lhe propiciava mais destaque e soava mais brilhante. Assim, a afinação foi subindo, variando de 350 hz. até 500 hz.

Nas últimas décadas do século XVIII a flauta já era parte da orquestra, e os fabricantes de flauta começaram a tentar expandir a possibilidade de execução de semitons cromáticos. Para isso, e para eliminar o problema das combinações digitais em forquilha, começaram a pensar em criar orifícios específicos para cada semitom. Como, porém, o número de dedos do ser humano é limitado, havia a necessidade de se introduzir chaves. Estas eram necessárias também para promover uma maior agilidade digital em geral, já que as peças estavam se tornando cada vez mais elaboradas do ponto de vista da técnica. Até o final do século XVIII flautistas usavam instrumentos que possuíam no máximo oito chaves e que podiam ter furação do tubo tanto cônica quanto cilíndrica ou mesmo híbrida (cabeça cônica, corpo cilíndrico ou vice-versa). O número de chaves variava. Esta situação permaneceu inalterada até bastante tarde no século XIX e em alguns lugares, até o início do século XX.

Considero fundamental analisar a desigualdade rítmica em relação à desigualdade sonora. Não menos fundamental é entender como a relação entre a desigualdade sonora e rítmica afeta as diferentes modalidades de estudo. A desigualdade resultante da furação do tubo da flauta do século XVIII faz com que necessariamente as notas se dividam em "melhores" ou "piores"[41]. Esta desigualdade sonora explica facilmente a desigualdade rítmica, um traço importantíssimo da música barroca, principalmente

---

[41] Temos que nos lembrar que os compositores conheciam muito bem essas desigualdades e compunham com elas em mente – ou seja, normalmente eram as notas "boas" que recaíam sobre os tempos metricamente importantes. Quando um compositor buscava um efeito particular, aí sim, ele tinha o recurso de usar o apoio sobre uma nota "ruim".

francesa. Existe uma tendência instintiva de se apoiar as notas "boas" e de se tocar com suavidade as notas "ruins", que faz com que uma escala barroca nunca soe como o "colar de pérolas" tão almejado pelos músicos atuais. Cada escala barroca, aliás, é única em sua estrutura de desigualdades, e reflete o *affekt* específico de sua tonalidade. Poderia ser comparada, no máximo, a um colar de pérolas... barrocas!

Assim, a idéia de estudar passagens escalares como maneira de adquirir igualdade na execução de trechos musicais, não faria o menor sentido no Barroco, e só passa a ser preconizada após a adoção de instrumentos cilíndricos, entre os construtores, e do temperamento igual, entre os compositores. É claro que escalas eram estudadas tanto no Barroco quanto no Classicismo e no período romântico. Mas a função deste estudo é que vai se transformando gradualmente.

Estéticas Contrastantes

Chegamos aqui a um ponto central no que diz respeito à grande diferença entre a estética musical do Barroco e a do Romantismo. O século XVIII é um período em que o temperamento igual é ainda uma novidade, que praticamente prepara o advento do período seguinte, o Classicismo. A riqueza muito maior de possibilidades de modulação, razão de ser do temperamento igual, foi conseguida graças a uma perda do poder expressivo gerado pela diferença de cada nota dentro de cada escala. A uniformização das escalas era do interesse dos compositores, que desta forma podiam escrever música harmonicamente mais "perambulante", por assim dizer.

É apenas com a adoção do temperamento igual que as tonalidades passam a ser equivalentes, e as escalas, regulares. E é devido às necessidades de ampliar o som e de homogeneizar as escalas que os fabricantes irão desenvolver os instrumentos modernos. Se, em termos de técnica flautística, o século XVIII almeja a irregularidade (e não é à toa que este período veio a se chamar de "Barroco") e a expressividade, o século seguinte irá em busca da fluência e do volume sonoro. Era apenas de se esperar, portanto, que o ensino do instrumento se desenvolvesse no sentido de abordar exatamente esses aspectos da técnica instrumental.

Convém destacar ainda a importância de se pensar a vida musical na Europa em seu próprio contexto social. Se um instrumento do século XVIII era em geral executado em um ambiente relativamente pequeno, para uma platéia seleta, o século XIX, com o estabelecimento de uma burguesia significativa, vê o advento dos concertos públicos, em salas de dimensões generosas nas quais o volume e a penetração de som são de suma importância. Nesse contexto, a homogeneidade sonora também passa a ser qualidade cada vez mais desejada, tanto no âmbito individual de cada instrumento quanto no que concerne o som coletivo de orquestras cada vez maiores. É natural, portanto, que os fabricantes de flautas procurassem desenvolver em seus instrumentos precisamente essas qualidades. Não por acaso, é exatamente neste período de mudanças sociais que a flauta passa por transformações radicais. Numa sociedade que valorizava a mecanização, os instrumentos serão também alvo de pesquisas que visam torná-los mais eficientes em termos acústicos, e acessíveis a um número maior de músicos.

A própria adoção gradual do metal como material preferencial na construção de flautas aponta para esta direção, uma vez que a parede de metal (moldável, portanto bastante fina) vibra muito mais, e tem uma qualidade sonora muito mais "gritante" e áspera do que materiais torneados, como a madeira e o marfim. Mas esta mudança ocorreu gradualmente, e só poderia ser considerada uma "evolução" se aplicássemos sempre os mesmos parâmetros de julgamento. Muitos flautistas se opuseram frontalmente a uma mudança de concepção que, como dizia Cramer[42], vinha substituir a estética

---

[42] Johann Baptist Cramer (1771-1858). Compositor, pianista e editor, descendente de verdadeira dinastia musical. Criança prodígio, Cramer se apresentou por toda a Europa. Considerado um dos maiores pianistas de seu tempo, e o melhor da Inglaterra, teve importância decisiva na formação da moderna escola de piano. Aluno de Schroeter, Clementi e C.F. Abel, Cramer nutria verdadeira adoração por Bach e Mozart. Fez carreira também como compositor e professor respeitado, e foi amigo de quase todas as grandes figuras musicais de sua época, como Hummel, Beethoven, Haydn, Dussek, Weber, Cherubini, Wölfl, Czerny, Moscheles, Mendelssohn, Liszt

do "fort bien", pela do "bien fort"[43]. No famoso *Prefácio* ao seu método de 1851, em que ataca vigorosamente a nova flauta de Boehm, Tulou observa "ser de uma importância fundamental conservar em cada instrumento a diferença de timbre que lhe é peculiar; pois é esta diferença que constitui, em grande parte, o charme da música". E recomenda: "Pesquisemos as melhorias úteis, retifiquemos, se possível, os defeitos que possamos perceber; mas conservemos o som patético e sentimental do instrumento".[IX]

Vejamos o que diz exatamente sobre a questão do desenvolvimento instrumental um dos maiores intérpretes da música do Barroco, Nikolaus Harnoncourt (1984: 102-3):

> [...] cada melhora obtida tinha que ser paga por empobrecimentos em outros domínios (principalmente no do som). Tudo depende, portanto, daquilo que se considera como particularmente importante. Ou seja, se compararmos uma flauta de prata de Boehm com uma flauta de uma chave de Hotteterre, constataremos que na flauta Boehm todos os semitons soam de modo semelhante, enquanto que na flauta Hotteterre, em virtude das dimensões variáveis dos orifícios e dos inevitáveis dedilhados em forquilha, praticamente cada nota tem uma cor diferente. A flauta Boehm também soa mais forte, mas sua sonoridade é mais pobre, mais "achatada", mais uniforme. Bem entendido, poder-se-ia formular tudo isso de outra maneira, segundo o ponto de vista e o gosto pessoais: a flauta Hotteterre é um instrumento ruim, porque suas diferentes notas não soam iguais – seguindo o ideal sonoro da flauta de Boehm; ou: a flauta Boehm é um instrumento ruim, porque todas as suas notas são iguais – seguindo o ideal sonoro da flauta de uma chave...
> Um bom número de músicos (entre os quais eu me encontro) constata, ao final da experiência comparativa, que as vantagens e inconvenientes de cada estágio da evolução de um instrumento concordam exatamente com as exigências da música que lhe é contemporânea. As cores diferenciadas e o timbre escuro da flauta Hotteterre convêm perfeitamente à música francesa de 1700, e nem um pouco à música

---

e Berlioz. Defendeu com energia a obra de compositores que admirava. Suas atividades como editor também foram de excepcional importância para o meio musical. Como compositor, suas obras são quase sempre bem escritas, agradáveis e sofisticadas, ainda que bastante conservadoras em estilo. Sua obra mais conhecida atualmente, verdadeiro marco da metodologia pianística, são os 84 estudos para piano publicados em dois volumes, em 1804 e 1810.

[43] Apud *Grove Dictionary of Music*, versão on-line, 2003, verbete sobre Cramer.

alemã de 1900, ao passo que a sonoridade igual e metálica da flauta Boehm é ideal para a música desta época e inadequada para a música daquela época. Pode-se fazer este tipo de comparação para cada instrumento; apenas a questão de saber se este ou aquele instrumento pode ser tocado hoje em dia de maneira inteiramente adequada talvez impeça, em casos isolados, um julgamento imparcial.[x]

É importante, sobretudo, sabermos de que forma as próprias características da flauta barroca afetaram a música de sua época, e vice-versa. O que deve ser considerado não apenas quando estudamos os métodos de então, mas também quando executamos peças daquele período, ainda que com instrumentos de hoje. A sonoridade mais delicada da flauta barroca, por exemplo, vai afetar o seu equilíbrio com o instrumento encarregado do baixo contínuo, em geral o cravo. Com instrumentos originais este equilíbrio se dá naturalmente, uma vez que os dois instrumentos têm um volume de som semelhante. No entanto ao se juntar um cravo a uma flauta de metal, a parte do cravo fica forçosamente encoberta, ou pelo menos com uma ênfase bem menor da que o compositor pretendia.

Construção e Estilo

O fato da flauta barroca não ter as mesmas possibilidades de dinâmica afeta a interpretação sob vários aspectos, assim como afeta o próprio ensino do instrumento: os contrastes são menores e dependem muito mais do uso apropriado de inflexões de tempo e variações de cor. O intérprete moderno que quiser ser o mais fiel possível às intenções do compositor deve, portanto, prestar especial atenção ao equilíbrio entre as vozes, e deve tentar não abusar de efeitos de dinâmica, explorando ao máximo os outros recursos expressivos da flauta, tais como inflexões de tempo, variação de articulações, respirações judiciosamente escolhidas para enfatizar as intenções do compositor, etc...

Conhecendo o instrumento barroco, torna-se também mais fácil saber como deveriam ser executados os ornamentos. Um exemplo típico é o dos trilos, já mencionado anteriormente. A ausência de chaves e conseqüente abundância de dedilhados de forquilha são fatores fundamentais para a determinação da duração das *appoggiaturas* que antecedem os trilos. Assim, o trilo cadencial barroco, que em geral se inicia com uma *appoggiatura* superior forte e longa, seguida de alternação rápida e *piano* das duas notas, não é assim apenas por razões harmônicas, ou porque os compositores decidiram que desta forma soava melhor (o que inegavelmente é verdade!), mas porque, na maioria das vezes, esta era a única maneira de serem executados em um instrumento de época. Portanto o flautista que toca uma flauta barroca não precisa aprender regras sobre os trilos: essas regras se impõem automaticamente.

O uso de *flattement* (vibrato de dedo) ao invés de vibrato é outra conseqüência natural da falta de chaves do instrumento barroco, da qual convém o flautista moderno estar ciente, para não cair na armadilha habitual de se acreditar que "o vibrato era proibido no período barroco". Aos músicos que teimam em descobrir regras para tudo, basta imaginar quão mais fácil é vibrar com os dedos do que com o diafragma ou a garganta para perceber que a escolha do *flattement* em detrimento do vibrato era uma simples questão de lógica.

Ainda por causa da desigualdade sonora, a localização das notas dentro de cada frase diz muito a respeito das intenções musicais do compositor. Se ele usar sempre notas "boas" nos tempos fortes, teremos uma peça clara, que flui facilmente, com conotações geralmente alegres. Porém se ele tende a enfatizar as notas "ruins", o clima vai ser mais sombrio, mais "estranho", mais difícil. Essas conotações certamente escaparão ao intérprete, caso ignore completamente que a flauta barroca era desigual.

Um bom exemplo disso é a *Sonata para flauta e cravo, BWV 1030, em si menor*, de Johann Sebastian Bach, uma das peças barrocas preferidas pelos flautistas modernos. Numa relação direta com a Teoria dos afetos e a arte da retórica, para Bach (assim como para muitos outros compositores do Barroco) a tonalidade de si menor era freqüentemente associada à dor humana ou à crucificação (e os sustenidos aos cravos na cruz, ou à própria cruz). Assim, suas peças nesta tonalidade costumam ter um caráter dramático e muito intenso. Basta pensarmos na *Missa em Si Menor*, considerada por muitos como o mais nobre e mais inspirado tratamento musical do tema da crucificação. Em outras obras se pode perceber este uso de tonalidade, como na Cantata BWV 4: *Christ Lag in Todesbanden*. Do quinto movimento desta obra escolhi como exemplo um pequeno trecho em que se pode constatar a utilização desta associação tonal: acima mesmo das sílabas da palavra *Kreuzes* (cruzes) aparecem as cruzes representadas por sustenidos.

I. Bach: Trecho de *Christ Lag in Todesbanden*.

No caso da *Sonata BWV 1030*, o caráter dramático de si menor é reforçado pelo uso de saltos bastante grandes (uma vez que a flauta barroca não possui o orifício posterior, as oitavas são conseguidas inteiramente por *over-blowing*), de sustenidos adicionais e de passagens cromáticas (especialmente difíceis na flauta barroca, devido aos dedilhados em forquilha).

II. Bach: *Sonata em Si menor, BWV 1030* para flauta e cravo.

Tocar esta sonata exige do flautista barroco um verdadeiro sacrifício emocional, o que é perfeitamente condizente com o que pretende expressar. É de fato importante que o intérprete sofra, que a sonata pareça não acabar nunca (a crucificação deve ter sido ainda mais sofrida e interminável!). Naturalmente para o flautista que usa uma flauta moderna, saltos deste gênero, sustenidos e passagens cromáticas não exigem qualquer sacrifício. Por isso mesmo, é uma sonata tecnicamente bastante acessível (nada comparável, em termos de dificuldade técnica, com a sonata de Prokofiev, para citar apenas um exemplo). É comum ouvirmos interpretações desta sonata que soam brilhantes e despreocupadas, numa evidente "traição" musical.

Dito isto, devemos ressaltar que o fato de possuir uma flauta barroca não faz de ninguém um intérprete de gosto apurado, e é perfeitamente possível tocar música barroca num instrumento autêntico sem perceber coisa alguma acerca do estilo e das qualidades da música barroca, assim como é possível tocar numa flauta moderna demonstrando grande afinidade com o período em questão. Citando Harnoncourt, mais uma vez:

> [...] a qualidade objetiva é uma questão de importância primordial na escolha de um instrumento. Além da questão de saber se devemos tocar em instrumentos "antigos" ou "modernos" é preciso também que nos perguntemos: o que é, em suma, um *bom* instrumento? E se o aspecto puramente sonoro da interpretação tem realmente uma importância tal que *devamos* nos decidir a favor de instrumentos de uma certa época por razões artísticas, então, aos meus olhos, ele deve ser igualmente importante para avaliar os instrumentos em si. Em outras palavras: seria absurdo preferir uma flauta barroca ruim a uma boa flauta Boehm pela única razão de que se trata de uma flauta barroca. Um instrumento ruim continua a ser ruim ainda que, sob a influência da moda, a ausência generalizada de espírito crítico dos músicos e melômanos lhe confira uma glória passageira (assim como no caso do pseudo-cravo). Isto quer dizer que devemos estar sempre prontos a evitar que os falsos profetas – os lobos entre os carneiros, por assim dizer – nos façam aceitar o falso pelo verdadeiro e o ruim pelo bom. Uma eventual moda de instrumentos antigos não deve ter como conseqüência que inúmeros tubos de madeira mais ou menos bem torneados e com seis ou oito furos sejam elevados à categoria de "instrumentos originais", e empregados como tais, por mais inadequada que seja sua sonoridade. Devemos sempre consultar a arbitragem de nossos ouvidos e de nosso gosto, e nos contentar apenas com o melhor *(Harnoncourt, 1984: 103-104).*[XI]

A Flauta de Boehm

A partir de meados do século XVIII os requisitos para tocar facilmente em tonalidades diferentes são a força motora por trás das transformações no instrumento. O gosto geral em relação à cor sonora também passará por modificações. No início do século o que se desejava era um instrumento com uma excelente primeira oitava. Talvez os fabricantes não conseguissem fazer flautas que funcionassem bem na terceira oitava. Ou talvez, por ser tocada em ambientes relativamente pequenos, e junto a forças de poder correspondente, a flauta simplesmente não precisasse "gritar" para ser ouvida. E a música se adaptava às condições circundantes. Porém, é provável que o instrumento e a música tenham se influenciado mutuamente, tanto mais que os construtores de instrumento, até o século XX, eram em geral também intérpretes e compositores. Um exemplo da aceitação do que nós, hoje, consideraríamos uma "falha" estrutural no instrumento, pode ser encontrado nos *Princípios* de Hotteterre (1707: 10-1), onde ele constata, *en passant*, que não se podia mesmo esperar um *fá* confiável na terceira oitava...

> O fá natural quase não se pode fazer no alto da flauta; ainda assim eu o encontrei em algumas, da maneira como vou explicar, mas não se deve insistir em procurá-lo indistintamente em qualquer tipo de flauta, assim como as cadências que resultam dele; pois isso seria querer tentar o impossível.[XII]

Pelo final do século XVIII, o ideal era conseguir uma segunda e uma terceira oitava claras, e também um som mais penetrante. No entanto, devemos tomar mesmo esta declaração tão generalizada com uma certa dose de cautela. Era enorme a variedade de instrumentos que coexistiam no século XVIII, e mesmo entre os relativamente poucos que chegaram a nossos dias as diferenças em som e concepção geral são espantosas. Em seu tratado de 1781, Tromlitz dá uma estocada em todos os construtores que se aventuravam a remodelar a flauta tradicional:

> Eu poderia mencionar muitas outras das várias invenções insignificantes e superficiais que foram aplicadas à flauta, dadas por muita

gente como novas e úteis, mas que na verdade são ridículas e inúteis; mas já que esses assuntos são ninharias, que não trazem qualquer benefício para ninguém, é razoável deixá-los de lado e permitir que sejam considerados como merecem, isso é, como abusos. Quanto mais simples e econômica é a maneira de montar uma máquina, tanto mais durável e útil ela é *(Tromlitz, 1791: 39).*[XIII]

Tromlitz, ele mesmo um construtor em alta demanda, em sua diatribe politicamente incorreta esbraveja em vão contra todos aqueles que cometiam a ousadia de modificar desnecessariamente um instrumento que ele considerava perfeito, o dele. Provavelmente o ataque tinha um alvo específico, que devia saber muito bem que era com ele que estavam falando.[44] Mas ao lermos atentamente o tratado inteiro, podemos perceber que várias modificações contavam com a aprovação do mestre. Não custa lembrarmos novamente, que com freqüência, instrumentos eram feitos com pessoas específicas em mente, e se acomodavam às necessidades e ao gosto pessoal de cada intérprete.

Além disso, o fato de um novo modelo entrar no mercado, não condenava todos os modelos anteriores a um ostracismo imediato. No método de Cambini, publicado em 1793, a flauta que aparece na tabela de dedilhado é claramente uma flauta barroca, de apenas uma chave (Cambini, 1793: 2). Mesmo no século XIX vários modelos de flauta continuaram a coexistir, inclusive modelos que hoje tenderíamos a classificar como barrocos: flautas de madeira, cônicas, com poucas chaves. Se dermos uma olhadela para trás, em direção a este passado não tão distante, podemos nos surpreender. A flauta Boehm, que hoje reina absoluta, e que poucos se atrevem a modificar significativamente, era apenas um dos muitos modelos que disputavam um lugar ao sol.

Alguns dos mais importantes flautistas contemporâneos, dentre os quais os célebres Fürstenau e Tulou, a rejeitaram enfaticamente por acreditarem que suas inovações tornavam supérfluos os dedilhados alternativos que realçavam o caráter do instrumento. Fürstenau, em seu *Kunst des Flöten-*

---

[44] O jovem Boehm, quando começou a modificar a flauta, sofreu oposição virulenta do velho Tromlitz.

Spiels (Leipzig, ca. 1844), deixa clara sua oposição à flauta Boehm, que acusa de ter um som monótono. Os defensores da flauta de sistema simples não estavam dispostos a abrir mão da maior variedade tímbrica do instrumento antigo apenas para ganhar uma afinação mais precisa, um escopo maior de dinâmica, e a fluidez técnica que a flauta Boehm prometia. E não há nada de estranho nisso. A cada modificação introduzida em qualquer instrumento, existe uma reação de igual força em sentido contrário. Mera lei da física! A flauta de Nicholson também havia encontrado resistência, e resistência de tal monta que, em seu tratado de flauta de 1836, Nicholson julga oportuno defender sua "cria":

> Com essa flauta vim a Londres, e apesar de minhas apresentações públicas terem sido objeto de gratificante recepção, e meu som ter sido particularmente notado, ainda assim minha flauta não foi aprovada, uma vez que requeria uma total alteração no sistema de dedilhado.[XIV]

Na história de qualquer desenvolvimento instrumental existe geralmente uma polarização entre intérpretes e compositores. Estes últimos desejam sempre ampliar os recursos técnicos do instrumento para poder escrever passagens cada vez mais ousadas. Já os intérpretes tendem a favorecer a inércia, pois é certamente desagradável ter que adquirir toda uma nova gramática, modificar dedilhados já solidificados por anos de estudo, voltar à estaca zero, por assim dizer. Por outro lado, cumpre lembrar que tanto Fürstenau como Tulou eram compositores, e não apenas intérpretes. Mais ainda, Tulou era eminente construtor de flautas e era como tal (mas também como intérprete) que se opunha à flauta Boehm. Ninguém poderia acusá-lo de falta de envolvimento com a evolução de seu próprio instrumento.

Esta foi a época em que surgiu a moda dos grandes virtuoses, em que o intérprete passou a ter um fã-clube semelhante ao que hoje existe para galãs ou cantores de música popular. Havia então uma grande demanda por peças virtuosísticas, em que a habilidade e musicalidade do intérprete pudessem ser postas a prova. Fürstenau e Tulou foram dos compositores que supriram esta demanda, e as obras de ambos são totalmente inseridas em seu tempo, sem qualquer laivo de saudosismo. Intercalam momentos de grande bravura com trechos muito líricos, em que o som e a capacidade expressiva do intérprete podem se expandir e exibem grandes saltos e várias passagens cromáticas (coisas que seriam impossíveis num instrumento de cem anos antes!). É clara a integração entre fabricante de flautas, compositor e intérprete. Enfim, são obras que mostram a grande alegria do *poder fazer*, e têm, por isso mesmo, o frescor dos prazeres recém-descobertos. Podemos imaginar que ambos estivessem equivocados ao rejeitarem as modificações propostas por Boehm. Mas ninguém poderá dizer que se opunham ao "progresso" por mero comodismo.

Assim como colecionava detratores, naturalmente Boehm atraia também partidários fanáticos pelos seus novos modelos de flauta. Paul Hippolyte Camus, por exemplo, reivindica a primazia em recomendar fervorosamente este novo instrumento:

> [...] todas as vozes da flauta Boehm soam límpidas e naturais, possuem maior volume, maior força, maior doçura, maior segurança do que todas as outras flautas utilizadas; e permite ao executante certos contrastes e nuances que não podem ser obtidos nos outros instrumentos *(Camus, 1839: 3)*.[XV]

O mestre afirma ainda que a flauta Boehm já atingira o seu estágio definitivo de desenvolvimento, e nela não havia mais nada a mudar. Apenas depois de se certificar disto é que recolhera junto ao próprio construtor suas sugestões de dedilhados, que aproveitava para lançar naquele novo método, com o coração repleto de gratidão. É claro que, uma vez que Camus estava escrevendo em 1839, sua informação estava longe de ser correta. A flauta Boehm ainda passaria por mudanças radicais! Aliás, a flauta que aparece nas ilustrações de seu método, é um modelo híbrido, de corpo de madeira, sistema de chaves experimental e, mais interessante ainda, um apoio ressaltado para o dedão da mão esquerda – verdadeiro corretor de postura (nada surpreendente, considerando-se as origens prussianas de nosso inventor!) –, parecido com o utilizado no fagote, mas que nunca se tornou inteiramente popular entre os flautistas.

Ainda assim, Boehm defendia seu uso. Existem várias flautas dos séculos XIX e XX que exibem mecanismo semelhante (ver, por exemplo, a ilustração 7 e 8, neste capítulo), e aqui mesmo, no Brasil, volta e meia nos deparamos com aparatos desta espécie.

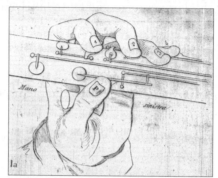

7. Ilustração do Método de Camus (1839: 10)

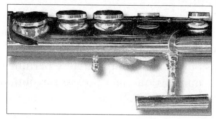

8. Apoio de punho, flauta Hammerschmidt, 1940.

Já Emmanuele Krakamp escreve um método dirigido especificamente "per il flauto cilindrico alla Böhm", em 1847, ou seja, no próprio ano em que Boehm fabricava a assim chamada "flauta Boehm" que viria a se tornar o modelo de todas as flautas modernas. No Prefácio, num estilo típico dos verbosos autores italianos, ele explica:

> A flauta é um dos primeiros instrumentos inventados desde a infância da música: a sua voz melodiosa e suave, que chega à alma e toca as fibras mais recônditas, fez deste instrumento, desde os tempos mais remotos, aquele mais natural ao homem, por assim dizer. Os recentes melhoramentos, introduzidos principalmente pelo Sr. Boehm, deram à flauta uma maior regularidade de som, e uma afinação de voz perfeita. Se recomendo cada vez mais este instrumento, e o julgo indispensável em uma orquestra moderna, por outro lado ele torna pouco

úteis todos os métodos antigos, os quais são defeituosos diante do instrumento ao qual se aplicam *(Krakamp, 1847: 1)*.[XVI]

É evidente que, além do autêntico entusiasmo pela novíssima invenção de Boehm, Krakamp era movido também pelo interesse pecuniário, uma vez que percebia, na revolução prestes a ser deflagrada na organologia flautística, uma excelente oportunidade comercial! E não estava sozinho. Em 1870, no Prefácio a seu método, W. Popp trata de garantir a seus fregueses que estão adquirindo um produto útil, independente de qual instrumento venham a utilizar: "Apenas quero mencionar que este método foi escrito para o estudo tanto da flauta antiga, quanto da moderna." (Popp, ca.1870: Prefácio).

Muito tempo depois, e aqui no Rio de Janeiro, podemos constatar que flautas cilíndricas ainda convivem com flautas cônicas, apesar de o gosto da época já se inclinar visivelmente para as flautas cilíndricas. Segundo Pedro de Assis:

> A flauta moderna é formada de um tubo cylindrico ou conico, predominando, todavia a flauta cylindrica, isto é, cujo tubo tem o diametro igual em todo o comprimento.[...] A forma cylindrica dada ao canal da flauta é muito superior e preferível a conica. Ella augmenta a sonoridade de uma maneira consideravelmente apreciável (sic) *(Assis, 1925: 20)*.

A Flauta Boehm Enfrenta a Oposição

Fizemos esta longa digressão para demonstrar que a adoção da flauta de Boehm foi um processo lento, e mais recente do que imaginamos. Se a mudança de material (da madeira para o metal) encontrava resistência, havia polêmica também em torno do próprio conceito de uma flauta cilíndrica. Há pouco tivemos em mãos um instrumento francês do século XIX que combina características quase anfíbias: chaveamento clássico, pé em ré (como nas flautas barrocas!), corpo externo em madeira, em forma cônica; mas interior inteiramente revestido de prata, e com formato cilíndrico! Uma das razões para o exterior ser cônico enquanto o interior já é cilíndrico parece ser o fato de esta flauta não possuir ainda um porta-lábio. Para conseguir a profundidade de corte necessária, era preciso criar algum tipo de relevo. Mas não é impossível que a forma cônica "falsa" do exterior servisse também para disfarçar a adoção de uma estética flautística que ainda era controvertida.

O método de Dorus (ca.1840: 7), publicado sete anos antes do lançamento da famosa flauta sistema Boehm, menciona a "nova flauta" no próprio título, e já traz em suas ilustrações uma flauta cilíndrica, e não mais cônica. É um instrumento de madeira, com oito chaves. Já em seu método de 1870, W. Popp se vê forçado a fornecer duas tabelas de dedilhado diferentes: uma para flautas de sistema Boehm, outra para flautas "de construção antiga". Cada qual ilustrada com uma flauta específica, naturalmente. O mais curioso é que nas duas ilustrações, se bem que o sistema de chaves seja obviamente diferente, há pontos em comum no que concerne o corpo dos instrumentos. As duas flautas são visivelmente feitas de madeira, com a parte abaulada característica no soquete da cabeça (assim como as flautas Stanesby ou até mesmo Hotteterre), ambas são cônicas e desprovidas do porta-lábio elevado que hoje é de praxe.

No alvorecer do século XX, já havia a percepção de que em breve os sistemas de flauta que não fossem o de Boehm seriam parte do passado, e teriam interesse apenas histórico. Por exemplo, em seu Prefácio à revisão do *Método* de Gariboldi, que havia sido publicado originalmente por volta de 1870, o editor Jan Merry faz questão de explicar que:

> [...] apesar de hoje o sistema Boehm ser quase universalmente empregado achamos por bem manter a tabela da antiga flauta de oito chaves, tanto para aqueles que possuem uma destas últimas quanto para aqueles que, utilizando o sistema Boehm, se interessam de maneira mais aprofundada pela arte da flauta *(Gariboldi, ca. 1870: 1)*[XVII]

Mas esta época ainda custaria a chegar. Às vezes é necessário botarmos de lado nossos preconceitos, e tentarmos nos transportar para o século XIX, com sua efervescência de fábricas, estilos e idéias. Ao imaginarmos uma orquestra Wagneriana, por exemplo, supomos imediatamente que

Wagner, favorável a grandes forças orquestrais e dono de um estilo bastante bombástico, deveria ser um dos defensores das flautas mais poderosas de Boehm. Ledo engano! Wagner se referia a esses instrumentos como *Gewaltröhre*[45] e fez questão que Moritz Fürstenau[46], primeiro-flautista de sua orquestra e um dos primeiros a adotar a flauta Boehm na Alemanha, voltasse para sua antiga flauta cônica, que ele julgava ter mais caráter e maior flexibilidade.

O primeiro flautista de orquestra na Alemanha a adotar a flauta Boehm foi Theodor Winkler (1834–1905), que foi solista de flauta na *Weimar Hoforchester* sob a regência e encorajamento de Liszt. Mesmo os alunos de Boehm não eram unânimes em aprovar o instrumento projetado por seu mestre. Por exemplo, Rudolph Tillmetz (1847–1915), que era o flautista principal em Bayreuth, encomendou uma flauta de J. M. Bürger para a estréia de *Parsifal*, em 1888. E às portas da virada do século, em 1898, ele ainda afirmava que o timbre das flautas cilíndricas era excessivamente assertivo e insuficientemente flexível. Assim, a aceitação da nova flauta não foi exatamente um caminho sem obstáculos.

É impossível sabermos hoje quais desvios sofreu este caminho, e por quê. Mas sabemos onde foi desembocar. Havia nesta época uma fascinação por toda e qualquer atividade científica, e por objetos que pudessem ser reproduzidos através de processos industriais. Travava-se uma verdadeira batalha entre os fabricantes, que ao procurar agradar seus consumidores sugeriam, cada qual, melhorias na construção de um instrumento que já gozava de grande popularidade. Desta batalha, como sabemos hoje, saiu vitorioso Theobald Boehm.

---

[45] Aqui há um jogo de palavras: "Rohr" significa "tubo"; "Gewalt", quer dizer "força", "violência"; "höhere Gewalt" designa um ato da natureza, além do controle do homem, ou, dependendo da acepção, "força maior"; finalmente "rohe Gewalt" é "força bruta"...

[46] Moritz Fürstenau (1824-1889). Escritor, flautista e compositor, filho de Anton Bernhard Fürstenau. Garoto prodígio, foi aluno de seu pai, com quem fez um duo de sucesso. Em 1842 tornou-se flautista na Orquestra de Dresden, onde acabou sucedendo o pai no cargo de primeiro-flautista. Foi professor do Conservatório de Dresden, e se tornou conhecido também por fazer *tournées* com a soprano sueca Jenny Lind.

9. Flauta Laube-Boehm, 1832.

Com a nossa tendência a tomar o particular pelo geral, esquecemos que Boehm não mudou a história da flauta da noite para o dia, e também que só se tornou o grande construtor que foi porque vivia em uma época de fervilhante experimentação, em que opostos ainda conviviam numa paz relativa. Ao longo do século XX houve uma espécie de engessamento da criatividade dos fabricantes de instrumentos assim como dos intérpretes de música erudita. Mesmo os mais criativos fabricantes de flautas pouco se afastaram do modelo criado há mais de um século e meio por Boehm. Isto é sem dúvida um atestado de qualidade das flautas desse construtor alemão. Mas é também a marca de uma sociedade que se pensava revolucionária, mas que era tristemente conservadora sob muitos e muitos aspectos.

Em Direção ao Século XX

Imaginamos pagar um alto preço pela globalização. Enquanto nos vestimos todos com o mesmo jeans e a mesma camiseta branca, o preço parece apenas razoável, e nada com o qual devamos perder muitas noites de sono. Mas às vezes, ao vermos, junto com mais três milhões de pessoas, o nosso seriado de TV favorito, enquanto comemos nossa pipoca de microondas, algum canto de nossa alma deve suspirar por um passado no qual a palavra "flauta" designava não um único objeto sonoro, mas sim uma verdadeira pletora de instrumentos, e a construção artesanal era a regra e não a exceção.

Mas não nos deixemos levar pelo saudosismo, e sejamos justos: a globalização, a despersonalização, a massificação são uma tendência, mas não regra geral. Nos dias que correm, mais uma vez vemos o florescimento de artesãos de mérito, que trabalham denodadamente para fabricar instrumentos cada vez melhores e com caráter único. E, para não deixarmos de considerar o outro lado da moeda, temos que reconhecer que a convivência de tantos modelos instrumentais não se dava sem percalços, é claro.

Podemos facilmente imaginar o caos que devia ser montar uma orquestra em que os músicos tinham cada qual um padrão diferente de afinação, por exemplo, para não citar os critérios menos objetivos de ideal sonoro. Num livro de 1860, *L'Année Musicale*, P. Scudo dedica todo um capítulo a defender duas reivindicações: que o diapasão geral seja abaixado, e que um ÚNICO diapasão seja adotado em todas as cidades. Às páginas 326 e 327 ele oferece um quadro comparativo dos diapasões adotados nas principais cidades da França e nas capitais da Europa (fornecido pelo Departamento de Estado! *Sacre Bleu!*) em que se pode constatar que, das vinte cidades citadas, apenas dois pares dividiam o mesmo diapasão!

Mas nem seria preciso recorrer a um livro europeu para perceber este fato. A antiga diversidade de instrumentos e o arrojo de seus construtores foram constatados mesmo aqui, no nosso país. Em seu livro de 1925, *O Manual do Flautista*, Pedro de Assis comenta:

> Em Paris nos foi mostrada uma flauta de crystal, não nos desagradando a sonoridade, entretanto por informações de um colega francez alli presente soubemos que aquelle instrumento soffre sensível alteração na justeza de afinação logo que seja usado continuadamente, por mais de meia hora (sic) *(Assis, 1925: 24)*.

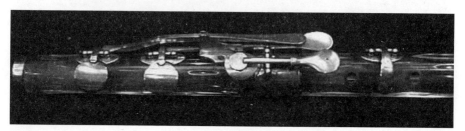

10. *Flauta Laurent, detalhe de mecanismo.*

Provavelmente Pedro de Assis se referia aqui a uma flauta feita por Claude Laurent[47], ativo na França desde o início do século retrasado e muito requisitado na capital francesa.

---

[47] Relojoeiro que se transformou num dos mais refinados construtores de flautas do século XIX, Laurent patenteou várias técnicas para a confecção de flautas, inclusive o uso de cristal para o corpo dos instrumentos, em 1806. Seus caros instrumentos

11. Flauta Laurent

Cumpre observar que cada uma dessas flautas de cristal tinha, ainda, características próprias, como se pode ver pela ilustração nº 12. As flautas desta fotografia, apesar de serem todas de um único fabricante, diferem quanto à cor, acabamento, e mesmo sistema de chaves! E o cristal, por mais estranho que nos possa parecer hoje, não era uma aberração no campo da fabricação instrumental. Podiam-se fazer instrumentos de praticamente qualquer material sólido e suficientemente moldável. Pedro de Assis continua:

> Na época actual, a flauta mais commum é feita de prata ou metal prateado, quando ha um século decorrido ella era fabricada exclusivamente de buxo, passando depois a ser feita de ébano, granadilho, marfim, crystal e ouro. (sic)

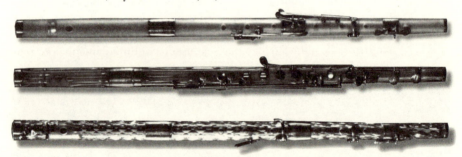

12. Três flautas Laurent, feitas de cristal.

Apesar do erro factual – Assis julga que a diversidade é recente, esquecendo toda a variedade existente nos séculos anteriores – a afirmação mostra que materiais muito diversos eram ainda usados na construção de instru-

eram tão valorizados que eram considerados presentes adequados para monarcas e celebridades. Dentre os proprietários de flautas Laurent pode se citar Louis Bonaparte, rei da Holanda; Joseph Bonaparte, rei da Espanha; Franz I, Imperador da Áustria; Louis XVIII Bourbon; e Napoleão I. James Madison, presidente dos EUA, recebeu uma flauta Laurent como presente da França. Existem hoje pelo menos 25 flautas Laurent, sendo que 17 se encontram na Coleção de flautas *Dayton Miller*.

mentos. Ele menciona também flautas com extensão e afinação diversas, como as flautas *d'amore*, afinadas uma quarta acima das flautas comuns, além de uma flauta Boehm de 1867, exposta no Museu do Instituto Nacional de Música (atual Escola de Música da UFRJ) dotada de "mecanismo originalíssimo, completamente desconhecido na América". Diz mais:

> Numa visita que fizemos a La Couture-Boussey, (Eure) proximo a Rambouillet, Versailles e Chartres, percorremos algumas fábricas de flauta, inclusive as de Chapelain Fils & Gendre, successores, e Djalma Juillot, onde vimos vários modelos de flauta afinada em diversos tons, especialmente um typo de flauta baixo, algumas com uma fórma esdrúxula e extravagante, as quaes supponho não terão jamais applicação nos conjunctos orchestraes. Experimentamos alguns daquelles instrumentos e muito nos agradou a flauta de bomba alongada, à qual os francezes denominam *flute à coulisse*, permitindo tocar à vontade no diapasão normal e antigo [...] (sic) *(Assis, 1925: 25)*

13. Flauta Djalma Juillot

Note-se aqui a referência a duas afinações ainda em uso, a "antiga" e a "normal", apesar de estarmos no tardio ano de 1925! Pedro de Assis continua por várias páginas o seu relato sobre visitas a inúmeras fábricas de instrumentos (só a quantidade de diferentes fábricas francesas é suficiente para dar uma idéia do florescimento da fabricação de instrumentos na Europa no século XIX, que ainda atirava reflexos sobre o século seguinte), e as flautas esquisitíssimas com as quais travou contato. Sobre algumas, chega a dar detalhes de construção, e menciona melhoramentos vários introduzidos por diferentes flautistas, inclusive o nosso Duque Estrada Meyer (Assis, 1925: 23).

A Cristalização de um Modelo

Atualmente, nos instrumentos orquestrais, praticamente ninguém mais tem coragem de mexer. Mas Boehm podia, ainda, experimentar à vontade, sem medo da patrulha ideológica que, fosse ele nosso contemporâneo, sem dúvida lhe tolheria as asas. Educado para suceder a seu pai, um joalheiro, Boehm sempre demonstrou acentuada inclinação pela música. Durante algum tempo, chegou mesmo a conciliar as profissões de flautista, fabricante de instrumentos e joalheiro. Em 1828, Boehm, então flautista na *Hofkapelle* da Baváría, abriu uma fábrica em Munique. Inicialmente fabricava instrumentos no "estilo antigo" (ou seja, com furação cônica) com chaves suspensas em colunas e eixos, e alavancas para a mão direita atingir o si e o dó. A experiência determinante para suas explorações acústicas foi um concerto de Nicholson que ouviu em Londres. Numa carta ao Sr. Broadwood[48], datada de 1871, Boehm expressa nos seguintes termos a indelével impressão que a flauta de Nicholson (diferente e mais ressonante do que aquelas então mais comuns na Alemanha) lhe causara:

> Me saí tão bem quanto teria se saído qualquer flautista, em Londres, em 1831, mas não tinha a menor condição de igualar Nicholson em potência de som, daí que resolvi começar a trabalhar para remodelar minha flauta. Se eu não o tivesse ouvido, provavelmente a flauta Boehm jamais teria sido feita *(Boehm, 1922: 8)*.[XVIII]

A partir daí, Boehm ficou encantado com a qualidade tímbrica que Nicholson extraía de seu instrumento e decidiu fazer um instrumento que combinasse a furação mais ampla da flauta de Nicholson com uma afinação mais precisa, colocando os orifícios não de acordo com a anatomia do executante (como era praxe), mas sim com a sua funcionalidade em termos de afinação.

Para isso, encomendou à firma londrina Gerock & Wolf um protótipo que acabou se tornando um marco, ao utilizar chaves extensoras que transferem o movimento de um dedo para chaves fora de seu alcance, e desta forma permitiam que um único dedo manejasse mais do que uma chave

---

[48] Não conseguimos informações mais precisas a respeito deste Sr. Broadwood, mas pela data da carta, e por se referir a Londres, pode-se supor que este fosse um dos filhos de John Broadwood, importantíssimo fabricante de pianos.

simultaneamente. Esta idéia não era original: havia sido patenteada em 1808 pelo inventor inglês Frederick Nolan, e já havia sido previamente empregada por William Gordon. Mas foi na flauta de Boehm que a chave permitiu ao primeiro dedo da mão direita cobrir dois orifícios, produzindo fá natural ao invés do habitual fá#. Esta idéia também havia sido sugerida anteriormente por H.W.T. Pottgiesser, e o fá# passou a ser produzido com uma segunda chave extensora, para o terceiro dedo da mão direita. Com estas mudanças, a escala natural da flauta transversal passou de Ré maior a Dó Maior.

Como comenta Peter Bloom, em seu prefácio (1989) para o método de Nicholson:

> Antes que a ascenção meteórica da flauta de Boehm pusesse um fim à gloriosa diversidade no mundo da flauta, existiam três categorias de flautas das quais se podia escolher: flautas em estilo francês, com orifícios pequenos, defendidas por Tulou, Demerssemann, e flautistas da mesma escola; flautas de estilo Nicholson, de orifícios grandes, preferidas por muitos executantes das ilhas britânicas e alguns outros (incluindo Ribas, que tocou sob a batuta de Mendelssohn e mais tarde foi para a América); e flautas de orifícios moderados, usadas por A. B. Fürstenau (e todos os outros!).[xix]

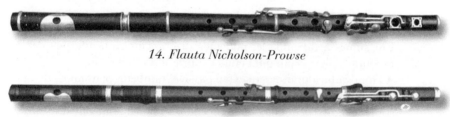

14. Flauta Nicholson-Prowse

15. Flauta Nicholson-Clementi

A flauta de Nicholson, com seus orifícios maiores do que os habituais, tinha de fato um som potente, mas o tamanho mesmo dos orifícios constituía um problema. O próprio Nicholson em seu método admite que certos dedilhados só eram possíveis numa flauta com orifícios pequenos (Nicholson, 1836: 49). A coleção de livros raros da Biblioteca nacional do Rio de Janeiro abriga uma publicação de 1827, *The Flutist's Magazine*, revista periódica publicada em Londres. Comentando uma peça escrita por Saust, seu editor observa que "nenhum intérprete, com uma flauta de orifícios grandes, poderia de jeito algum executar as variações que começam no *Più moto* com a suavidade e acabamento que elas exigem". É evidente que o editor está se referindo a flautas ainda basicamente sem chaves, uma vez que o tamanho dos orifícios só constitui um problema se estes tiverem que ser fechados diretamente pelos dedos do executante! O orifício maior para a embocadura, apesar de possibilitar o som mais potente almejado pelos flautistas da época, também era fonte de problemas. O articulista da *Flutist's Magazine* explica:

> Sendo justos, temos que reconhecer que a embocadura em questão tem lá suas vantagens, e para um intérprete que possua sangue-frio, assim como grande domínio de seu instrumento, é aquela, dentre todas as outras, que deveria ser escolhida. Suas vantagens são as seguintes – uma maior variedade de cor sonora [...] – as notas superiores são produzidas com maior facilidade [...] e finalmente, as harmonias, nós achamos, são facilitadas. Tendo chamado a atenção para as vantagens, mencionemos também as desvantagens. E essas, lembrem-se, se aplicarão a noventa e nove de cada cem pessoas – a primeira é que ninguém que não possua um ouvido admirável será capaz de tocar afinado com ela, e mesmo supondo um bom ouvido, este alguém deve ser possuidor do maior sangue-frio.
> Uma vez garantidos o bom ouvido e o sangue-frio, ainda vai requerer estudo infatigável para adquirir grande tato e julgamento para articular e produzir a variedade de som da qual já se disse que é suscetível. Em suma, a dificuldade, podemos dizer, é multiplicada por dez ao executar música com uma embocadura desta descrição.
> A embocadura muito pequena é passível também, pensamos, de muitas grandes objeções, e no geral, nós preferiríamos a muito grande sobre a muito pequena. Da embocadura pequena apenas um som de colorido uniforme pode ser obtido, e a monotonia ocasionada em conseqüência, lhe é muitíssimo prejudicial (*James, 1827: 187*).[xx]

Nicholson defendia seu sistema com unhas e dentes, tanto em relação aos orifícios digitais quanto ao orifício do bocal, e usava um argumento convincente e verdadeiro: o de que mesmo seus detratores mais ferrenhos jamais o haviam acusado de tocar notas desafinadas! Os inimigos de Nicholson contra-argumentavam, afirmando que ele era o único que conseguia tocar afinado em seus instrumentos. Segundo o virtuose inglês, o problema com os orifícios maiores era apenas que estes evidenciavam os defeitos de afinação (dos outros!) de maneira muito mais audível.

Seja como for, Nicholson era um flautista totalmente extraordinário, sem competidores em seu país, e respeitadíssimo em toda a Europa. Ele era o melhor garoto-propaganda que um instrumento poderia desejar. Mas aparentemente não podia servir de padrão para todos os outros flautistas da época, que sofriam para conseguir uma afinação correta em seus instrumentos. Foi exatamente para conseguir aliar uma afinação mais perfeita a uma maior agilidade digital que Boehm começou a utilizar as chaves abertas, uma inovação que acabou por se tornar praticamente a marca registrada dos instrumentos de nível mais alto no mundo todo.

O segundo modelo Boehm, que combinava chaves extensoras com eixos sobre varas, foi feito em sua própria fábrica de Munique, em 1832. Esta flauta ficou conhecida como *Flauta com chaves de anel*: o orifício do *fá* era fechado indiretamente pelo segundo ou terceiro dedo da mão direita, a chave do *sol* era independente, e a chave para o *dó* criada por Tromlitz para o dedão da mão esquerda foi reutilizada. A flauta resultante já era muito semelhante à que usamos modernamente. Um ano depois de seu lançamento, um aluno de Boehm, Eduard Heindl (1837-96) executou uma *Fantasia* de Kuhlau[49] nesta flauta. O êxito foi retumbante[50]. Dentro de alguns anos, flautas Boehm cônicas estavam sendo fabricadas em Paris pela firma de Godfroy, e em 1843 o instrumento já fazia tanto sucesso que Boehm tirou uma patente para licenciar o modelo para a Rudall & Rose de Londres sob a direção de seu capataz, Rudolph Greve.

[49] Friedrich Daniel Kuhlau (1786-1832). Compositor dinamarquês de família alemã, é conhecido principalmente por sua obra pianística. Escreveu também para flauta, tendo composto inúmeras obras de câmara que incluem este instrumento. Seus duos e trios são universalmente adotados em conservatórios, pois sua música flautística é apaixonada, interessante e particularmente idiomática. É quase impossível acreditar que ele não tocava o instrumento.

[50] Uma curiosidade: em 1864 Heindl foi para Boston, nos Estados Unidos, levando consigo uma flauta Boehm feita em 1847 (portanto uma autêntica *Flauta Boehm*), com número de série 19. Foi provavelmente a primeira flauta cilíndrica de prata a ser tocada no novo continente, e em 1881, quando foi criada a Orquestra Sinfônica de Boston, era responsável pela cor característica do naipe de flautas desta orquestra.

16. Flauta Rudall, de sistema antigo, ca. 1820

Ao final da década de 40, Boehm estava caminhando a passos largos para se tornar o maior fabricante de instrumentos da Europa. Homem de enorme curiosidade intelectual, já havia feito cursos especiais de acústica, e acabara de aperfeiçoar o esquema básico de construção que lhe deu fama definitiva. Esta foi a flauta "de sistema Boehm" (1847), um instrumento de prata, com furação cilíndrica e cabeça parabólica, abertura de embocadura retangular com cantos arredondados e orifícios do maior tamanho possível, fechados por sapatilhas acolchoadas interligadas por eixos e varetas. Depois de várias experiências com chave de polegar para Si e Sib, em 1849 Boehm chegou à versão que tem sido universalmente adotada desde então.

Cabe notar que, desde 1847, a flauta pouco foi modificada: a descrição acima se aplica com igual pertinência a qualquer flauta moderna, feita hoje nos Estados Unidos ou no Japão. Uma olhada nos métodos das últimas décadas do século XIX é útil para se ter uma noção da penetração das novas idéias a respeito de construção flautística. Os avanços de Boehm eram inegáveis, ainda que, como vimos, os métodos de flauta durante longo tempo continuassem se dirigindo a flautistas que utilizavam tanto instrumentos de sistema Boehm quanto de outros sistemas.

A flauta Boehm de 1847 incorporava várias inovações de fabricantes famosos: a adoção de molas em forma de agulha, ao invés das achatadas, adotadas por Boehm anteriormente, foi idéia de Victor Coche (1806-81) e Auguste Buffet Jeune (1830-85) que também foram os responsáveis por passar todos os eixos de chaves para o lado do flautista. Dorus (1812-96) inventou uma chave de *sol* que permanecia aberta exceto quando a chave do *lá* era pressionada. Dorus era um defensor convicto da flauta Boehm. Em 1860, quando sucedeu a Tulou como professor de flauta no Conservatório de Paris, tratou logo de introduzir a flauta cilíndrica. Após 1850, flautas francesas de sistema Boehm cilíndricas eram geralmente feitas em níquel ou prata. Havia ainda algumas de jacarandá, ébano ou cocus[51]. Os primeiros métodos para esta flauta foram os de E. Krakamp, W. Popp, W. Barge e do próprio Boehm. Na verdade este é um processo que se tornou clássico: a cada novo mecanismo consagrado, ou seja, adotado por um número significativo de indivíduos, criava-se uma demanda por material escrito com aquele sistema específico em mente.

Outros Caminhos são Trilhados

No século XIX a pesquisa de organologia flautística se concentrou na Alemanha, França e Inglaterra. Foi neste último país que, no início do século se destacou a família Potter, pai e filho. Astor e Clementi foram outros dois grandes nomes ativos nas primeiras décadas de 1800. As flautas fabricadas então, tinham essencialmente orifícios pequenos, uma ou poucas chaves. Na segunda geração de fabricantes Astor estabeleceu sólida reputação. Nicholson, que introduziu modificações em sua flauta Astor, aumentando o tamanho dos orifícios, acabou inserindo seu nome na história da fabricação de flautas. Já então um solista de fama internacional, Nicholson acabou por se associar à fábrica Clementi, que passou a fazer flautas seguindo as suas especificações. O principal artesão desta fábrica, Thomas Prowse, acabou por abrir sua própria firma, e levou adiante esta tradição de fabricação. Pouco depois aparece uma das fábricas mais importantes, Rudall & Rose, que adentrou o século seguinte ainda a pleno vapor, seguindo a mesma linha de instrumentos favorecida por Nicholson.

17. Flauta Rudall and Rose, 1828

---

[51] *Brya ebenus*, madeira da família do ébano, originária da Índia. Durante o século XIX, o cocus se tornou o material padrão para a confecção de flautas e outros instrumentos como a gaita de foles. Infelizmente devido à intensa demanda, esta madeira quase foi extinta. Atualmente o cocus voltou a ser comercializado, em pequenas quantidades e por um preço muito alto. Inicialmente marrom amarelado, com o tempo escurece até ficar de um tom fechado de marrom.

John Clinton foi dos primeiros a elogiar o modelo inicial de Boehm (aquele, cônico, de 1832) e a adotar seus ideais. O famoso modelo cilíndrico Boehm, de 1847, foi no entanto uma grande decepção para Clinton. Assim, decidiu ele mesmo fabricar instrumentos que mantivessem as qualidades que ele via na flauta mais antiga, ao mesmo tempo em que tentava corrigir suas falhas. Inicialmente fez parceria com Potter, filho, depois passou a trabalhar sozinho, tendo sua flauta *Equissonante* feito uma bela carreira.

Outro dos instrumentos que se desenvolveram baseados no modelo Boehm de 1832 foi a flauta *Diatonica*, um instrumento de 10 chaves, elaborado por Abel Siccama (1810-65). De início, ele trabalhava com o artesão John Hudson, que depois firmou parceria com Robert Sidney Pratten. Foi Pratten o responsável por uma simplificação do modelo de Siccama que, com apenas 8 chaves, gozou de grande popularidade durante longo tempo. Esta versão (assim como o passe do próprio Hudson) foi posteriormente adquirida pela Boosey & Co.

18. *Flauta Siccama*

19. *Flauta Pratten Perfected*

No final deste período, apareceu uma firma que continuou por décadas no mercado: a de Hawkes & Son. Eles continuaram a apostar na flauta cônica de oito chaves, mesmo depois do início do reinado da flauta Boehm de 1847.

Dos vários fabricantes que se opuseram a Boehm, talvez o mais renomado seja H. F. Meyer (1814-1897), de Hanover. Ele desenvolveu um tipo de flauta que supria as necessidades das orquestras alemãs e austríacas: tocava bem tanto na região aguda quanto na região grave, tinha volume de som considerável, e sua afinação era melhor do que as de sistema antigo. Apesar de ter algumas semelhanças com as outras flautas de nove chaves da época, as flautas Meyer diferiam destas em furação, colocação de orifícios digitais, tamanho e formato do orifício da boca. Todos os instrumentos que se basearam neste esquema ficaram conhecidos como flautas Meyer, ou flautas de "sistema antigo", em contraste às flautas de Boehm.

20. Flauta de sistema Meyer.

Apesar de hoje terem se tornado uma espécie extinta, foram tremendamente populares no final do século XIX, e eram usadas nas orquestras que tocavam obras de Schumann, Tchaikovsky, Brahms, Mahler e até Richard Strauss. Temos que nos lembrar que estas orquestras gozavam da orientação e do aval dos compositores citados e, portanto, refletiam o gosto de uma verdadeira elite musical. Flautas Meyer continuaram a ser o instrumento padrão utilizado nas orquestras até aproximadamente 1930 e em bandas permaneceram ativas até mesmo depois desta data.

Flautistas importantes que tocavam flautas Meyer incluem Franz Doppler (1821-1883) e Karl Doppler (1825-1900), Jules Demerssemann (1833-1866), Wilhelm Popp (1828-1903), Ernesto Koehler[52] (1849-1907) e Adolf Terschak (1832-1901) que escreveu métodos e estudos para ela. Enquanto na Alemanha Meyer pontificava, na Inglaterra (até bem tarde no século XX, aliás) o modelo Carte de 1867 era o segundo mais usado depois da flauta Boehm cilíndrica.

21. Flauta Rudall & Carte, 1867

[52] Ernesto Koehler (ou Köhler) (1849-1907). Flautista e compositor austríaco, nasceu em uma família tradicionalmente ligada à música, e estudou com seu pai, Josef Köhler. A partir de 1869 passou a tocar na Orquestra do *Karltheater* em Viena, e após 1871 na Orquestra de Ópera de S. Petersburgo. Escreveu cerca de 100 obras para flauta, além da ópera *Ben Achmed* e de vários *ballets*. Seus excelentes Estudos,

Instrumentos com características opostas eram adotados em diferentes cidades. Enquanto na Inglaterra o público se entusiasmava por instrumentos de som poderoso, na França procurava-se sutileza e refinamento. Este gosto contrastante criava polêmicas intermináveis, que envolviam os intérpretes, o público e os críticos. Na *The Flutist's Magazine*, há um artigo que descreve um concerto de Fürstenau em Londres. Nesta resenha, o autor comenta que Fürstenau, apesar de precedido por reputação gloriosa, havia desapontado sua platéia, por obter da flauta uma sonoridade no mínimo pífia, "defeituosa". Por outro lado, a expressão artística do flautista havia sido "de alto caráter – terna, calmante e apropriada; sua articulação perfeita, e finamente suavizada; e seus sentimentos, aqueles do verdadeiro Músico" (James, 1827: 2).[XXI]

Alguns números depois, a sonoridade pobre atribuída a Fürstenau, é comentada na carta de um leitor atento, que se esconde sob o sugestivo pseudônimo de *Flauto*: o leitor conta que conversou com Fürstenau em uma festa e este lhe garantira que na Alemanha "não se toleraria qualquer flautista que não tivesse som muito suave, e que o volume de som dos instrumentos ingleses encontraria forte resistência. Talvez este sentimento de seus compatriotas seja a causa da sua deficiência a este respeito". E continua: "Concordo com ele que a *suavidade* de som é uma qualificação desejável em um flautista; mas a não ser que tenha *força* também, como poderia expressar luz e sombra?"[XXII] (James,1827: 29) A carta suscita uma resposta do editor:

Concordamos inteiramente com *Flauto* em relação à potência do instrumento. Já havíamos percebido, antes, que na Alemanha a qualidade de queixume (*plaintiveness*), e não de poder da flauta é cultivada quase que exclusivamente; mas temos razões para crer que o Sr. Fürstenau, antes de deixar a Inglaterra, já estava bastante convencido do erro de seus compatriotas a esse respeito; – sua sonoridade estava não apenas muito melhorada em termos de força, como ele levou consigo um certo número de flautas inglesas, como sendo as mais capazes de produzi-la (James,1827: 29).[XXIII]

freqüentemente dotados de um título descritivo, tem o efeito de pequenas peças de concerto. Neles, todos os aspectos da técnica flautística são abordados, já que cada qual enfatiza uma fase particular.

No final do século XIX existia ainda uma saudável "promiscuidade" instrumental, da qual hoje em dia nós temos dificuldade até mesmo em nos lembrar. Preferências nacionais cediam às preferências individuais. Alguns flautistas migravam para a "facção Boehm", outros se mantinham fiéis a seus velhos modelos, outros adotavam novidades de fabricantes ainda mais revolucionários.

Uma maneira de avaliarmos a notável variedade de instrumentos fabricados e em uso na Europa até o século XX, é folhearmos qualquer catálogo de instrumentos da época (por incrível que pareça, até a cadeia de lojas *Sears* vendia flautas por catálogo!).

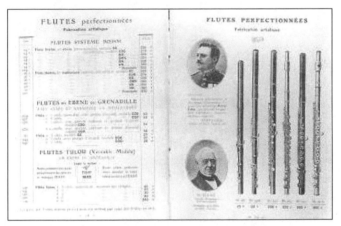

22. *Catálogo francês, século XIX*

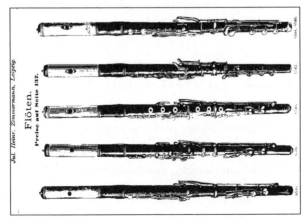

23. *Catálogo Zimmerman, 1889*

A ilustração seguinte foi extraída de *Die Flöte*, um livreto escrito pelo flautista Paul Wetzger[53], publicado em Heilbronn, por volta de 1910. Exibe alguns dos modelos de flauta mais populares na Alemanha, até aquele momento.

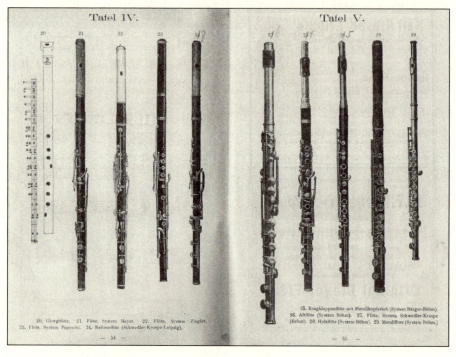

24. Da esquerda para a direita, as flautas mostradas são: Giorgi (desenho de contorno); Sistema Meyer; Sistema Ziegler; Sistema Pupeschi; Sistema Schwedler-Kruspe; Flauta Alto Boehm; Flauta Reform; Flauta Cônica Boehm (estilo Bürger); Flauta Boehm de madeira; Flauta Boehm de Metal.

Só para termos uma idéia do que era o meio flautístico naquele tempo, basta enumerarmos alguns fatos objetivos: em 1881, o flautista dinamarquês Karl Andersen tocava uma flauta Meyer, enquanto seu colega de estante, o francês Charles Molé, preferia uma flauta de sistema Boehm, confeccionada em prata. Em Leipzig, na *Gewandhaus Orchester*, William Barge (1836-1925), empunhando orgulhosamente uma flauta Meyer, sentava-se ao lado de Maximilian Schwedler (1853-1949) que, em 1885, criou

---

[53] O próprio Wetzger tocava um instrumento *reform*.

a *Reform* – uma flauta cônica baseada no modelo de Meyer. Além de várias inovações mecânicas, esta flauta tinha cabeça de metal com porta-lábio de ebonite, um novo material muito em voga, ao invés da madeira forrada de prata, mais comum entre seus colegas.

25. *Detalhe de dois porta-lábios de ebonite*

Seu último modelo, feito por M. M. Mönnig (1875-1949), em 1923, foi apelidado por Hindemith de 'flauta de seis cilindradas' por conta do som potente e da tecnologia de última geração. Além de fabricante bem-sucedido, Schwedler era artista consagrado, apreciado por muitas das mais prestigiadas cabeças pensantes do século; Brahms lhe teceu os maiores elogios e outros compositores que escreveram especialmente para ele foram Reinecke, Karg-Elert e Saint-Saëns. É interessante acrescentar que Schwedler foi dos primeiros flautistas da era moderna a redescobrir o repertório do século XVIII.

No período Romântico, época em que ainda não havia advogados de direito autoral nem detetives para denunciar e impedir espionagem industrial, muitas flautas híbridas surgiram, entre as quais a *Council & Prize Medal*, de 1851 feita por Rudall, Rose e Carte; o modelo Richard, de 1867; flautas desenhadas por R. S. Rockstro e John Radcliff (1842-1917); a de Briccialdi de 1870/71, e outras confeccionadas por Thibouville, Tulou/Nonon, Giorgi, Cornelius Ward e os já mencionados acima, para citar apenas as mais importantes.

26. *Flauta Rockstro (notar o bocal elevado)*

Várias tentativas de combinar as diferentes qualidades que cada construtor percebia num ou noutro modelo nasceram e morreram durante as décadas seguintes: flautas cônicas com sistema de chaves Boehm, ou flautas cilíndricas com sistemas de chaves antigos. Flautas de metal com cabeça de madeira, flautas de madeira com cabeça de metal. Cabeças de madeira com porta-lábio de prata, e vice-versa. Praticamente não há o que se possa imaginar que alguém não tenha tentado fazer. As ilustrações abaixo dão uma idéia desta variedade.

27. *Godfroy, 1860, corpo cônico de jacarandá, mecanismo em prata.*

28. *Alemã, 10 chaves, cabeça em marfim, corpo cônico de madeira.*

29. *C. G. Conn. Entre 1907 e 1912, cabeça em madeira, corpo cilíndrico em prata.*

30. *Flauta Rudall-Carte, final do século XIX/ início do século XX. Dois bocais, um de madeira, outro de prata.*

Com o século XX e o final da Primeira Guerra Mundial, a homogeneização que domina atualmente o cenário musical já estava avançada: mesmo os alemães estavam deixando de lado suas reservas iniciais, usando flautas de sistema Boehm, se bem que ainda de madeira; Na Inglaterra, o modelo

Carte, de 1867, ainda era o mais popular, mas já dividia o espaço com flautas Radcliff ou até mesmo com modelos Boehm de madeira, prata ou ebonite.

Na França, predominavam flautas de sistema semelhante a Boehm, em metal. Os músicos alemães e ingleses baseavam sua escolha em volume sonoro, enquanto franceses (e até certo ponto, italianos) privilegiavam a flexibilidade do som, assim como a variedade tímbrica. Dentro desta nova estética, Paul Taffanel e seu pupilo Louis Fleury foram os dois nomes principais de uma escola que criou um novo jeito de se ensinar o instrumento, estimulando o nascimento de um repertório e de um estilo de tocar que até hoje são cultuados no mundo todo. O método de Taffanel e Gaubert, assim como o de Henri Altès (1906) é adotado nos conservatórios do mundo inteiro, inclusive do Brasil.

Por volta do início do século XX, flautas francesas e alemãs se popularizaram na América do Norte e do Sul, assim como os métodos e os ideais sonoros europeus. O estilo francês acabou predominando (especialmente no nosso país!), e concertos, gravações e aulas de intérpretes daquele país influenciaram de tal modo o ambiente musical que as flautas de madeira foram gradualmente sendo trocadas por flautas de metal do tipo das fabricadas por Louis Lot. As firmas W. S. Haynes e V. Q. Powell, estabelecidas nos EUA nas primeiras décadas do século, produziam flautas do tipo francês, que passaram a servir de padrão não só na América como também no Japão, onde atualmente existem grandes fábricas como a Muramatsu, Sankyo e Yamaha. Todos esses instrumentos usam o mesmo sistema básico, mas ainda existem alguns pioneiros. Até os anos 80, mais ou menos, na Alemanha se testava um instrumento no mínimo curioso, um pouco pesadão e feito de prata... e alumínio!

31. G. Rudolph Uebel, prata e alumínio, 1969.

Alguns artesãos isolados continuam fazendo pesquisas com novos materiais, como a fibra de carbono. Matti Kähönen, na Finlândia, tem se dedicado a este material, e também utiliza um *design* inovador em suas flautas. Entre outras soluções criativas, as chaves são acionadas por um sistema magnético, ao invés do sistema de molas tradicional. Em 1987 ganhou o prêmio de desenho industrial *Forma Finlandia*, com um protótipo todo colorido. A versão final, que aparece nas fotos abaixo, é de certa maneira resultado de uma concessão. Kähönen temia que os músicos clássicos considerassem seu invento como um brinquedo, caso não tivesse uma aparência mais convencional, daí a escolha do preto para o corpo e da prata para as chaves. Afinal, como diz o próprio designer:[56]

Flautistas profissionais e fabricantes de instrumentos tendem a ser conservadores em suas idéias sobre como peças devem ser tocadas ou um instrumento deve ser feito. [...] a reação geral entre músicos profissionais foi uma mistura de curiosidade com ceticismo.[XXIV]

32. Flauta de fibra de carbono de Matti Kähönen

33. Detalhe de flauta Matti Kähönen 2003.

Reação não muito diferente da que encontraram seus predecessores famosos, como Boehm ou Nicholson. Este último reclama, em seu método de 1836, de que até mesmo os operários da fábrica Clementi & Co (os primeiros a produzirem flautas Nicholson) demonstravam grande má-vontade em relação ao novo modelo!

No entanto apesar do preconceito inicial contra tecnologias não-convencionais, atualmente, mesmo no campo das flautas de concerto, está

---

[56] Em artigo publicado no folheto contendo os resultados finais e desenhos vencedores do *Forma Finlandia*.

havendo uma reavaliação de materiais, e cada vez mais a madeira ensaia uma volta ao palco. Não apenas os artesãos especializados, mas também grandes firmas como Powell, Brown, Yamaha e Sankyo têm novamente disponibilizado flautas de madeira com chaves de prata, e bocais de madeira voltaram à moda, especialmente depois que o flautista Jacques Zoon (atualmente na Academia da Filarmônica de Berlim), que utiliza flautas de madeira, desenvolvidas em parceria com a Haynes, passou a ser primeiro flauta da Sinfônica de Boston, após concurso disputadíssimo, e deixou sua marca na sonoridade especial que nos acostumamos a associar com aquela orquestra. O mundo dá voltas! Como mencionamos anteriormente, a Sinfônica de Boston havia sido pioneira na utilização de flautas de metal, em 1881. Nada mais justo (e simétrico!) que, em 1997, mais de cem anos depois, fosse também pioneira no retorno à flauta de madeira!

34. *Detalhe de flauta arista moderna, de madeira e prata.*

Uma das redescobertas flautísticas mais curiosas é a da música irlandesa para flauta, atualmente uma verdadeira mania nos EUA e na Europa. As flautas usadas para este repertório são justamente as flautas de madeira de seis a oito chaves, de sistema antigo. A moda está criando uma verdadeira corrida aos antiquários, e esses instrumentos, que até bem pouco eram desprezados pela comunidade flautística, são agora disputados a tapa. E já existem inúmeros artesãos que se dedicam a fazer flautas irlandesas. Mesmo Rod Cameron, o mais famoso fabricante de flautas barrocas dos Estados Unidos, se rendeu à nova moda. Toca num grupo de música irlandesa e fabrica instrumentos especialmente para este repertório!

35. *Flauta irlandesa Terry McGee, 2002 (baseada em Rudall).*

As chamadas flautas irlandesas têm companhia: as flautas *Charanga*, que nada mais são do que flautas de sistema pré-Boehm, geralmente baseadas em Tromlitz, de madeira, com cinco chaves, usadas normalmente na música folclórica...cubana! Na Internet, os *sites* dedicados a este gênero de música mostram fotos de inúmeros grupos de *Charanga* em que os flautistas posam exibindo orgulhosamente seus instrumentos do século XIX, nos quais demonstram um virtuosismo invejável. E ao percorrer esses *sites*, descobri que recomendam vários métodos para flauta – todos anteriores às flautas Boehm, naturalmente! É assim que Métodos como os de Tulou e Nicholson estão experimentando uma ressureição inesperada.

36. *Flauta Metzler, anterior a 1860, utilizada para música irlandesa.*

O número de fabricantes que se dedicam a flautas dos séculos XVIII e XIX não pára de crescer. Existe até mesmo um artesão que se propõe a fazer flautas de cristal. São instrumentos sem qualquer sofisticação, nada parecidos com as belas Laurent do passado. Os instrumentos Hall são simples, sem chaves, e têm apenas seis orifícios. Mas de acordo com o fabricante, têm "furação Boehm" (?!) e são confeccionados em pírex.

O crescente fascínio pela música antiga, e a gradual ampliação das épocas que este conceito engloba, têm servido como estopim para reacender o interesse pelos instrumentos de nossos antepassados. Espero que a minha pesquisa incentive ainda mais a curiosidade pelos métodos que eles utilizavam para difundir os instrumentos e os estilos que estavam se firmando então, mas que nós tomamos, por muitos anos, como os únicos possíveis. Este interesse me faria mais esperançosa não só em relação ao desenvolvimento da metodologia flautística, mas principalmente em relação ao desenvolvimento da música em geral. Afinal, a melhor maneira de se descobrir a própria voz é abrir os ouvidos para as vozes do passado.

Capítulo II

Exercícios de mecanismo: uma revolução no estudo

A prática dos músicos do século XIX foi profundamente afeta-da pela mecanização furiosa da Europa ocidental. Máquinas que descendem daquelas do século XIX[56] ainda produzem a maior parte dos tipos de execução musical, e seus protótipos são possivelmente a mais importante fonte para o estudo de como a música soava, então.
Estradas de ferro, barcos a vapor e redes de telégrafo, em uso generalizado a partir da metade do século (Phineas Fogg fez sua volta ao mundo em 80 dias, em 1873, usando os três) encolheram o que era correntemente pensado como sendo o mundo civilizado e parecem ter alterado profundamente as percepções de tempo e espaço. Noções de volume e tamanho se expandiram em proporção aos novos barulhos da vida urbana industrializada (Holoman, 1989: 323).[xxv]

Tradição ou Novidade?

A música é uma atividade que acolhe imensa diversidade de manifestações. Além de tocarem instrumentos pertencentes a famílias peculiares (sopros, cordas, teclado) os músicos se diferenciam por atuarem dentro de áreas estilísticas específicas, do popular ao clássico, passando pelo folclórico. Tudo isso sem falar do próprio conceito de "clássico", que é flexível o suficiente para abranger a música de muitos séculos. Existe algo que seja comum entre todos esses artistas, além da circunstância de produzirem ondas sonoras? Talvez o ponto de ligação mais óbvio seja o fato de todos terem que passar por um aprendizado razoavelmente longo antes de pode-

---

[56] Não sabemos se o autor se refere aqui aos instrumentos musicais ou às máquinas propriamente ditas, como caixinhas de música e pianos mecânicos.

rem se considerar profissionais. É natural, portanto, que o assunto "aquisição de técnica" tenha para qualquer músico um interesse especial.

Temos todos, professores e alunos, a maior curiosidade em entender de que maneira uma técnica instrumental se desenvolve. Ao escrever o presente livro, havia uma pergunta para a qual eu desejava encontrar uma resposta: será que a música sempre foi dividida em duas partes distintas, uma, desagradável e maçante – "a técnica"; outra, agradável e profunda – "a música"? Esta separação é tão natural, e o próprio conceito é tão arraigado no meio musical, que normalmente é tomado como um simples fato. Vejamos como começa um recente artigo de Cecília Cavalieri França (2000: 52): "Podemos delinear tanto o fazer musical quanto o desenvolvimento musical, como ocorrendo em duas dimensões complementares: a compreensão musical e a técnica".

Considerar técnica e conteúdo musical como as duas faces de uma mesma moeda é um costume tão habitual que, quando comecei a me debruçar sobre os livros escritos com alguma intenção didática no século XVIII, fiquei um tanto perplexa: apesar de os assuntos abordados serem em sua maioria os mesmos que nos preocupam hoje, neles não havia a noção do exercício repetitivo, do exercício de "técnica".

Esta constatação me surpreendeu e intrigou: se não praticava os famigerados "exercices journaliers", que até então eu imaginava serem tão antigos quanto o próprio instrumento, como então estudava o flautista de 1730? Que tipo de educação musical considerava adequada? O que fez com que se transformassem os ideais relativos ao domínio da técnica? E que semelhanças poderíamos encontrar, ao comparar os métodos do passado com aqueles do presente? Um estudo detalhado dos métodos de flauta do século XVIII, assim como uma comparação aos seus equivalentes no século seguinte seria não apenas oportuno, mas também viria preencher uma lacuna na musicologia atual. Esses métodos, alguns de qualidade indiscutível, têm sido totalmente esquecidos pelos flautistas do nosso século: ou jamais foram reeditados, ou foram reeditados apenas em *fac-símile*, por editoras que atendem a alguns poucos especialistas em música antiga. Não era uma pena deixar toda uma parte do nosso passado enterrada para sempre?

Ao entrar em contato com essas várias edições ainda existentes, percebi que estava penetrando em um universo amplo e complexo, mas muito sedutor. De fato, empreender uma pesquisa abrangente dos métodos dos séculos XVIII e XIX tem sido um trabalho gratificante. Do ponto de vista instrumental, porque me tem permitido descobrir um novo repertório, do período que me interessa particularmente na história da música. Sob o aspecto didático, não só por ter a oportunidade de questionar a maneira usual de ensinar e por me fazer repensar meus próprios métodos e hábitos de ensino, mas também por proporcionar aos jovens flautistas de hoje uma alternativa aos métodos tradicionais. Finalmente, do ponto de vista da pesquisa, por poder ressuscitar muitas das idéias que esses grandes mestres do passado legaram aos nossos dias.

O Mundo se Transforma

A passagem do século XVIII para o século XIX foi das mais ricas e conturbadas, do ponto de vista social, político, artístico e filosófico. Um incrível número de mudanças se operava em todas as áreas do conhecimento humano e seu reflexo na música, não poderia deixar de ser visível. Essa atividade, basicamente restrita à nobreza e ao clero, passava aos poucos para o domínio da burguesia. Com o estilo dito galante, surgiram os primeiros concertos públicos pagos, organizados por J. C. Bach e C. F. Abel. Era o início das salas de concerto, da expansão do público ouvinte, dos compositores que tentavam a vida como *freelancers*, da instituição de conservatórios. Tudo isso iria ter conseqüências diretas sobre a concepção geral do que era a música, sobre a construção dos instrumentos e, finalmente, sobre o modo mesmo de compreender e disseminar o fenômeno musical.

Para tentarmos entender de que maneira se aprendia um instrumento em séculos passados, temos que fazer um esforço de imaginação particularmente grande. Temos que trazer à mente um tipo de vida muito diferente de nossa própria realidade, evocar um mundo em que não existiam carros, televisão, cinema, computadores, luz elétrica. O tempo se escoava em outro ritmo, a relação entre mestre e aluno se dava em outros termos, conceitos como disciplina, tenacidade e obediência tinham outro peso. E apesar dos livros e tratados do passado nos ajudarem a reconstituir com razoável acerto o modo pelo qual se dava o aprendizado de música, existem ainda lacunas enormes que só podem ser preenchidas por conjeturas informadas.

Quando o assunto é metodologia de ensino, uma dessas lacunas é exatamente a organização do estudo diário. Isso porque caimos aqui numa armadilha previsível. A maior parte dos tratados, especialmente aqueles anteriores a 1800, não se pretende autosuficiente. Pressupõe a presença de um mestre, que será o responsável por orientar os estudos de seu aluno. E a maneira de estudar, propriamente dita, pertence exatamente à seara do mestre. Não precisa ser descrita ou mesmo discutida. Temos, portanto, que abençoar a sorte de termos acesso a um documento preciosíssimo deste período.

Trata-se de um caderno de estudos em que Johann Joachim Quantz, talvez o mais famoso professor de flauta da história, anotou suas instruções para um aluno igualmente famoso: ninguém menos do que Frederico II, o Grande, Rei da Prússia. Este livro é uma espécie de registro, passo a passo, das lições dadas pelo mestre a seu aluno real. Uma coletânea de exemplos musicais propostos como dever de casa, em que problemas técnicos ou musicais são explorados, com inúmeras sugestões manuscritas, indicando articulações, dinâmicas, inflexões.

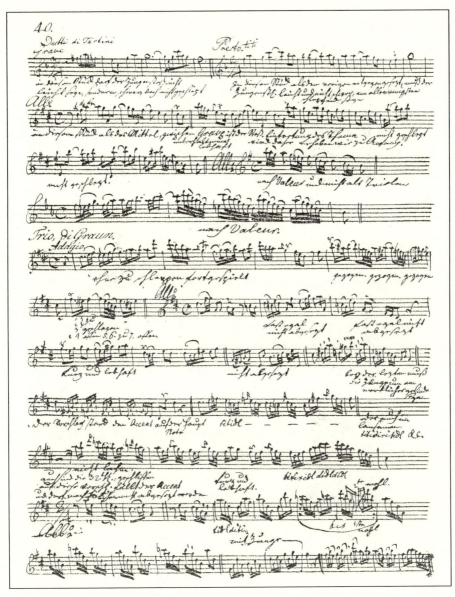

III. Quantz: solfejos.

Calcula-se que este caderno de anotações date das décadas de 1730 ou 1740.[57] E se não pode propriamente ser chamado de método, pois se des-

---

[57] Datação aproximada, de acordo com prefácio de Winfrid Michel e Hermien Teske.

tina a um aluno em particular, merece, contudo, ser estudado ao lado dos outros métodos e tratados do Barroco, pela enorme quantidade de informações que traz, e por jogar luz sobre uma fascinante faceta da pedagogia, ainda mergulhada em sombras. Ao percorrer suas quase cem páginas, assim como as outras centenas de páginas de métodos de diferentes autores do século XVIII, percebe-se um fenômeno curioso, que evidencia uma das grandes transformações que ocorreram na concepção didática entre o período Barroco e o romântico.

Uma Diferença Notável

Hoje em dia, os métodos mais populares – de Altès, Taffanel & Gaubert, Gariboldi – prescrevem em detalhes todos os passos da rotina do flautista. Acredita-se que cada novo dia deva começar com uma seqüência fixa de estudos repetitivos, que são a base da construção da técnica. Esses estudos consistem geralmente de trechos escalares, escalas completas conectadas por saltos, estudos de seqüências intervalares, arpejos e trilos em todas as tonalidades. Em geral recomenda-se praticar os estudos de rotina com todas as articulações possíveis, como uma maneira de adicionar algum interesse musical a esses exercícios extenuantes. Como afirma Nancy Toff, autora de um dos mais importantes e completos livros sobre a flauta:

> É claro que você deve tocar os exercícios com articulações compostas ou misturas de ligaduras e ataques. Variar a articulação também ajuda a aliviar a monotonia desses treinos importantíssimos, mas reconhecidamente não muito musicais *(Toff, 1996: 131)*.[XXVI]

Quando Nancy Toff usa a expressão "reconhecidamente não muito musicais", ela deixa entrever o consenso a respeito do nível de monotonia e mesmo de irritação que esses exercícios engendram. Quando se trata de exercícios diários, a maior parte dos autores concorda que eles são desagradáveis, porém imprescindíveis. Existe grande discussão sobre qual a série de exercícios mais apropriada para solidificar a técnica do flautista, que tipo de estudo mecânico seria o mais efetivo. Alguns professores advogam que se comece o dia com estudos de sonoridade, outros, que escalas são mais apropriadas para "esquentar" a embocadura, outros ainda imaginam que exercícios de terças são os melhores. Porém poucos são os que questionam a própria necessidade de se fazer exercícios de repetição cotidianamente. Os exercícios mecânicos são um "mal necessário", tão presentes no universo do flautista moderno quanto os exercícios na barra para o praticante de balé. Vejamos, por exemplo, o que tem a dizer a este respeito a flautista Nancy Toff, citada acima:

> Ajuda muito desenvolver uma rotina de estudo, uma "ordem de serviço" que seja cumprida pelo menos uma vez ao dia. Se você tiver tempo de fazer mais de uma sessão por dia, talvez queira usar esta rotina só para a primeira parte do dia, usando as outras para trabalhar problemas particulares ou peças. Lembre-se de que o estudo do músico não é lá muito diferente daquele do atleta: seu objetivo é desenvolver habilidades musculares e agilidade. É antes de mais nada um processo de aprendizado físico e, convenhamos, não necessariamente um desafio intelectual. Em seus estágios básicos, o estudo não é um processo criativo, mas o estudo lhe fornecerá as ferramentas para ser criativo *(Toff, 1996: 127).* [XXVII]

Este pequeno trecho soa inteiramente sensato para qualquer flautista do nosso século. Nos parece até mesmo desnecessário afirmar que estudos repetitivos de mecânica são imprescindíveis a uma boa formação musical. Por isso é uma surpresa constatar que eles não faziam parte da rotina do estudante de música até o meio do século XIX. Nenhum método barroco sugere, de modo inequívoco, que se empreenda este tipo de trabalho. De fato, a idéia de estudos diários de repetição não é congenial ao século XVIII. Estudos mecânicos aparecem pela primeira vez no século XIX, junto com toda uma mudança na maneira de conceber o mundo. Num século que descobre a industrialização, se encanta com as máquinas, e prepara o surgimento das linhas de montagem, parece natural imaginar que no estudo do mecanismo pode-se encontrar a fórmula mágica da fabricação de um músico. Assim como o exercício físico regular aprimora o atleta, é a repetição de passagens padrão que irá aprimorar o músico.

Nos métodos do início do século XVIII (que refletem os hábitos de uma época anterior), invariavelmente se evoca uma qualidade impalpável, o "bom gosto", e os estudos se destinam a aprimorar ou desenvolver este refinamento da alma. A passagem para o século seguinte marca uma mudança de enfoque emblemática: é o corpo que se aprimora e a disciplina desponta como a ferramenta máxima de aperfeiçoamento. Esse ponto de vista acompanha as mudanças que ocorrem então nas estruturas de poder, e na própria formação da sociedade:

> Houve, durante a época clássica, uma descoberta do corpo como objeto e alvo do poder. Encontraríamos facilmente sinais dessa grande atenção dedicada então ao corpo – ao corpo que se manipula, se modela, se treina, que obedece, responde, se torna hábil ou cujas forças se multiplicam. O grande livro do Homem-máquina foi escrito simultaneamente em dois registros: no anátomo-metafísico, cujas primeiras páginas haviam sido escritas por Descartes e que os médicos, os filósofos continuaram; o outro, técnico-político, constituído por um conjunto de regulamentos militares, escolares, hospitalares e por processos empíricos e refletidos para controlar ou corrigir as operações do corpo (*Foucault, 1987: 119*).

De fato, as atividades artísticas em geral passam a depender não mais de um "dom", de uma imersão num mundo de paixão, mas sim de uma disciplina voluntária, ao alcance de qualquer um. Como bem sabemos, a noção de gênio e a glorificação do individualismo – do herói solitário que luta contra tudo e contra todos – são características do século XIX. Mas é o herói no meio de uma multidão. Principalmente, é o herói humano, aquele homem que consegue atingir o sublime através do esforço próprio, quase braçal. Basta pensarmos em Beethoven para termos mais claramente em nossa imaginação a figura do herói Romântico. Não um ser angelical, mas um homem como qualquer um de nós, sofrido e maltratado pela sorte, que se redime por seu próprio esforço de vontade – sua disciplina interna. Qualquer um pode se elevar acima de um destino medíocre, contanto que trabalhe para tal. Os ideais igualitários são cada vez mais fortes e deitam raízes cada vez mais fundas.

Aparelhos disciplinadores gozam de imenso sucesso. Em música, a adoção generalizada do metrônomo[58] é um marco na nova relação do homem com a pulsação mecânica externa. É claro que antes do século XIX aparelhos semelhantes ao metrônomo já haviam sido cogitados, mas nunca haviam encontrado recepção calorosa por parte dos músicos. Marin Mersenne (1636-7: *Des instruments a cordes*, iii, §18), ainda no século XVII, fez uma descrição detalhada de um pêndulo, a ser usado na prática musical. Sugeriu até que este seria útil para um compositor que fosse remeter sua música para países distantes como a China, e que desta forma poderia indicar o andamento desejado. Porém, como bem observa o *Grove*:

> Sua discussão repetitiva e desmiolada não teve qualquer impacto aparente num mundo que não sentia a menor necessidade de comunicar música para a China; e havia ainda a implicação de que a flexibilidade de andamentos na execução da época faria com que fossem necessários diferentes pêndulos durante o decorrer de uma única peça.[XXVIII]

É bem significativo que o músico do Barroco imaginasse ser impossível para uma única pulsação dar conta dos matizes de andamento que, mais do que simples hábito, eram imprescindíveis para conferir beleza a uma execução musical! A partir do século XIX, porém, o metrônomo passa a ser o mais fiel companheiro do músico, tanto o diletante quanto o profissional. Compositores vêem neste aparelho a possibilidade de transmitir suas instruções ao intérprete de modo específico e inquestionável. A presença do metrônomo na prática diária é recomendada por professores de todos os instrumentos. A interação homem-máquina é, deste modo, incorporada ao próprio mundo das artes, e a função regularizadora e disciplinadora do metrônomo é louvada com entusiasmo.

---

[58] Em 1812, Dietrik Nikolaus Winkel (1780 -1826) descobriu que um pêndulo de duplo peso (um peso de cada lado do pivô), ainda que de comprimento reduzido, podia bater pulsações lentas. Johann Nepomuk Maelzel se apropriou da idéia de Winkel e, em 1816, começou a fabricar os famosos metrônomos Maelzel, que têm sido usados até hoje. Em 1894, Hanson produziu um metrônomo com uma espécie de batuta ajustada para bater compassos de 2/4, 3/4, 4/4 ou 6/8 com movimentos compostos semelhantes aos de um maestro. O primeiro metrônomo de bolso data de 1909.

> Não se trata de cuidar do corpo, em massa, grosso modo, como se fosse uma unidade indissociável, mas de trabalhá-lo detalhadamente; de exercer sobre ele uma coerção sem folga, de mantê-lo ao nível mesmo da mecânica – movimentos, gestos, atitude, rapidez: poder infinitesimal sobre o corpo ativo. O objeto, em seguida, do controle: não, ou não mais, os elementos significativos do comportamento ou a linguagem do corpo, mas a economia, a eficácia dos movimentos, sua organização interna; a coação se faz mais sobre as forças do que sobre os sinais; a única cerimônia que realmente importa é a do exercício (*Foucault, 1987: 120*).

Exercício, disciplina, rapidez, controle. São esses os ideais do flautista desta nova era. É toda uma tradição de exercícios de mecanismo, acoplados a exercícios de velocidade, que nós herdamos. À medida que a técnica vai se tornando mais e mais elaborada, as próprias exigências de repertório se tornam cada vez maiores. Não é de surpreender, portanto, que os instrumentistas se especializem cada vez mais. E se a figura do "Homem da Renascença" – aquele que sabia de tudo um pouco (ou muito), o homem de cultura abrangente, universal – no Barroco já começa a ser coisa do passado, este é o momento em que se começa uma inexorável marcha em direção à especialização – e mesmo dentro da especialização, a tendência é haver cada vez mais especialização.

O músico barroco – aquele artista que tocava flauta, e também oboé, fagote ou flauta doce, que quase sempre compunha com razoável habilidade, vai dando lugar ao especialista. No finalzinho do século XVIII, Tromlitz aponta para esta transformação gradual, ao defender a especialização, diante das dificuldades técnicas crescentes que o instrumentista iria enfrentar:

> Quem se dá ares de grandeza só porque consegue tocar uma coisa que chama de concerto em mais de um instrumento de sopro, e acha que vale mais do que alguém que possui tais qualidades, e toca apenas *um* instrumento habilmente? Orgulho besta! Quanto trabalho e esforço são necessários para se progredir em apenas *um* instrumento, e particularmente a flauta, na qual uma vida inteira pode ser gasta sem jamais se chegar ao final! (*Tromlitz, 1791: 201*).[XXIX]

A tendência é clara: no século XX o compositor apenas compõe, o regente rege, e o intérprete deve ser um virtuose de seu instrumento e dificilmente irá dominar qualquer outro. Essas posições também passam a ser hierarquizadas e se a criação é o domínio do compositor, o intérprete (principalmente o chamado "músico de fila", o instrumentista de orquestra) passa a vir em segundo lugar: uma espécie de atleta da música, que prepara, em detalhes, cada etapa de sua formação:

> Uma observação minuciosa do detalhe, e ao mesmo tempo um enfoque político dessas pequenas coisas, para controle e utilização dos homens, sobem através da era clássica, levando consigo todo um conjunto de técnicas, todo um corpo de processos e de saber, de descrições, de receitas e dados. E desses esmiuçamentos, sem dúvida, nasceu o homem do humanismo moderno (*Foucault, 1987: 121*).

Não deixa de ser curioso observarmos que o músico fluente em mais de um instrumento, assim como o instrumentista/compositor e improvisador vai reaparecer no nosso século justamente na música popular. E é ainda na música popular que o intérprete geralmente goza de mais prestígio que o compositor ou arranjador. Assim, muitas das características das práticas interpretativas do Barroco se encontram vivas ainda na música popular de vários países: a proficiência em diversos instrumentos (quase todo flautista de música popular toca também saxofone, e às vezes também clarineta), o uso corriqueiro de cifragem, a aprendizagem quase obrigatória de algum instrumento harmônico, a valorização da improvisação e ornamentação, e finalmente o processo de aprendizado que se dá na prática (o músico popular normalmente aprende fazendo), através de imitação e exemplos, e sem a utilização de um "corpus" didático padronizado.

O Método de Quantz

Se não faziam exercícios mecânicos, de que maneira os flautistas do século XVIII conseguiam aperfeiçoar a perícia instrumental? Quando analisamos os métodos anteriores a 1800, podemos constatar que não há qualquer tipo de exercício padrão recomendado, nem mesmo para dominar dedilhados particularmente complicados. De fato, Quantz orienta a escolha das peças que devem ser estudadas de acordo com certos traços que as tornam especialmente aptas a burilar técnicas específicas:

> Primeiro, entre solos e concertos, [o aluno] deve escolher as passagens mais fáceis, em que o movimento se dê por grau conjunto e não por saltos, executando-as inicialmente devagar e depois cada vez mais rapido, até que a ação de dedos e língua coincida (*Quantz, 1752:112*).[xxx]

O mestre continua com suas recomendações:

> Para desenvolver a habilidade necessária com dedos e língua, o principiante deve, durante um tempo, tocar apenas peças que consistam inteiramente de passagens difíceis em saltos e corridas, em tonalidades tanto maiores quanto menores (*Quantz, 1752: 112*).[xxxi]

Apesar de mencionar exercícios de caráter eminentemente técnico, Quantz está se referindo a peças já existentes no repertório de qualquer flautista, e não a exercícios mecânicos. Todo o estudo diário é feito a partir da seleção de trechos dentro de um repertório geral que *não* foi concebido especificamente para aprimorar a técnica. O que mais se aproxima ao estudo de mecânica dos séculos posteriores é seu conselho em relação a trilos: o principiante "deve praticar trilos diariamente em todas as tonalidades, de modo a fazer seus dedos adquirirem fluência" (Quantz, 1752: 112).

É claro que mesmo no Barroco, para se estudar uma passagem complicada, era mister repeti-la várias vezes. Quantz insiste, com muita sensatez:

> O aluno não deve jamais tocar uma peça numa velocidade maior do que aquela em que consegue executá-la com um andamento uniforme; as notas devem ser expressas distintamente, e qualquer coisa que os dedos não consigam dominar, de início, deve ser repetida com freqüência (*Quantz, 1752: 111*).[xxxii]

A repetição de trechos sempre foi uma ferramenta útil ao aprendizado. O que não existia, isso sim, eram os exercícios de mecânica, aos moldes de

Taffanel & Gaubert, na flauta, Hanon[59], no piano ou Sevcik[60], no violino. E até mesmo as pequenas melodias introduzidas como exemplo de dificuldades técnicas particulares eram diferentes, em caráter e forma, dos exercícios usados nos métodos a partir do século posterior.

De fato, o tipo de exercício comum nos métodos do século XVIII parece ter encontrado uma continuação verdadeira não nos "exercices journaliers", mas sim na obra de compositores como Andersen, Kuhlau, Koehler, e outros que se especializaram em escrever para a flauta, no século XIX, os chamados "estudos melódicos". Uma excelente definição do que é um estudo melódico é fornecida por Ruth Serrão:

> Não tendo uma forma estabelecida, o estudo baseia-se em uma figura musical, criada pelo compositor com a finalidade de desenvolver, artisticamente, uma dificuldade técnica (*Serrão, 2001: 7*).

Essas peças musicais se estendem normalmente por aproximadamente uma página, e apesar de seu intuito didático, carregam um fundo de fantasia. Ao contrário dos exercícios mecânicos, que freqüentemente vêm acompanhados de "bula", os estudos dispensam texto explicativo. Acontece, porém que os estudos melódicos são aqueles que Gilbert chama de "dispensáveis"; o que nos interessa particularmente são os "indispensáveis", ou seja, aqueles que devemos tocar todos os dias, faça chuva ou faça sol,

---

[59] Charles-Louis Hanon (1819-1900). Compositor francês que se notabilizou por obras didáticas ou de inspiração moral e religiosa. É por seu *Le piano virtuose*, um conjunto de 60 exercícios técnicos, que ele é reconhecido hoje em dia. Uma avaliação acima de qualquer suspeita pode ser obtida no dicionário Grove, que comenta: "Suas outras obras para piano incluem *L'étude complète du piano*, uma coleção de 25 peças de dificuldade progressiva, algumas emprestadas da anterior *Les délices des jeunes pianistes*; a insignificância de seu conteúdo é igualada apenas pela vacuidade de seus títulos".

[60] Otakar Sevcik (1852-1934). Um dos fundadores da moderna pedagogia do violino, foi um virtuose de seu instrumento, nos moldes de Paganini. Foi violinista-solista da Orquestra do Mozarteum de Salzburgo (1870-3), da *Opéra-Comique* de Viena, professor de violino do Conservatório de Praga (1892-1906) e da Academia de Música de Viena (1909-18). Depois se tornou responsável pela escola de violino em Praga (1919-21). Chegou a ensinar nos EUA e na Alemanha. Entre seus alunos, se encontram Jan Kubelik, Jaroslav Kocian, Mary Hall, Érica Morini e Václav Talich.

e que constituem uma das grandes diferenças entre a didática dos dois períodos abordados.

Quatro décadas depois de Quantz, em 1791, Tromlitz chega bem perto da idéia dos exercícios de mecanismo que irão imperar nos séculos seguintes. Pela primeira vez a repetição diária exaustiva de um único trecho musical é discutida longamente como sistema de aprendizado:

> Naqueles exercícios em que as passagens fazem degraus ou saltos, dê atenção especial aos dedos para que se movam simultaneamente com a língua. Caso contrário vira uma bagunça [...] é claro demora muito e requer longo período de prática diária para se tornar um mestre nisso; somente a aplicação contínua e persistente vence as dificuldades. A experiência nos ensina a ter muita paciência com esses exercícios; mas você não deve se desencorajar se não funcionar logo; no final acaba funcionando. Foi assim comigo também, até que eu tomei uma resolução para dominar esses exercícios: escolhi um concerto de Quantz que continha aqueles golpes duplos ininterruptos, e escrevi três solos para mim mesmo com uma grande quantidade de articulações semelhantes; apesar de eu ser capaz de tocar essas peças, eu queria ver se faria alguma diferença, e qual, se eu tocasse essas coisas todos os dias por duas horas durante seis meses, observando, examinando e estudando com todo o cuidado cada notinha para que tudo ficasse lindo e claro. Mantive minha palavra, e fiz isso, apesar de ter sido muito cansativo para mim, e depois de tocar durante um tempo longo eu ficava enjoado só de ver as peças por ali, mas ainda assim me obriguei e continuei a tocar todo dia por duas horas seguidas até os seis meses se passarem. Deixei que outros julgassem, e eles acharam muito mais habilidade, clareza e facilidade neles; apesar de que eu mesmo não me apercebi de tudo o que ganhei, podia ainda assim perceber claramente que meus dedos e língua tinham ficado mais fluentes, meus lábios e peito muito mais fortes, mais flexíveis e adaptáveis *(Tromlitz, 1791: 201).*[XXXIIII]

Apesar de claramente preconizar um exercício de mecanismo típico, Tromlitz ainda assim retira a matéria-prima para esses exercícios mecânicos de um concerto de seu predecessor. Mais ainda: a própria argumentação do mestre deixa bastante claro que este tipo de exercício diário era ainda a exceção, e não a regra. Para termos uma noção de como mudaram os hábitos de estudo, basta compararmos a citação acima com uma declaração recente de Angeleita Floyd:

É importante entender a diferença entre estudos e exercícios diários. Estudos são aquilo que Gilbert chama de exercícios "descartáveis" ou "dispensáveis", abordando técnicas específicas (tais como problemas técnicos em diferentes tonalidades, arpejos, trilos, ornamentos e articulações). Os alunos devem trabalhar estes estudos por talvez duas ou três semanas no máximo, e aí seguir adiante. Exemplos do repertório padrão incluiriam qualquer dos exercícios de Andersen, Altès, Berbiguier, Köhler e Boehm, ou coleções de obras tais como os Estudos Melódicos e Progressivos, revistos por Robert Cavally. Por outro lado, exercícios diários são o material que os flautistas deveriam estudar todos os dias durante toda a sua carreira de instrumentistas, tais como De la Sonorité e Exercises Journaliers, de Marcel Moyse, e Exercícios Diários e Método Completo, de Taffanel & Gaubert (Floyd, 1990: 125-126).[xxxiv]

Universos Paralelos: Música e Técnica

Se no século XVIII havia uma preocupação de ligar todo e qualquer exercício de técnica a um problema específico encontrado no decorrer do estudo, no século seguinte a técnica passa a ser vista não como um sistema de resolução de problemas, mas como uma atividade de *caráter preventivo*. Para usar a linguagem médica, tão cara ao século XIX, o estudo da técnica não terá mais uma função de cirurgia, ou reeducação corporal, mas sim de um suplemento vitamínico diário, que se deve tomar justamente para escapar da doença e se manter saudável. Nesse sentido, aproxima-se também da ginástica, que é valorizada exatamente por suas propriedades preventivas, não curativas. Ruth Serrão nos oferece novamente uma excelente definição deste tipo de exercício:

> [...] *exercício*, não só em português como em suas formas inglesa, francesa, italiana e alemã, define-se como o estudo da técnica pura com a finalidade de desenvolver coordenação motora, destreza e fluência, fora do contexto musical. Restringe-se ao estudo de escalas, arpejos, notas dobradas, variações intermináveis sobre motivos repetidos em determinada tonalidade ou modulantes, constituindo-se na preparação do músico atleta que aspira a uma técnica perfeita, seja qual for o instrumento. Assim como o dançarino ou o desportista, esse músico busca precisão e controle, trabalhando passo a passo cada movimento dos mais variados tipos de técnica instrumental *(Serrão, 2001: 12)*.

Assim, o repertório do aluno acaba se dividindo entre os "estudos" ou "exercícios", meros veículos para a prevenção de vícios ou solução antecipada de problemas específicos, e as peças a serem executadas em concertos e recitais, que são o objetivo final de seus esforços. O próprio tempo de estudo passa a ser dividido entre esses exercícios – espécie de ginástica que envolve apenas o corpo (dedos, lábios, pulmão, etc.) – e as peças, onde o cérebro e a alma devem se engajar harmonicamente.

As razões para essa diferença de abordagem são de várias ordens. Como já vimos, não há, no Barroco, a separação entre técnica e música que hoje em dia nos parece tão natural. Essa separação ocorre à medida que se pretende tornar "científica" a atividade do músico. Ao adquirir o status de ciência, a interpretação musical passa a ser passível de codificação e padronização. Pode-se criar um conjunto de regras que, seguidas à risca, terão um resultado previsível.

As noções emergentes de massificação e industrialização concorrem igualmente para esta regulamentação do estudo. Além das transformações estéticas, sociais, políticas e filosóficas que afetarão todas as artes, e em parte conseqüência dessas transformações, a própria manufatura de instrumentos é um fator importante, que deve ser levado em conta ao pensarmos nas diferentes maneiras de se estudar. Não são apenas os flautistas que se padronizam, mas também, *et pour cause*, as flautas.

Não são unicamente as exigências sonoras, pelas quais se dá a revolução na manufatura dos instrumentos, que determinam as mudanças na maneira de se ensinar música. Na verdade, ao falarmos de arte, estamos diante de uma situação semelhante à proverbial questão: quem nasceu primeiro, o ovo ou a galinha? Mudou a estética, e com ela as necessidades sonoras do instrumento? Com a mudança do instrumento, mudou a forma de compor, e conseqüentemente a de estudar? Ou a partir de composições tecnicamente mais difíceis, as exigências sobre os construtores de flauta se modificaram?

O fato é que as mudanças estéticas ocorrem de maneira orgânica e gradual, e é impossível impor à história fronteiras estanques. Ao falarmos de estudo musical, somos obrigados a nos envolver com as circunstâncias sociais, filosóficas e até políticas que circundam o nascimento de qualquer nova era.

Os instrumentos do período romântico precisavam ter som mais intenso do que seus antepassados barrocos, pois cumpriam função diferente.

Um Novo Público Consumidor

Concomitantemente às modificações na fabricação dos instrumentos e na relação do músico com seu público, ocorre também uma ampliação do próprio público consumidor de métodos. Se no século XVIII o usuário típico dos tratados era o músico amador, o nobre diletante (uma vez que o músico profissional se formava junto ao seu mestre e sob sua orientação direta), a partir do século seguinte acrescenta-se a este leitor uma grande faixa da burguesia que estava começando a ter acesso a bens culturais, assim como um número razoavelmente grande de alunos de conservatório. Os próprios conservatórios eram uma novidade, assim como a idéia de que a música podia estar ao alcance de qualquer pessoa, fosse ela descendente de uma dinastia de músicos ou não.

Os meios de edição e divulgação de música se tornam também muito mais acessíveis. Assim, passa a haver demanda e oferta de livros com declarada intenção profissionalizante. Os métodos europeus a partir do meio do século XVIII freqüentemente visam preparar o aluno de conservatório, ou seja, o futuro músico profissional. No século XIX, esta função é não apenas pressuposta, mas também serve freqüentemente de propaganda do método, como aval para a qualidade do texto. Assim, por exemplo, o método de Emmanuele Krakamp afirma orgulhosamente em sua folha de rosto: "Adotado no Conservatório de Milão, de Palermo e de Paris" (Krakamp, 1847).

É aí que começa a surgir uma idéia importante, que até hoje domina nossas escolas de música: de que se pode arquitetar um único método, cientificamente planejado, que aborde todos os aspectos de técnica instrumental necessários para a formação do músico, e que este método seja aplicável indistintamente a qualquer aluno. Data desta época a separação entre música e técnica, que irá se manifestar inequivocamente em todos os métodos a partir do início do século XX.

O Auge dos Estudos Melódicos

Surge igualmente um novo gênero, o dos *Estudos Melódicos*, que encontram em Joachim Andersen seu expoente máximo. Evidentemente a simples repetição de um trecho em todas as tonalidades encontrava (e ainda encontra!) por parte dos alunos uma resistência natural. Os compositores que se dedicavam a escrever para a flauta vêem aí um mercado promissor. O desafio é escrever peças que consigam manter aceso o interesse do aluno, sem a massacrante sensação de estar virando uma engrenagem; que exercitem os dedos e a leitura dos flautistas ao mesmo tempo e de modo efetivo.

O sucesso de tal idéia pode ser julgado pelo número expressivo de publicações desta espécie que aparece no século XIX. Também em outros instrumentos observa-se um desenvolvimento paralelo: compositores de várias origens, como Mazas[61], escrevem *Études Melodiques et Progressives* para o violino, Cramer compõe *84 Nouvelles Etudes* para piano, Matteo Carcassi[62] escreve estudos para o violão, Jacques Gallay[63] para trompa, para citar apenas alguns.

Preocupados exatamente com a questão da aquisição de técnica, compositores como Kuhlau, Andersen, Gariboldi e Koehler passam a escrever

[61] Jacques-Féréol Mazas (1782-1849). Violinista e compositor francês, entrou no Conservatório de Paris em 1802, e ganhou o Primeiro Prêmio, em 1805. Virtuose de seu instrumento, viajou pela Europa toda, levando vida aventuresca. Além dos exercícios que são usados até hoje, Mazas escreveu óperas que obtiveram grande sucesso em sua época.

[62] Matteo Carcassi (1792-1853). Violonista e compositor italiano, ativo na França. Extremamente bem-sucedido graças ao seu virtuosismo como instrumentista, gozou de popularidade também como compositor, por suas obras elegantes e acessíveis, geralmente baseadas em temas de óperas em voga. Sua música soa mais difícil do que de fato é, o que lhe garante ainda um público fiel. Escreveu um método de violão que é considerado um dos mais importantes do século XIX.

[63] Jacques François Gallay (1795-1864). Trompista, professor e compositor, aos 14 anos já era membro da Orquestra de Perpignan. Tocou na orquestra *Odéon*, no *Théâtre Italien*, e na Capela Real, assim como no conjunto privado de Louis-Philippe. Foi músico também da *Société des Concerts*, e em 1842 passou a ser professor do Conservatório, onde ensinou até a morte. Reconhecido como um dos maiores trompistas de todos os tempos, Gallay era louvado pela beleza do som e por suas técnicas inovadoras. Compôs concertos, solos e música de câmara, assim como um Método e livros de exercícios ainda largamente adotados hoje em dia.

obras que contém dificuldades específicas, mas dentro de um contexto musical, e, portanto, sem a aridez de uma repetição mecânica mera e simples. Nesse período, passa a ser freqüente a utilização do título "Estudos progressivos" para coletâneas de estudos em que a ordem de dificuldade crescente é planejada para lapidar a técnica mecânica do aluno. Os "estudos progressivos" são, na verdade, uma reunião de "estudos melódicos" arrumados numa seqüência lógica. E o nome "estudo melódico", para designar esses estudos que trabalham o *cantabile*, o melodismo, é usado em oposição aos "estudos de mecanismo" – é claro que ninguém imaginava que pudessem existir estudos harmônicos para instrumentos de sopro!

Alguns autores de métodos percebem que adotando exercícios que envolvam o ouvido do aluno, além de seus dedos e língua, é possível obter resultados mais rápidos, ou pelo menos de forma mais agradável. É o caso de W. Popp, que se esmera em escrever exercícios eminentemente líricos. Mesmo entre seus "Exercices Journaliers", oferece apenas um ou dois exemplos de repetição (para o estudo de articulações). Seus "Finger Uebungen" (exercícios para os dedos), ao invés de repetir células fixas à exaustão, recorrem a um subterfúgio simpático: usam como tema de intricados exercícios técnicos melodias bem conhecidas de seus alunos. Trechos de óperas de Handel e cançonetas em voga têm lugar de destaque e, escondido em um dos exercícios, pode-se encontrar até mesmo o famosíssimo *Gott erhalte Franz den Kaiser*: o hino da Áustria Imperial! (Popp, 1870: 27).

IV. Popp: Exercício de mecanismo

Popp não estava sendo extravagante, e nem mesmo original. Antes dele, Tulou já havia utilizado o mesmo tema (com variações!) em um exercício a duas vozes, em seu método de flauta (Tulou: 1851: 102). Outros temas famosos aparecem neste método, como canções de Rossini e árias de Haydn. O uso de melodias conhecidas, modificadas ou desenvolvidas para trabalhar problemas técnicos é, de fato, um recurso dos mais comuns e efetivos, no qual se baseiam parcial ou integralmente muitos métodos antigos e modernos. Um exemplo deste tipo de procedimento é a técnica de aprendizado Suzuki, largamente utilizada no mundo todo.

Cumpre assinalar que, antes mesmo dessa época, já havia obras escritas intencionalmente para ajudar a resolver problemas de dedilhado. O próprio Quantz, grande mestre que era, sempre atento a todas as questões que diziam respeito ao aprendizado do instrumento, se deu ao trabalho de escrever peças de cunho didático, suas *Fantasias* e *Solfeggios*. Nelas, procura explorar de maneira deliberada as várias dificuldades que seus alunos poderiam vir a enfrentar. Essas obras, assim como as *Sonatas Metódicas* de seu conterrâneo Telemann e as *Suites* do francês

Boismortier, do ponto de vista da intenção didática podem legitimamente ser consideradas estudos.

Por outro lado, há que se lembrar que são peças com vida própria, escritas para serem executadas em público, e nisso diferem significativamente dos vários estudos de compositores posteriores. Poderiam mais adequadamente ser comparadas aos famosos *Estudos* de Chopin ou de Liszt, em que ninguém poderia enxergar apenas um conjunto de trechos repetitivos visando o aprimoramento mecânico.

Uma Demanda Crescente

Hoje em dia, os chamados "Exercices journaliers" são moeda corrente no ensino de todo e qualquer instrumento, incluindo aí a voz, com seus vocalises tão famosos. Na verdade, qualquer desenho animado que queira evocar aquelas divas insuportáveis, geralmente vizinhas do herói do seriado, a retratam estudando... vocalises! Ainda assim, a cristalização dos exercícios de mecanismo é relativamente tardia. A idéia de criar um resumo de todas as dificuldades do instrumento, transpor este resumo para todas as tonalidades e disto fazer prática diária surge, como já dissemos, no século XIX. Mas é só na passagem para o século vinte, com os métodos de Gariboldi, Altès e Taffanel & Gaubert, que são finalmente codificados esses exercícios diários de mecânica. De início, apresentam-se de maneira tímida e como meras sugestões esquemáticas, mas aos poucos vão ocupando cada vez mais espaço e até se tornarem abrangentes.

O método de Tulou, de 1835, oferece apenas um capítulo contendo exercícios escalares, e não há, em lugar algum, a sugestão de se repetir os mesmos exercícios diariamente, numa espécie de rotina ginástica. No método de Gariboldi, de 1870, os exercícios mecânicos já ocupam dez páginas. Finalmente, em Taffanel & Gaubert, no início do novecentos, os exercícios diários cobrem o número surpreendente de quarenta páginas! No século vinte, esta esquematização do treino cotidiano passa a ser a parte central dos métodos flautísticos, e há exemplos de métodos (tais como o de Paula Robison) constituídos exclusivamente desta espécie de exercício. Mais ainda: o método *Check-up*, de 1991, escrito pelo ótimo flautista Peter-Lukas Graf[64], não apenas privilegia tais exercícios como até mesmo sugere uma divisão de tempo em que os minutos dedicados a cada tipo já estão previamente estabelecidos.

Uma obra curiosa, híbrido de manual e método, é o livro de Krakamp, que mencionei anteriormente. Publicado por volta de 1850, seu *Corso Completo di Perfezionamento per flauto, contenente Scale, Preludi, Cadenze ed Esercizi in Tutti Modi Maggiori e Minori* contém unicamente exercícios de técnica espalhados por suas 313 páginas.

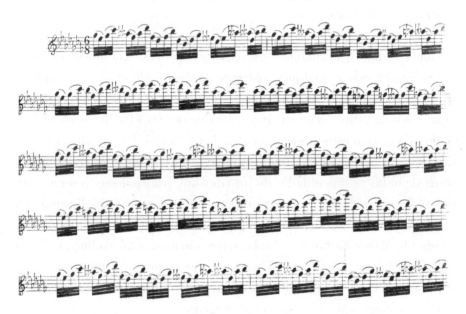

V. Krakamp: trecho de Exercício de mecanismo para flauta

Criado como complemento de outro método, esta obra não contém qualquer instrução escrita. É uma mistura de exercícios de repetição com exercícios de improvisação, e lembra uma obra muito anterior, *L'Art de*

---

[64] Peter-Lukas Graf (1929). Importante flautista Suíço, estudou com André Jaunet, Marcel Moyse e Roger Cortet no Conservatório de Paris, onde obteve o Primeiro Prêmio. Vencedor de inúmeros concursos internacionais, foi professor da Academia de Música de Basel.

Préluder, de Hotteterre. Cada Capítulo aborda uma escala: primeiro um exercício repetitivo escalar, seguido de prelúdio e cadências nesta mesma tonalidade e de um exercício para dificuldades de dedilhado. Os exercícios de repetição são de tal maneira óbvios que a escrita "por extenso" de cada rotina, que normalmente seria simplesmente abreviada, por assim dizer, parece quase uma caricatura. Não é de se espantar que este livro não tenha sobrevivido aos nossos dias, como foi o caso de seus colegas Taffanel & Gaubert, para citar apenas um exemplo. Ainda no século XIX, pode-se encontrar um livro de exercícios, publicado pela editora Zimmermann e escrito por J. Lorenz, apropriadamente chamado de *Fingergymnastische Studien für Flöte*.[65]

Com maior ou menor grau de rigidez, mas é indiscutível que todos os mestres e compositores do século XIX preconizavam exercícios de repetição e aproveitavam a enorme demanda por material para criarem seus próprios livros de "Exercices Journaliers". Na verdade, esta era uma maneira de ganhar dinheiro sem muito esforço. Um livro desses é composto de apenas algumas poucas células melódicas repetidas à exaustão. As principais casas editoras da Europa, notadamente *Ricordi*, *Leduc* e *Schott*, publicaram dezenas de livros semelhantes. Mesmo M. A. Reichert, compositor belga que se estabeleceu no Brasil, e autor de peças famosas como *Souvenir de Bahia* e *Souvenir du Pará*, se rendeu a esta tentação e escreveu um opúsculo chamado *7 Exercices Journaliers, op. 5*, que nada acrescenta à sua bela obra flautística. Ainda assim, dentre os vários livros de ginástica digital, é dos mais interessantes, pela originalidade na composição de algumas dessas células básicas.

Um dos problemas com qualquer ensino exclusivamente baseado neste tipo de método é que retira do aluno qualquer responsabilidade de pensar em suas próprias deficiências técnicas, e menospreza sua habilidade em resolvê-las. Albéniz comentava: "o pianista que gosta demais dos exercícios é simplesmente um preguiçoso".[66] O aluno se transforma numa mera

---

[65] N.A.: Estudos de Ginástica de Dedos para a Flauta.
[66] Citado em Serrão 2001: 12.

máquina que reproduz gestos quase que ininterruptamente, mas que nem mesmo precisa realizar as transposições necessárias a cada nova passagem. Isso se coaduna com a tendência cada vez mais acentuada de aumentar a importância do compositor em detrimento da do intérprete. A este cabe obedecer às instruções escritas, sem protestar nem pensar. Ao compositor é dada a certeza de ter no intérprete uma azeitada máquina de tocar, capaz de executar qualquer passagem, por mais difícil que esta seja.

Felizmente, esta tendência parece ter entrado em declínio a partir dos anos sessenta (do século XX!). Com o grande "boom" do experimentalismo em música, o pêndulo mais uma vez se inclina para um equilíbrio na posição do compositor e do intérprete. Mas os séculos XX e XXI primam pela diversidade. Ainda não temos o distanciamento histórico para podermos fazer afirmações de caráter generalizante a respeito da prática musical deste período. O fato é que quanto mais complexa a linguagem do compositor, maior se torna o fosso entre a criação e a recepção de uma obra musical. Na transição entre os séculos XVIII e XIX, o que se via era exatamente um enfraquecimento da autonomia do intérprete, uma situação que acabou se perpetuando. O ensino musical do século XX é ainda, em grande parte, uma continuação do século XIX.

Antes que eu seja acusada de estar levando longe demais a idéia de que houve uma tendência de "maquinizar" o intérprete, vale a pena ler apenas um parágrafo extraído de artigo brasileiro recente, cuja própria redação denuncia esta inclinação:

> [...] esses mecanismos cognitivos, como a *Memória* e os *Planos motores*, que possibilitam aos sujeitos engajados na estrutura de *Prática Deliberada* uma contínua aquisição de habilidades específicas. O aspecto crítico que distingue a capacidade de *Memória* dos indivíduos altamente proficientes dos inexperientes não é a quantidade de informação armazenada per se, e sim como a informação é indexada e armazenada na *Memória de Longa Duração (Lage, 2002: 15)*.

Aqui, até mesmo o vocabulário utilizado é emprestado do campo científico mais "em voga" no momento: o da informática. Termos como "informação armazenada", "informação indexada" ou "Memória de Longa

Duração" parecem mais adequados para se referir a um computador do que a um instrumentista!

Se este comentário soa ferino demais, talvez seja porque estou criticando o paroxismo de um cacoete mecânico/cientificista, assim como o de toda uma metodologia. E ainda não comentei as óbvias vantagens de se esmiuçar completamente os caminhos que um flautista deve percorrer para chegar à perfeição técnica. Qualquer sistema levado a extremos pareceria igualmente condenável. Os compositores e mestres do século XIX passaram horas e horas observando seus alunos e procurando soluções efetivas para os problemas que são recorrentes. Em seus melhores exemplos, como os próprios Taffanel e Gaubert, já citados, ou Luigi Hugues, chegaram a uma síntese admirável que ainda hoje, um século mais tarde, não foi superada ou mesmo igualada. Cumpre a nós, porém, receber esta herança do passado com respeito, mas sem perder o espírito crítico. E nos lembrarmos de que não existe apenas uma única maneira de aprender, que os sistemas de ensino são tão variados quanto a própria alma humana.

É verdade inquestionável que fazer diariamente exercícios de repetição é um sistema eficiente de dominar a técnica. Mas para dominar um instrumento este não é o único caminho possível. Sabemos que os músicos barrocos não faziam isto, e nem por isso iremos incorrer no erro de imaginarmos que não havia músicos competentes no século XVIII. O próprio grau de dificuldade do repertório que chegou a nossos dias se encarrega de desfazer noção tão primária. Um flautista que conseguia executar as sonatas de Bach numa flauta barroca, por exemplo, era certamente um músico de grande habilidade. Devemos igualmente nos lembrar sempre de que o propósito final de qualquer exercício de técnica é fazer boa música; e o propósito da música nunca deve ser uma simples exibição de técnica. Mesmo os autores que escreveram exercícios de mecanismo sabiam disso. No prefácio de seu *Daily Exercises for the Flute*, André Maquarre observa: "A melhor maneira de testar uma técnica limpa é tentar tocar a parte de flauta de uma sinfonia de Mozart; *parece fácil e deve soar fácil*" (Maquarre, 1899: 1. grifo do autor!).[XXXV]

Uma Herança Viva

Por último, e apesar do meu livro não dizer respeito a métodos posteriores a 1910, é interessante fazer uma pequena observação: para constatar como estão arraigados no ensino da música os costumes cristalizados no século XIX, basta considerar o caso da música popular. Foi só a partir da segunda metade do século XX que a música popular começou a receber atenção dos meios acadêmicos e seu estudo dentro de um currículo formal começou a ser defendido. Do momento em que é admitida no conservatório, a música popular – no caso o Jazz – passa a ser "enquadrada" numa metodologia conceitualmente ligada ao século XIX.

Os métodos de improvisação da chamada "Escola Americana"[67] tratam da questão de aquisição de destreza digital de maneira muito semelhante à do século XIX; e aplicam rotineiramente a idéia de *patterns*, trechos repetidos em todas as tonalidades. Mas aqui, ao invés de ser uma ginástica técnica, este tipo de exercício pretende lidar com uma questão estilística. O uso de fórmulas prontas para ensinar a improvisar, apesar de completamente corriqueiro no meio musical, não deixa de ser uma contradição em termos.

O mesmo se pode perceber aqui no Brasil, em relação a um gênero instrumental que tradicionalmente exige um domínio técnico muito sofisticado, o choro. Isto pode ser visto claramente no *Vocabulário do Choro* de Mário Sève (1999), por exemplo, em que há uma tentativa de codificar as dificuldades particulares do estilo, numa seqüência de fórmulas repetidas que se pretende preparatória ao estilo de improvisação. Ainda que isso não seja abertamente declarado, estes exercícios têm uma relação direta com a tradição de estudo do século XIX, e não diferem grandemente dos *Exercices Journaliers* de Taffanel & Gaubert.

---

[67] Citamos alguns poucos exemplos:
NELSON, Oliver. *Patterns for improvisation*, Los Angeles, Calif.: Noslen Music Co., ca.1966.
MARIENTHAL, Eric. *Comprehensive Jazz Studies & exercises for all instruments*, Miami: Warner Bros. Publications, 1996.
COCKER, Jerry et alii. *Patterns for Jazz*, Miami: Studio Publications, 1970.
SNAVELY, Jack. *Basic Technique for all saxophones*, Delevan, NY: Kendor Music, 1970.

Capítulo III

Embocadura e sonoridade: uma perspectiva histórica

> *[...] muito mais depende do flautista do que da flauta. Se muitas pessoas tocarem em sucessão um mesmo instrumento, se descobrirá que cada qual produz uma qualidade de som distinta e única. Essa qualidade não depende do instrumento, senão daquele que o toca. Muitos possuem um dom para imitar tanto a qualidade da voz quanto a linguagem de outras pessoas. Mas com um exame mais acurado, percebe-se que a qualidade da voz não é a sua própria, mas uma imitação. Pode-se concluir que cada pessoa possui naturalmente uma qualidade de voz particular, e sobre um instrumento uma qualidade tonal particular que não se pode alterar inteiramente. Não desejo negar que com muita indústria e muita observação exata você possa mudar sua qualidade sonora, e possa, até certo ponto conseguir alguma semelhança da qualidade sonora de outro instrumentista, especialmente se você se aplicar em fazer isso desde o início; no entanto, sei por experiência própria que a qualidade sonora de uma pessoa sempre será um pouco diferente daquela de outra, mesmo que ambas toquem juntas durante muitos anos. Isso é aparente não apenas na flauta e em todos os instrumentos em que o som é produzido por embocadura ou golpe de arco, mas até mesmo no cravo ou alaúde (Quantz, 1752: 51).*[XXXVI]

Som, Marca Registrada

Johann Joachim Quantz, com sua habitual perspicácia, resume no parágrafo acima uma das mais importantes características da arte musical, que faz com que a experiência auditiva seja uma fonte de encantamento sempre estimulante e variada. Em música, a qualidade sonora é uma espécie de impressão digital do indivíduo. Inimitável, e reconhecível. Qualquer instrumento nas mãos de diferentes indivíduos produz um som diferente de acordo com quem o toca. Isso é uma verdade incontestável, e creio não haver quem não sinta o prazer que é, ao ouvir três ou quatro compassos de uma música no rádio de seu carro, poder exclamar "ah, esse deve ser Oistrakh, poderia reconhecer seu som em qualquer lugar!".

Mais ainda: como Quantz aponta, acertadamente, mesmo instrumentos ditos percussivos, como o clavicórdio ou o piano, têm som diferente dependendo de quem os toca. E quando dizemos "diferente" não nos referimos apenas à interpretação das peças; é o próprio timbre do instrumento que muda, e enquanto um pianista pode ter um som doce e redondo, outro pode retirar do mesmo piano uma sonoridade vigorosa e agressiva. Se dermos a dois músicos uma mesma flauta doce, instrumento que funciona basicamente como um apito e sobre o qual pouco controle de som se pode exercer, ainda assim os dois não terão um som igual. Basta ouvir um grande músico como Frans Brüggen, por exemplo, para constatar a veracidade desta afirmação.

No que concerne à flauta transversal, este fenômeno se multiplica ao infinito. De todos os instrumentos de sopro, é o único em que não existe uma embocadura já construída, seja com palhetas, como no caso do oboé, da clarineta ou do fagote, seja diretamente encostada à boca como a trompa e o trompete. Além disso, a flauta tem uma característica também única: não encontrando resistência externa, seu executante tem que "fazer" sua própria embocadura ao construir essa resistência nos próprios lábios, para conter, dar forma e direção à coluna de ar que é pressionada contra eles.

Os lábios do flautista, seu controle sobre o ar soprado, passam a fazer um todo orgânico com a flauta, tornando-se parte do corpo do instrumento, numa integração total. E como a estrutura dos lábios e a forma interna da boca de cada pessoa são diferentes, o número de variáveis é incontável. A relação direta do flautista com o som produzido – esta variedade ilimitada de cor sonora – é uma das razões que tanto aproximam a flauta da voz humana.

Uma Imagem Vale Mais Do Que Mil Palavras?

O poder de expressar tão claramente a própria personalidade, sem praticamente qualquer entrave mecânico, é um dos principais atrativos da flauta. Mas ao mesmo tempo em que isso é uma vantagem, é também um problema. Se cada boca é diferente, cada "caixa de ressonância", por assim dizer, é de outro tamanho, como fixar as regras para uma boa embocadura? Existem ótimos flautistas cuja posição de lábios daria uma excelente ilustração de como *não* tocar flauta. No entanto, produzem um som límpido e belo. Já outros têm uma embocadura perfeita, em teoria, mas o som não corresponde minimamente às expectativas. A razão para tal discrepância entre teoria e prática é que a emissão do som na flauta tem um lado misterioso, sendo um fenômeno que não pode ser facilmente estudado ou analisado (como, por exemplo, a produção de som de um instrumento de cordas), uma vez que, ao se dar internamente em sua maior parte, é praticamente impossível visualizar suas técnicas.

Além de fatores externos, tais como o tipo de instrumento utilizado, ou a posição do queixo e dos lábios, a qualidade do som depende de fatores igualmente objetivos, porém dificilmente mensuráveis, tais como a velocidade do ar, o ângulo de incidência da coluna de ar sobre o bisel[68], a localização da língua dentro da boca, o relaxamento da garganta e das bochechas, e o tamanho da cavidade bucal em geral. Todas essas variantes não podem ser corrigidas ou mesmo observadas por um mestre, e muito menos documentadas em detalhe.

Às vezes, ao ouvir uma "master-class" de flauta em que a produção sonora é analisada, um ouvinte incauto poderia pensar estar diante de uma cerimônia semi-religiosa, uma autêntica exibição de charlatanismo. Freqüentemente o professor necessita dar instruções que parecem ilógicas – como, por exemplo "olhe para baixo, ao tocar esta nota".[69] E tem que se valer de seu instinto para adivinhar o que pode estar errado dentro da boca de seu aluno e para conseguir remediar erros de posicionamento de língua, ou de abertura de glote. Então como se pode explicar teoricamente o que é uma boa embocadura?

---

[68] Bisel é o nome que se dá à chanfradura feita na espessura do orifício do bocal. O ar resvalando nesta chanfradura é que produz o som do instrumento.
[69] Ao mudar a direção de seu olhar, o aluno tende naturalmente a mudar também o ângulo em que o ar soprado irá incidir sobre o bisel.

A questão poderia ser deixada de lado, para ser resolvida pelo professor diretamente na prática, durante as aulas. Acontece, porém que desde o aparecimento dos primeiros tratados, freqüentemente o público alvo é o flautista amador, que pretende iniciar os estudos por conta própria. Mesmo o fato de muitos desses compêndios insistirem na necessidade de um professor que acompanhe o estudo, demonstra claramente que seus autores estavam cientes da possibilidade de seus livros serem usados como substitutos do mestre. Hotteterre comenta:

> O conselho de um bom professor, assim como demonstrações práticas, podem poupar aos que procuram essa embocadura muito trabalho e dificuldades *(Hotteterre, 1707: 2).*[XXXVII]

Quantz concorda:

> Alguém que tenha o talento e a inclinação para música deve fazer todo o esforço possível para conseguir um bom mestre [...] É absolutamente necessário [...] ter um bom mestre, e eu o exijo especialmente de qualquer um que deseje fazer uso do meu método *(Quantz, 1752: 15 e 16).*[XXXVIII]

E Nicholson, em 1836, insiste:

> Aqueles que selecionam qualquer arte ou ciência específica para seu divertimento ou profissão, geralmente têm algum talento para aquilo que é o objeto de seu interesse; mas apesar de tais pessoas poderem conseguir muito através de sua própria aplicação às teorias dos outros, podem estar certos de que, pela assistência de um mestre, poderão evitar infinita perplexidade e chateação – que seu tempo será imensamente economizado, e que o caminho pelo qual se aproximarão da perfeição será mais curto e mais agradável do que aquele que provavelmente escolheriam por si sós *(Nicholson, 1836: Prefácio)*[XXXIX]

Talvez pareça contraditório para um autor de métodos teóricos recomendar vivamente a contratação de um mestre de corpo presente. Mas não devemos nos esquecer que tanto Hotteterre, quanto Quantz e Nicholson, não estavam fazendo mais do que garantir sua própria clientela! Alguns autores, sem abertamente desprezar a necessidade de um bom professor, se dizem, no entanto, capazes de substituir qualquer mestre de carne e osso. Tromlitz (1791: 153), por exemplo, promete "tentar providenciar uma lição escrita que o pupilo poderá usar sem a necessidade de um professor, pois qual a graça de uma instrução escrita se é necessário um professor para explicá-la? Neste caso é melhor pegar o professor, e guardar o livro"[XL] Nosso autor não deixa de ter razão! Seu argumento parece bastante lógico. Mas a verdade é que, apesar de freqüentemente se dirigirem ao amador interessado, a maior parte dos métodos de flauta enfatiza a necessidade de um professor para orientar o aluno, especialmente em relação à sonoridade. E se vários mestres, como Tromlitz, se esforçam para dar as instruções mais detalhadas possíveis, outros resolvem partir diretamente para a prática, e deixar a teoria de lado. Sendo imprescindível haver um professor presente durante o processo de aprendizado, para Popp nem vale a pena enfileirar regras secas. É o que ele argumenta, em 1870, no prefácio a seu método:

> A maior parte dos métodos publicados até agora contém tantas regras que mal sobra espaço para seu objeto principal: os exemplos musicais. Parcialmente por esta razão e, por outro lado, porque a flauta não pode ser aprendida sem professor, me dispus a pôr de lado neste método toda e qualquer observação que não seja evidentemente necessária. O plano que tracei é o de uma obra que consiste, dos elementos mais básicos até o aperfeiçoamento, de exercícios concisos e progressivos. Além disso, sou de opinião que a emissão correta do som, uma boa afinação, a maneira certa de segurar a flauta e, particularmente, a destreza necessária para emitir cada som de modo limpo e puro não podem ser adquiridas sem um professor, portanto deixo ao professor a tarefa de fazer pessoalmente os comentários necessários a estes exercícios (*Popp, ca.1870: Prefácio*).[XLI]

Ao enfatizar igualmente a necessidade de uma orientação segura, Peter Prelleur não deixa de chamar atenção para a utilidade de um método que ofereça regras completas para a embocadura correta, e se põe na posição do mestre ausente:

> Apesar de muitos serem de opinião que encher a flauta não pode ser ensinado através de regras, mas deve ser adquirido na prática, existem, no entanto, algumas regras que podem muito bem facilitar a

descoberta do seu método; as instruções de um bom mestre, junto com seu exemplo de como soprar dentro da flauta, podem poupar ao aluno muito tempo e incômodo em adquiri-la. Irei, portanto, fazer ambas as coisas, na medida do possível, ao escrever sobre a maneira de soprar dentro dela *(Prelleur, 1731: 1).*[XLII]

Aqui mesmo, no Brasil, podemos ver que a presença de um bom professor sempre foi devidamente valorizada. Num dos importantes documentos históricos sobre o ensino da flauta no Rio de Janeiro, o "Manual do Flautista", de Pedro de Assis, publicado em 1925, o Mestre aconselha:

> É lógico que não obstante a superioridade de um methodo para qualquer que seja o instrumento, bem pouco aproveitará o discipulo se não estiver aos cuidados de um professor idoneo que o guie com seus conselhos. É mesmo verdade que livro algum de aprendizagem por mais elementar e progressivo que seja no seu todo, possa prescindir da direcção e ensinamento de um bom professor *(sic) (Assis, 1925: 23).*

Pedro de Assis vai mais longe, e louva não apenas a presença crítica do mestre, mas ainda mais: seus exemplos práticos, que servirão de guia e de modelo ao estudante. E aproveita para dar uma estocada em algum colega, que obviamente se passava por professor sem ter as devidas qualificações:

> É indubitável que os conselhos de um professor valem muito especialmente quando elle junta ás prelecções e mais razões expendidas o exemplo, tocando no instrumento o trecho, phrase ou membro de phrase que o alumno por qualquer motivo não executa a seu contento. Disse alguém que não há modo de ensinar mais proveitoso e suave do que o exemplo. [...] Não sendo assim, é lógico que se torna nulla a intervenção do professor, deixando lembrar aquele ineffavel professor que assobia as licções, por não saber tocar o instrumento que lecciona! *(sic) (Assis, 1925: 23-4).*

Evidentemente, em última análise, é o ouvido que dita as regras, ou pelo menos é o ouvido que estabelece se as regras funcionam a contento. O ouvido do professor, que determina qual o som que seu pupilo deve almejar, e o ouvido do próprio aluno, que deve aprender a exercer seu senso crítico desde o início, a fim de aprimorar os resultados que obterá ao longo de seu desenvolvimento. A função do professor é particularmente importante neste estágio do aprendizado, quando o ouvido ainda não está devidamente refinado, como é o caso de grande parte dos principiantes. Ainda assim, e a despeito de ser assunto tão subjetivo, totalmente ligado à percepção individual, a discussão a respeito de sonoridade é de suma importância, e merece dos autores particular atenção.

E se bem que a obtenção de uma boa sonoridade seja fundamental no estudo de qualquer instrumento, no caso particular da flauta, é o principal pré-requisito no seu aprendizado. Por essa razão, quando um método de flauta é elaborado, a produção da sonoridade é um dos primeiros assuntos abordados, e dificilmente será relegado a um segundo plano. "O som é a voz sem a qual não se pode nem mesmo começar a cantar", afirma Theobald Boehm (1871: 140).[XLIII] Como bem observou Nancy Toff (1996: 89), não seria necessária qualquer autoridade mais abalizada para estabelecer o *status* do som na flauta como o elemento fundamental da execução flautística. A opinião de Boehm é partilhada por inúmeros autores célebres, como Mahaut:

> A embocadura é o primeiro, e de certa maneira o principal objeto da flauta transversal. As pessoas tendem a preferir uma execução medíocre em favor de uma boa embocadura a uma execução brilhante com a desvantagem de uma embocadura medíocre *(Mahaut, 1759: 6)*.[XLIV]

Hoje em dia, elementos áudiovisuais facilitam muito a vida do autor de métodos, ou mesmo do professor de música. Raios X, ultra-sonografias, micro-câmaras, são algumas das maneiras de se inteirar do que acontece por dentro do corpo humano quando tocamos um instrumento. Gravações de diversos flautistas de todas as partes do mundo estão à disposição de qualquer um. Ainda assim, não existe consenso sobre o que constitui um som belo, ou sobre como produzi-lo. Mas no século XVIII, em que nem mesmo o recurso da fotografia podia ser utilizado, os autores se esforçavam para explicar, o mais precisamente possível, como deveria ser a embocadura ideal. Tromlitz menciona esta dificuldade em seu tratado:

> É difícil descrever como a língua deve se mexer em todas as eventualidades [...] É impossível dizer: nesse ponto a língua deve ser colocada

desta maneira, ou posicionada, usada ou movida de tal jeito para essa ou aquela passagem; ninguém seria capaz de imitar isso com facilidade, uma vez que os movimentos da língua não são visíveis *(Tromlitz, 1791: 152)*.[XLV]

O Que é um Bom Som?

Uma vez que não é possível guiar o aluno através da visão do fenômeno de produção sonora, resta guiá-lo através do som. Cada flautista precisa escolher um ideal sonoro e ajustar sua embocadura até que este ideal seja alcançado. Alguns flautistas pensam que o som ideal é um som másculo e poderoso, com uma quina cortante e um vibrato intenso. Muitos flautistas acham que o necessário é ter um som puro e doce, com um "quê" de celestial. Outros autores pensam que o ideal é conseguir um equilíbrio de forças, e poder usar o som para demonstrar carinho ou agressividade, dor ou alegria. Mas é bom não esquecer que todos esses são conceitos relativos, e assim como a dinâmica F só existe em contraste com a dinâmica p, um som que seria considerado extremamente agressivo no século XVIII, num instrumento de madeira, poderia perfeitamente ser o som mais doce de uma flauta de metal, um século mais tarde.

Em geral, quanto mais para trás voltamos os nossos ouvidos, mais o som parece ser suave e "focado". O som considerado belo no século XVIII, suave e redondo, com grande variação de cor, foi gradualmente cedendo espaço para um som forte, metálico, penetrante mesmo. Na medida que o século XIX progredia, a igualdade e uniformidade de timbre também passam a ser cada vez mais desejadas. O termo "metálico" foi usado por autores diversos (inclusive Tromlitz) muito antes de existirem flautas feitas de metal; o que se almejava, nesses casos, era conseguir um som metálico numa flauta de madeira!

Até hoje se acredita que durante um período bastante longo, sons diferentes eram desejados para funções diferentes: para orquestra, um som potente, mais metálico; para música de câmara, um som mais doce, aveludado. Existem, além disso, as famosas diferenças de Escola. Os flautistas de

Escola alemã valorizavam um som que se misturasse perfeitamente ao dos outros instrumentos de sopro, o que explicaria, parcialmente, a resistência que a flauta Boehm encontrou na Alemanha, por parte tanto dos flautistas quanto dos maestros. Em seu tratado, Nicholson defende seu ideal de som: "aquele que seja o mais semelhante ao som de palheta, tão parecido ao do oboé quanto possível, mas personificando a suavidade arredondada da clarineta" (Nicholson, 1836: 2).[XLVI]

Na verdade, um dos grandes desafios dos que hoje se dedicam à música antiga é chegar a definir qual era, de fato, a concepção sonora de épocas em que não havia gravações para nos guiar. Mesmo supondo, independentemente de qualquer moda, que todo flautista pretende, em maior ou menor grau, reproduzir a beleza da voz humana, não se pode esquecer que os próprios critérios de julgamento a respeito do que é uma bela voz mudaram com o passar do tempo. Da mesma maneira que mudaram radicalmente os ideais de beleza física, como atesta uma simples consulta a qualquer Enciclopédia de artes plásticas.

> Em geral a qualidade de som mais agradável na flauta é aquela que se assemelha mais à voz de contralto, e não à de soprano, ou aquela que imita os sons de peito da voz humana. Você deve tentar, tanto quanto possível adquirir a qualidade de som daqueles flautistas que sabem extrair de seu instrumento um som claro, penetrante, denso, redondo, masculino e geralmente agradável *(Quantz, 1752: 50).*[XLVII]

Até mesmo Quantz, uma mente extremamente organizada, homem articulado, de inclinação científica e grande poder de concisão, fica um pouco perdido quando se trata de exprimir o inexprimível. O que é um som "geralmente agradável?". Autores de todas as épocas sempre tentaram definir, com maior ou menor precisão, qual o seu ideal de som, e como se poderia obter este som de boa qualidade.

Se existe uma opinião unânime no século XVIII, é de que regras para obtenção de um belo som são uma utopia. Hotteterre, por exemplo, já comentava:

> No entanto, qualquer regra que eu tenha prescrito para a embocadura [...] deve ser observada apenas quando o aluno não se encontra

em uma situação contrária à descrita acima. Por exemplo, se a boca do aluno for tal que seria mais difícil para ele produzir o som ao esticar e alisar os lábios do que seria ao estender o lábio superior, ele deve obedecer minhas regras apenas quando não criam uma situação adversa, e deve seguir sempre aquilo que lhe é mais natural *(Hotteterre, 1707: 4)*.[XLVIII]

Ainda que tente estabelecer regras gerais, o autor se mostra totalmente ciente das diferenças anatômicas de cada um, e com bom-senso se mostra preocupado em não forçar a natureza individual de seus alunos. O próprio contato próximo entre mestre e aprendiz favorecia esta tendência de individualizar as características físicas e de observar as diferenças. O método de Corrette, aponta na mesma direção: "De resto não se pode formular qualquer regra que não comporte uma exceção. Isso depende da disposição dos lábios"(1773: 10).[XLIX]

Questão de Predisposição?

Fatores extra-musicais, como o material do qual é feito o instrumento, sua furação, condições climáticas, alimentação, doenças, tudo isso pode influenciar de maneira decisiva a produção de som. É o que observa Quantz, autor daquele que é considerado, até hoje o tratado mais importante e mais detalhado sobre a flauta:

> Pode-se ver que não é coisa fácil estabelecer regras certas e específicas para uma boa embocadura. Muitos adquirem uma muito facilmente através de aptidão natural; muitos têm extrema dificuldade; muitos não obtém sucesso algum. Depende grandemente da constituição natural e disposição dos lábios e dentes *(Quantz, 1752: 51-52)*.[L]

Vanderhagen é outro autor que comenta este fato:

> A flauta, sendo por sua natureza o mais doce de todos os instrumentos de sopro, sua embocadura é a mais delicada; muitas pessoas a possuem naturalmente bela, outras precisam procurar muito tempo até conseguir tirar alguns sons da flauta, mas para tudo isso é necessário paciência *(Vanderhagen, 1790:7)*.[LI]

Na realidade, a maior ou menor predisposição física de cada aluno é tratada no século XVIII com naturalidade, e os ensinamentos tentam levar em conta as idiossincrasias particulares. Os exercícios, mais do que fórmula infalível, são encarados apenas como uma das maneiras de se driblar as dificuldades de aprendizagem, causadas por circunstâncias muitas vezes fortuitas.

Em 1759 Mahaut declara que:

> Algumas pessoas têm uma boa embocadura naturalmente, sem ter que "trabalhá-la", outras têm que adquiri-la a duras penas. Algumas pessoas jamais logram obter sucesso. Não pretendo ensinar regras indiscutíveis para adquirir uma boa embocadura, mas tentarei apenas fazer com que esta tarefa se torne mais fácil através dos conselhos que se seguem (Mahaut, 1759: 5).[LII]

Algumas décadas mais tarde, Devienne irá confirmar aquilo que a maior parte dos professores de flauta pode facilmente constatar em sua prática profissional diária:

> De todos os instrumentos a flauta é aquele que parece ser o mais fácil, porque o mecanismo é muito simples, no entanto, é um dos mais difíceis de tocar, seja em relação à sua embocadura, seja em relação à afinação.[...] Uma bela embocadura é tão freqüentemente um dom da Natureza quanto é fruto do trabalho, no entanto como não é dado a todo o mundo possuí-la imediatamente, é necessário fazer muitas escalas para adquiri-la [...] *(Devienne, 1794: 1-7)*[LIII].

Diante de condições tão subjetivas e particulares, Peraut (sem data: 3), já quase em 1800, confessa a sua inabilidade em formular regras gerais para a embocadura, "por causa das diferentes conformações de lábios."[LIV]

De fato, é tão delicado estabelecer regras fixas que englobem todos os tipos de lábios e todos os formatos de boca que é praticamente impossível encontrar ilustrações do que seria uma embocadura ideal (como existem hoje às dezenas). Os autores do Barroco preferiam oferecer uma descrição bastante genérica a se arriscar em campo tão minado! Na virada do século, Hugot e Wunderlich escrevem um método importante, já visando a flauta com algumas chaves, em que reconhecem que:

É bastante difícil estabelecer uma teoria positiva para adquirir uma boa embocadura; é uma qualidade que não se pode esperar possuir se, como já dissemos, não se é dotado pela natureza das disposições necessárias; e uma vez que essas disposições dependem da conformação dos lábios, o estudo só serve para desenvolvê-las *(Hugot & Wunderlich, 1804: 5).*[LV]

Os comentários acima mostram, mais uma vez, que os métodos no século XVIII tinham a intenção de levar em conta a individualidade de cada aluno, dando mais importância às suas tendências particulares do que à elaboração de regras universais, aplicáveis indistintamente à grande massa de prospectivos flautistas.

A incrível tolerância em relação às maneiras mais esdrúxulas de fazer música pode ser plenamente apreciada na seguinte afirmação:

> Algumas pessoas têm lábios com tal formato que só conseguem formar a embocadura correta trazendo o lábio superior para a frente, ao invés de retraí-lo em direção aos cantos da boca, como ensinamos aqui. Essas pessoas devem seguir o nosso método apenas na medida em que se amolda a sua maneira de tocar. *Outros põem a flauta entre o lábio superior e o nariz, soprando o instrumento de baixo para cima.* Essa posição não impede a boa execução, mas não é muito graciosa. Recomendo àqueles que ainda não adquiriram tais hábitos que sigam os métodos dados aqui *(Mahaut, 1759: 5. Grifos meus).*[LVI]

Na verdade, no século XVIII, apenas neste tratado, dentre todos aqueles que pudemos consultar, é mencionada essa posição singular. Mas é totalmente extraordinária a maneira casual com que Mahaut menciona, *en passant*, tal esquisitice!

Que eu saiba, o único outro método em que esta estranha posição é defendida é o de Peter Bloom, nosso contemporâneo, que não menciona sua fonte, mas obviamente bebeu nela. Eis o que ele diz:

> Para um exercício de aparência ridícula, e no entanto útil, tente o inverso da etapa 3. Comece com a embocadura centrada e role em direção a seu nariz; trabalhe com dedicação para conseguir fazer a flauta soar desta maneira. Isso tem uma aparência bem boba, e a sensação também é boba. Não é a maneira de se tocar normalmente.

Mas ao trabalhar de cabeça para baixo, você ganhará nova e valiosa perspectiva no que tange à técnica *(Bloom, s./d.: 4)*.[LVII]

Menos exótica porém mais fascinante é a flexibilidade demonstrada por Vanderhagen. Ele chega a sugerir que, ao invés de se adaptar ao instrumento, seja este que se adapte ao músico. Ao falar sobre o orifício da embocadura, Vanderhagen comenta que:

> Como temos lábios mais ou menos espessos, é preciso que o orifício da embocadura lhes seja proporcional. Lábios espessos exigem um orifício um pouco maior e oval. Se o orifício fosse pequeno demais se perderia muito vento, e pela mesma razão um orifício grande demais para lábios estreitos teria o mesmo inconveniente *(Vanderhagen, 1790: 8)*.[LVIII]

Em 1827, a variedade ainda reinava neste domínio, e embocaduras de formatos e tamanhos extremamente diferentes conviviam em relativa paz. Na *Flutist's Magazine* há uma discussão bastante longa a respeito do assunto, e o autor reclama do pouco espaço dedicado, nos métodos existentes, às diferentes conformações de embocadura. Também evidencia a enorme diferença de opiniões sobre qual a embocadura ideal, pois "como de hábito, existem tantas opiniões defendidas aqui quantas existiam a respeito do torrão natal de Homero". Relata experiências em que uma mesma flauta foi testada por flautistas diferentes, que se adaptavam melhor ou pior com embocaduras alternativamente redondas ou ovais. Concorda com Vanderhagen que "podemos mais facilmente alterar a flauta para se adaptar ao lábio, do que o lábio para se adaptar à flauta", e ainda acrescenta:

> Muitos preferem uma embocadura pequena. Outros decidem em favor das redondas, e freqüentemente isso ocorre com bons intérpretes! Se este é o caso com professores experientes, qual será a situação com amadores? – O único remédio que posso sugerir é: *duas cabeças*; uma com embocadura *oval*, outra com embocadura *redonda*, obviamente diferindo em tamanho. O executante assim logo poderá estabelecer qual lhe convém mais; pois possivelmente será capaz de produzir um som razoavelmente melodioso de uma, enquanto poderá labutar em vão com a outra *(James, 1827: 184)*.[LIX]

Por fim, o autor recomenda ao músico que experimente todos os modelos de embocadura possíveis, não apenas em relação a seu formato, mas também em relação à grossura das paredes e ao material em que é confeccionado o instrumento. E termina com o viés científico que não poderia faltar, neste período, ao afirmar que o "primeiro e principal objetivo é que as embocaduras sejam matematicamente e criticamente *exatas!*"[LX] (grifado no original).

Esta é a visão de uma época em que os instrumentos ainda eram objetos totalmente únicos, feitos de encomenda para um artista particular, e tendo as particularidades desse artista em mente. Os séculos seguintes, com o seu entusiasmo pela industrialização, tenderiam a ir esfumaçando gradualmente este tipo de adequação. É o ser humano que deve se adaptar ao instrumento, e não vice-versa. Theobald Boehm reconhece que "uma boa embocadura depende principalmente de uma formação normal dos lábios e dentes". Mas afirma convictamente que:

> No entanto, se a pessoa tiver uma embocadura defeituosa e ainda por cima for desprovida da apreciação apropriada sobre o que constitui uma qualidade bela de som, isto é, se ela não tiver um senso de sonoridade adequado, ambas essas falhas podem ser consideravelmente melhoradas ao se exercitar da maneira recomendada *(Boehm, 1871: 135).*[LXI]

Uma Mudança de Enfoque

À medida que nos aproximamos de nosso próprio século o espírito cientificista irá predominar. Regras para tocar tendem a se universalizar. Mesmo em 1791 esta é uma tendência que começa a se manifestar. Tromlitz (1791: 152) declara: "desejo articular meu conhecimento na forma de regras, de modo a fazê-lo geralmente aplicável".[LXII] Um único tipo de furação começa a ser consistentemente adotado, assim como se restringe a escolha de materiais possíveis para a confecção do instrumento. As flautas passam a não ser planejadas com este ou aquele intérprete em mente, mas seguindo um plano ideal de manufatura. Fabricantes e intérpretes buscam a flauta perfeita, aquela que será adequada a qualquer intérprete. E são os tipos físicos que passam a ser classificados como mais ou menos adequados para a flauta. O método de Taffanel e Gaubert (1923: 7), espécie de Bíblia do aprendizado flautístico, começa seu capítulo sobre sonoridade de uma maneira quase telegráfica.

> As conformações físicas mais favoráveis para adquirir o domínio da embocadura são:
>
> A) lábios nem muito estreitos nem muito grossos.
> B) Dentes regulares.
> C) Queixada inferior não proeminente.
> D) Parte superior do queixo ligeiramente côncava.[LXIII]

Altès é outro autor que aborda a questão de produção de som de modo totalmente frio e objetivo. Seu texto parece mais um manual de mecânica de carros, tanto em tom quanto em estilo literário:

> Modificação da forma do jato de ar: partindo da posição da fig. 1, pressionando os lábios um sobre o outro, as dimensões da fenda dos lábios diminuirão até serem de apenas ½ mm. de largura e 2 mm. de comprimento, aproximadamente. Chamaremos esta pressão de pinçamento dos lábios *(Altès, 1906: 16).*[LXIV]

O fascínio com a ciência, já manifestado no século anterior, vem florescer com exuberância no século XIX. Os métodos e tratados deste período se esforçam em perder o tom de amigável conversa, tão freqüente no século precedente, e procuram uma roupagem mais "séria". Basta comparar as citações dos autores mais antigos com a maneira seca e direta pela qual a emissão do som é descrita em Taffanel & Gaubert, no início do século XX:

> A flauta possui doze perfurações que, se lhes juntarmos o dó grave produzido pelo próprio tubo, correspondem às treze notas fundamentais em progressão cromática. [...] as notas [...] são emitidas por uma ação particular dos lábios e pela direção do sopro, secundada na oitava aguda pela abertura de determinados orifícios denominados, por este fato, orifícios auxiliares ou de oitava *(Taffanel & Gaubert, 1923: 7).*[LXV]

Os autores do século anterior apostavam numa política de resultados. Para Corrette (1773: 10) é desnecessário descrever detalhadamente todas as etapas necessárias para a formação da boa embocadura, "pois a embocadura da flauta não é mais difícil do que assoviar no buraco de uma chave". É o critério da limpeza de som que vai estabelecer se uma embocadura está ou não correta: "Mas o mais importante da embocadura é tirar som da flauta, e que este som seja limpo".[LXVI]

Um autor como Tromlitz, escrevendo já no final do século, mistura em doses equilibradas o texto prolixo e de tom coloque com um intuito cientificista. Apresenta dicas práticas, divide com o leitor suas observações sobre o instrumento e sua perplexidade diante dos problemas sem solução, tenta ser claro (nem sempre consegue!), procura não deixar qualquer lacuna. Encoraja seus alunos a superarem desvantagens físicas através do estudo, especifica ao máximo quais técnicas devem ser usadas. No caso da sonoridade, depois de oferecer explicações detalhadíssimas a respeito de postura, ângulo da flauta em relação ao corpo, enfim tudo aquilo que se pode englobar no quesito "técnica", acaba voltando sempre ao ponto essencial, que constitui o cerne mesmo da filosofia do século XVIII em relação à música: independentemente de qualquer coisa, em última instância o ouvido é o juiz supremo: "O ouvido vai ditar o grau correto em que o queixo deve ser levado para trás e o lábio superior deve ser movido para frente. Não existe outro gabarito" (Tromlitz,1791: 48).[LXVII]

É interessante também observar que, se nas dez páginas dedicadas à discussão da sonoridade, Quantz aborda freqüentemente questões estéticas, no capítulo bastante longo reservado ao som, a grande preocupação de Taffanel & Gaubert é em relação à emissão de notas afinadas em oitavas diferentes, e na descrição dos princípios da acústica que regem a produção do som na flauta. Em lugar algum se trata da qualidade intrínseca do som. Adjetivos como os usados por Mahaut para descrever o som ideal (cheio, redondo, claro, suave, delicado, ressonante, gracioso) não mais têm lugar em uma obra que se pretende técnica e eminentemente científica. O que se procura agora é "o domínio da embocadura" e não "o som correto" que menciona Prelleur ou menos ainda o som "masculino" almejado por Quantz.

A partir do século XIX, os métodos de flauta se tornam maiores, mais detalhados, e procuram lidar com problemas específicos de sonoridade e técnica. Como explicar o que seja uma boa embocadura? Como resolver passagens difíceis do repertório orquestral? Como ligar notas de modo suave? Que tipo de estudo diário de sonoridade fará com que o aluno se aproxime cada vez mais de seu objetivo?

Portanto ao acompanhar o desenvolvimento dos métodos de flauta, pode-se notar uma mudança gradual de ênfase na maneira de estudar música. Se nos métodos antigos o ouvido é a medida de todas as coisas – caso o som obtido seja bom, todas as regras podem ser esquecidas – nos métodos mais modernos prevalece a mecânica dos gestos – ou seja, se todas as regras forem seguidas, não há como não se chegar a um bom resultado.

Antes de fazermos qualquer julgamento de valor sobre as duas posições, convém lembrar que existem diferenças enormes entre o instrumento que dominava o final do século XVIII e aquele que nos foi legado pelo século seguinte, como vimos no capítulo sobre a história da flauta. Ainda imersos na teoria dos afetos, no Barroco se acreditava que cada tonalidade tinha uma "cor" particular, com sua qualidade específica: coragem, afeição, delicadeza, virilidade. Da mesma forma, cada nota tinha uma personalidade especial, e diferente de qualquer outra nota. A própria construção cônica da flauta ia ao encontro dessa concepção de sonoridade, já que numa flauta barroca as notas soam definitivamente desiguais. Daí a distinção, tão freqüente nos métodos antigos, entre as notas "boas" (as de emissão mais clara e brilhante) e notas "ruins" (aquelas de emissão mais abafada e fosca).

Para um flautista que se dedica ao estudo do instrumento barroco, portanto, o estudo de notas longas, para citar apenas um caso, tem uma conotação totalmente diversa do que para seu colega que estuda a flauta moderna. Cabe a ele, ao tocar as notas longas, não procurar a homogeneidade de som, mas sim descobrir o timbre mais característico de cada nota, dar às diferentes notas inflexões e coloridos próprios. Já no século seguinte, os estudos de som visam principalmente a homogeneidade de todas as notas. Se ao estudar uma escala numa flauta barroca, o flautista procura ajustar os lábios principalmente para corrigir a afinação, sem qualquer preocupação em igualar o volume ou a cor das notas, na flauta do século XIX o estudo de escalas tem como principal objetivo o de fazer com que todas as notas sejam iguais em timbre e volume.

É claro que esses dois enfoques diferentes são reflexos de mudanças mais amplas, tanto no gosto dos músicos, quanto na própria estrutura social. A música, antes privilégio da nobreza, começa a ser dirigida à burguesia. A industrialização também começa a deixar a sua marca, e vai influenciar a própria fabricação de instrumentos.

Assim, uma flauta barroca difere imensamente de outra flauta barroca, tanto em relação à sua furação quanto em relação ao material utilizado – madeiras de diferentes densidades, marfim, porcelana, cristal. Ao final do século XIX, as flautas já são muito mais semelhantes entre si tanto no que concerne o material (geralmente metal; quando em madeira, apenas ébano), quanto em relação à adoção de sistemas mecânicos. Por isso, também, no século XVIII era difícil estabelecer regras fixas para a embocadura, uma vez que o próprio orifício do *plateau* variava grandemente em tamanho e formato. A globalização do ensino acompanha a popularização da flauta como instrumento acessível à burguesia emergente, assim como a relativa padronização dos instrumentos, que de fato permite a aplicação de regras mais abrangentes.

Certas Coisas não Mudam...

Curiosamente, apesar da diferença de abordagem que acabei de discutir, ao longo dos últimos 250 anos as instruções para a produção sonora propriamente dita não mudaram de maneira tão radical quanto se poderia imaginar, talvez até mesmo pela sua parcela de fatores não passíveis de explanação ou demonstração. Alguns autores explicam como obter um som bonito criando esquemas gráficos que falam por si. Outros escrevem longos textos, repletos de metáforas. Outros ainda se exprimem de forma tão confusa que atrapalham mais do que ajudam na compreensão do que querem dizer. Alguns se valem de palavreado científico ou técnico. Não surpreendentemente, são os alemães que se empenham de modo mais persistente em conseguir fornecer uma explicação que seja completa e exaustiva. Tromlitz (1791: 47), por exemplo, não hesita em se alongar sobre o assunto:

> Ponha a flauta na boca de modo que a quina interna do orifício do bocal se encontre exatamente no ponto em que a parte vermelha do lábio inferior começa, ou seja, justamente ao lado de onde começa a parte firme exterior; o lábio inferior teria que ser muito forte se fossemos obrigados a colocar a flauta mais perto em direção ao meio. Se a quina acima mencionada *for* de fato colocada no meio da parte vermelha do lábio inferior, um registro grave bastante forte e grosso, apesar de não bem enfocado, será obtido, e um bom registro agudo estará totalmente ausente. Mas se for feito do modo descrito acima, pode-se obter não apenas um registro grave bem enfocado e cheio, como também um registro agudo belo e excelente.

E como bom alemão, que não se permite deixar qualquer lacuna ou malentendido, imediatamente faz a ressalva: "Mas isso só vale para uma flauta bem feita; numa flauta malfeita nada que valha a pena pode ser conseguido".[LXVIII]

O livro de Tromlitz já mencionado, é dos mais informativos e minuciosos dentre todos os publicados até hoje. Somente sobre embocadura, este autor se estende por umas cinco ou seis páginas. E discorre sobre muito mais do que apenas as regras para se conseguir a embocadura perfeita. O autor sabe que muitos elementos concorrem para a beleza do som:

> É de conhecimento geral, e uma pena, que flautistas que não tem uma boa embocadura não podem tocar sempre bem e da mesma forma todos os dias, de um dia para outro, ou até mesmo de uma hora para outra! Se o som falta, tudo falta, e isso depende, simplesmente, das condições dos lábios. Lábios bons, saudáveis e flexíveis produzem um belo som; lábios endurecidos, ou inchados e rachados por perturbações internas, estragados por comidas ricas e amargas, ou ásperos por causa do frio, ar sem refinamento, produzem som ruim e são obstáculos à boa execução *(Tromlitz, 1791: 51).*[LXIX]

Como resolver o problema? Simples: Tromlitz dá a receita de um bálsamo para os lábios a ser aplicado todas as noites antes de dormir. Curiosidades à parte, se nota nesta obra um grau de cuidado extremo, semelhante ao de

Quantz, em oferecer fórmulas para os males que afligem o flautista, sejam eles de ordem musical, técnica, psicológica ou mesmo física. É claro que Tromlitz e Quantz são casos especiais na literatura do instrumento. Mas seja como for, com pouquíssimas exceções, as regras sobre embocadura estão presentes em praticamente todos os métodos. Uma das diretrizes mais fortes a conferir sentido a estas regras é a própria concepção do que cada período musical considerava um bom som. O som ideal de cada um deve ser o objetivo final, e o estudo diário de sonoridade fará com que ele se aproxime cada vez mais deste objetivo. É claro que, como vimos acima, a concepção ideal de som de cada um é diferente, tão diferente quanto são seus lábios ou sua estrutura de ressonância. Mas também a própria construção do instrumento, e as necessidades sonoras de cada época vão exercer influência decisiva nesta saudável variedade de opiniões.

Antes de Tudo, Postura!

Depois de tantas opiniões conflitantes a respeito de praticamente todo e qualquer aspecto da técnica flautística, chega a ser um alívio encontrar um campo de conhecimento em que todos concordam: a importância de uma boa postura para o flautista. É claro que uma boa postura é fundamental para qualquer instrumentista, e na verdade para qualquer pessoa, seja ela instrumentista ou não. E existem profissões em que a postura é a própria matéria-prima do estudo, como é o caso dos bailarinos. Mas a flauta, dentre todos os instrumentos, constitui um caso à parte, em que o assunto pede, de fato, um tratamento mais insistente.

Devido à posição tão pouco natural que um flautista precisa adotar ao segurar o instrumento, são freqüentes os problemas físicos decorrentes de posturas defeituosas: lordoses, tendinites, etc. É muito comum o aluno tentar compensar o desconforto inerente à prática do instrumento apoiando o cotovelo no tronco, deixando a flauta pender para baixo, estrangulando a saída de ar com uma "quebra" de pescoço, ou com uma torção de pulso dolorosa. A flauta é, sem dúvida, o menos orgânico dos instrumentos, no que tange à forma de ser segurado. E é muito comum ver nos alunos (e mesmo em muitos profissionais!) posturas que não apenas podem acarretar sérios danos no futuro, mas são extremamente deselegantes, e ferem o senso estético de qualquer século! Num dos primeiros tratados importantes para a flauta, Hotteterre se apercebe deste problema, e começa seu texto abordando exatamente a postura necessária ao flautista:

> Seja em pé ou sentado, é preciso manter o corpo reto, a cabeça mais alta do que baixa, um pouco virada para o ombro esquerdo, as mãos altas sem levantar cotovelos ou ombros, o pulso esquerdo dobrado para dentro e o braço esquerdo perto do corpo. Caso esteja de pé, é preciso estar bem equilibrado sobre as pernas, o pé esquerdo avançado, o corpo apoiado sobre a anca direita; o todo sem qualquer tensão. Deve-se sobretudo cuidar para não fazer qualquer movimento de corpo ou cabeça, como muitos fazem batendo o compasso *(Hotteterre, 1707: 1- 2)*.[LXX]

Este parágrafo será depois reproduzido por diversos autores, praticamente sem qualquer modificação (ainda não existiam, na época, as leis de direito autoral!). A *Encyclopedie Méthodique, Arts et Métiers Mécaniques*, autores como Prelleur, Mahaut e Laborde (Laborde, 1780: 260) repetem, às vezes sem qualquer tentativa de disfarce, as palavras acima. Alguns pelo menos têm a gentileza de mencionar a fonte:

> Não se pode acrescentar nada ao que disse Hotteterre.[...] *[Aqui repete tudo o que disse Hotteterre]* É certo que esta atitude é muito graciosa mas não deve ser geral, cada qual tocando de pé assume a atitude que lhe vem mais naturalmente, e que lhe parece mais nobre *(Mahaut, 1759: 4)*.[LXXI]

Mahaut mostra apenas uma pequena discordância em relação ao mestre, defendendo uma tolerância maior em relação à postura que parece mais apropriada a cada um. Em geral, Mahaut se mostra tolerante em relação a vários hábitos que hoje são totalmente banidos, como inverter a posição das mãos. Apesar de não recomendar tal posição, Mahaut afirma que segurar a flauta desta maneira não impede que se toque bem! O primeiro parágrafo de Peter Prelleur é uma tradução quase literal do método de Hotteterre. Prelleur evidentemente concorda com o mestre francês, e deixa claro que:

"Uma postura graciosa ao tocar este instrumento encanta os olhos de quem vê, assim como um som agradável faz com seus ouvidos" (Prelleur, 1731: 1).[72] Corrette vai mais longe, e previne o aluno contra um mau hábito que, infelizmente, continua arraigado: "É preciso cuidar para não fazer caretas, nem posturas ridículas; pois a flauta é um instrumento nobre, que se deve tocar de uma maneira confortável." (Corrette, 1773: 9).

Devienne, em seu famosíssimo método, que durante décadas foi base para outros livros semelhantes, dá prioridade à questão da postura:

> Duas coisas às quais se presta pouca atenção e que são, no entanto, da maior importância, são a facilidade e a graça que se deve ter necessariamente ao tocar flauta. Nunca é demais tomar cuidado com isso, tanto mais que as posições do braço e da cabeça estando forçadas, isso têm influência sobre todos os meios *(Devienne, 1794: 5).*[LXXIII]

Devienne também faz questão de chamar a atenção do aluno para um detalhe pequeno, mas fundamental: o alinhamento correto das várias partes do instrumento, sem o qual a postura estaria necessariamente comprometida. O mais curioso é que, ao contrário dos métodos posteriores, ele recomenda que o bocal seja virado para dentro, e não alinhado aos outros orifícios do corpo do instrumento!

> Todas as maneiras de montar a flauta não são indiferentes. Uma flauta cujo orifício de embocadura se encontre montado na mesma linha que a dos outros orifícios, força aquele que a toca a levantar o cotovelo alto demais ou a abaixar a cabeça, o que, a longo prazo, acaba cansando um ou outro; como conseqüência o braço se abaixa, a embocadura se desarranja, a nota fica mais alta e o som perde toda a sua pureza; assim é preciso virar a cabeça do instrumento para que o orifício esteja mais para dentro, com uma linha de diferença dos outros *(Devienne, 1794: 5)*[LXXIV]

Em 1818, no Prefácio de seu método, Berbiguier fala sobre a importância de uma postura correta em termos muito semelhantes a seus antecessores, ou seja, enfatizando o aspecto estético antes de qualquer outro:

> Este ponto é muito mais essencial do que o Aluno tende a acreditar, de início; pois a facilidade de sua execução vai ser influenciada, em

grande parte, por uma postura boa ou má; não devemos, portanto, negligenciar este primeiro ponto. É certo que um Executante com atitude nobre e graciosa vai predispor o ouvinte em seu favor; enquanto que, por outro lado, uma posição desajeitada é olhada com censura, toque ele bem ou mal *(Berbiguier, 1818: 2).*[70]

Nicholson (1836: 1) argumenta, com toda a razão, que "a posição mais elegante é invariavelmente a melhor no uso de todos os instrumentos, e merece a consideração mais precoce e mais séria por parte do pupilo".[LXXV]
Gariboldi recomenda ao aluno estudar diante de um espelho para evitar uma rigidez ou um relaxamento corporal excessivamente pronunciados; aponta os três pontos de apoio reconhecidos universalmente (o dedão da mão direita, a terceira falange do dedo indicador da mão esquerda, o queixo) e menciona brevemente o alinhamento da flauta. Ele mostra flexibilidade ao reconhecer que até neste aspecto deve-se levar em conta a individualidade da anatomia de cada aluno:

> A flauta deve ser montada toda reta [...] No entanto, para algumas conformações de lábios uma certa variação poderá ser tolerada, contanto que, uma vez adotada uma posição para as três partes da flauta, esta seja sempre montada da mesma maneira *(Gariboldi, 1870: 2).*[LXXVI]

O conselho de Gariboldi, de se usar um espelho, não é novo. Desde Hotteterre esta sugestão aparece com freqüência:

> Para observar todas essas regras será bom se postar diante de um espelho (precaução que será de grande socorro). Inicialmente nem se deve pensar em colocar os dedos, mas apenas soprar na embocadura e procurar tirar som dela *(Hotteterre, 1707: 3).*[LXXVII]

A mesma idéia irá encontrar eco muito tempo depois. Ernest Wagner recomenda o mesmo, e ainda reforça, com aquele *understatement* típico dos anglo-saxões: "Evite qualquer contorção da face, uma condição normal é

---

[70] Este trecho foi retirado de uma coletânea veiculada no Brasil, em fins do século XIX/ início do século XX, com o título de *Methodo de Flauta recopilado de Devienne, Berbiguier e Walckiers*, pela Editora Schott.

de se desejar". Wagner alerta seu leitor para que evite o mau costume de encher as bochechas de ar – segundo ele um hábito muito comum, que "nada acrescenta à facilidade de tocar". Taffanel e Gaubert lembram que a postura deve ser correta desde o início:

> O aluno deverá prestar grande atenção a sua postura, se imbuindo desta grande verdade: que os defeitos de postura contraídos no princípio são freqüentemente incorrigíveis, e que uma postura ruim pode se tornar, no futuro, um obstáculo capaz de entravar irremediavelmente sua carreira (*Taffanel & Gaubert, 1923: 6*).

Finalmente, aqui mesmo, no Rio de Janeiro, Pedro de Assis também se preocupa com o assunto, e o aborda com a saborosa linguagem que lhe é peculiar. Aproveita para mandar um recado disfarçado para algum colega, que devia se apresentar de modo particularmente desengonçado:

> A Flauta é naturalmente um instrumento elegante e gracioso quando se toca, mui especialmente se é mantida à posição correcta, dando por isso uma atitude esbelta e distincta ao flautista. É obvio que a flauta não mantendo-se em posição horisontal cahe obliquamente, produzindo por consequencia viciosa embocadura e sonoridade escura pelo ruido do sopro que se escapa. [...] Infelizmente, no Brasil são poucos os artistas da flauta que cogitam de manter a perfeita linha da posição correcta. Não se justifica semelhante descuido, pois é patente a differença sentida na sonoridade quando a flauta cahe obliquamente. Talvez deva attribuir-se semelhante descaso a indolencia de conservarem o instrumento em posição horisontal, o que é deveras lamentável (*sic*) *(Assis, 1925:19)*.

Independente de qualquer teoria, num ponto todos os autores concordam: não é apenas a posição dos lábios em relação ao bocal que deve ser valorizada, mas a postura do corpo inteiro, que é fundamental para a obtenção de um som limpo e agradável, e deve ser sempre uma das preocupações básicas de qualquer flautista. Na verdade, antes de qualquer outro passo, deve-se procurar a postura corporal apropriada, e apenas depois de tê-la encontrado é que se parte para a aquisição da embocadura ideal.

As Bases da Boa Embocadura

A embocadura poderia ser descrita como um simultâneo esticar e soprar, algo como tentar sorrir e assoviar ao mesmo tempo, ou a forma que os lábios assumem ao tentar esfriar uma bebida muito quente. A abertura ideal é simétrica e elíptica, certamente não ultrapassando os limites do orifício do bocal. Qualquer ar "fora-de-foco" é ineficiente, causa ruído indesejável no som e desperdiça ar precioso. A abertura deve se parecer com a boca de uma mangueira de jardim, que pode ser ajustada para soltar um delicado *spray* de água ou um jato concentrado.

A localização da flauta em relação aos lábios é crucial. Deve-se levar a flauta para cima em relação aos lábios, e não para baixo, apertando sua porção vermelha, já que isso inibiria a flexibilidade do lábio inferior. O *plateau* do bocal deve ser posicionado confortavelmente na indentação natural do queixo, deixando que o lábio inferior cubra ligeiramente uma pequena parte do orifício. Deve-se usar o máximo possível da extensão do *plateau*, para que a abertura dos lábios seja fina, longa e reta, ao invés de redonda e aberta. Para o registro grave, devem-se pinçar os lábios um pouco dos lados, cobrindo 1/4 da embocadura aproximadamente e dirigindo o ar para baixo. À medida que se sobe para as oitavas superiores, os lábios devem ser suavemente comprimidos, o ar sendo dirigido mais para frente, enviesado em relação ao orifício.

Quando o executante sopra, uma parte do ar deve entrar no orifício, uma outra parte deve passar por cima do orifício, para que a parte cortante do orifício divida a coluna de ar, já que é exatamente isso que produz o som. Se o orifício ficar aberto demais o som se tornará potente, porém duro e desagradável. Se ao contrário, ficar encoberto demais, o som será muito débil e sem definição.

É bom lembrar alguns pontos importantes: a tensão nos dois lábios deve ser praticamente igual, já que ambos participam da "construção" do som. O lábio superior deve gozar de um pouco mais de liberdade, uma vez que deve ser flexível o suficiente para promover ajustes imperceptíveis entre as notas. Imperceptível é, aliás, uma palavra-chave: pequeníssimas modificações nos lábios produzem efeitos bastante audíveis. Então, para o ouvinte, não deve parecer que o flautista está fazendo ginástica labial quando toca.

*

Os cinco parágrafos acima tentam descrever, de maneira razoavelmente sucinta, o que se deve fazer para conseguir obter um som da flauta. Como se pode perceber, se este é um processo bastante elaborado em si, sua descrição é ainda mais complicada. Dos tratados que sobreviveram ao nosso século, aquele de Quantz é o que entra em mais detalhes.

Dentre os vários problemas enfrentados pelo aluno, Quantz lida com o chiado produzido pelo ar quando os lábios são excessivamente apertados, ou com o som sem vida que resulta de uma boca dilatada em excesso. Suas instruções são claras e exatas. Seguindo a tradição anterior, ele tenta prever situações de exceção, como aquelas devidas ao tipo físico de cada pessoa: "Aqueles que têm lábios muito grossos fariam bem de tentar sua embocadura um pouco para a esquerda, ao invés de no meio dos lábios" (Quantz, 1752: 52).[LXXVIII] Mas também menciona circunstâncias adversas momentâneas:

> [...] quando o tempo está quente, também pode acontecer que o flautista transpire em volta da boca, e a flauta em conseqüência não permaneça seguramente no seu lugar apropriado, mas escorregue para baixo, de modo que o orifício do bocal fique excessivamente encoberto, e o som, se não totalmente falho, pelo menos fique fraco demais. Para rapidamente remediar este último mal, que o flautista seque sua boca e sua flauta, e em seguida toque no seu cabelo ou sua peruca e esfregue o fino pó [talco] preso ao seu dedo em sua boca. Desta maneira os poros ficam preenchidos e ele pode continuar a tocar sem mais problemas *(Quantz, 1752: 199)*.[LXXIX]

Intricadas descrições, conselhos de ordem prática, digressões quase filosóficas, tabelas excelentes, exemplos musicais criteriosamente escolhidos: não falta nada ao tratado do mestre.

Explicando a Prática

Como vimos anteriormente, os escritores de métodos de instrumento se vêem sempre diante de um dilema: quanto deve ser explicado minuciosamente, quanto se pode confiar no discernimento do pupilo? Hotteterre tenta explicar a produção do som de modo simples:

> Os lábios devem ser unidos, exceto no meio, onde deve haver uma pequena abertura para permitir a passagem de ar. Não devem vir para frente. Ao contrário, devem ser puxados nos cantos, de modo a ficarem unidos e achatados *(Hotteterre, 1707: 3)*.[LXXX]

Ao descrever a posição dos lábios para a produção de som, Mahaut não difere muito de Hotteterre: "A embocadura é correta quando o som é redondo, bem nutrido, igual e claro. É bela quando, além disso, o som é suave, delicado, ressonante e gracioso" (Mahaut, 1759: 6).[LXXXI] E trata de explicar como consegui-la:

> Junte os lábios, puxando-os para trás em direção aos cantos da boca de maneira a achatá-los um contra o outro, deixando uma pequena abertura no meio para a passagem do ar. Ponha o orifício da embocadura contra a abertura dos lábios, pressionando a flauta contra o lábio inferior de modo que o orifício fique quase completamente aberto. Sopre moderadamente e tente produzir um som, virando a flauta para dentro e para fora para achar a posição certa *(Mahaut, 1759: 6)*.[LXXXII]

Por este único parágrafo se pode perceber a dificuldade de escrever objetivamente sobre o assunto. O que, exatamente, constitui uma "pequena abertura"? Quanto precisamente seria "quase completamente aberto"? O que é soprar "moderadamente"? Qual seria "a posição certa"? Apesar de reconhecer que a embocadura é "o mais difícil da flauta", Corrette tenta ser sucinto e claro:

> I – É preciso apoiar os lábios sobre o orifício da embocadura, uni-los um contra o outro e fazer uma pequena abertura no meio para a pas-

sagem do vento. E para "embocar" facilmente, é necessário repuxar os lábios nos cantos da boca e pôr orifício da embocadura em frente à pequena abertura dos lábios; em seguida soprar o vento muito suavemente.

II – Existem pessoas que só conseguem "embocar" a flauta avançando o lábio inferior sobre a beirada do orifício. [...]

III – Pode-se virar a flauta um pouco para dentro ou para fora, para facilitar a embocadura. [...]

É preciso ainda observar que, à medida que as notas sobem, deve-se aumentar o vento, mas por gradações imperceptíveis *(Corrette, 1773: 10)*.[LXXXIII]

As instruções de Corrette, se bem que ainda um tanto vagas, não diferem muito daquelas encontradas nos métodos posteriores. O problema, naturalmente, é que música não é uma ciência exata. E aquilo que um professor mostraria em minutos, às vezes é quase impossível explicar por escrito, sem o recurso do exemplo. Basta lermos o longo parágrafo escrito quase vinte anos depois, por Vanderhagen, autor de um dos mais efetivos métodos jamais publicados. Neste parágrafo, o autor descreve em detalhes o procedimento utilizado para extrair som do instrumento:

Para chegar mais rapidamente a tirar sons deste instrumento, aqui estão os meios que devem ser empregados: ao levar a flauta aos lábios, é preciso repuxar o lábio inferior em direção aos dois lados da boca; o lábio superior deve sobressair ligeiramente sobre o orifício da embocadura afim de que o vento que sai da boca possa entrar perpendicularmente dentro da flauta. É bom tentar fazer ressoar a flauta sem botar dedo algum nos orifícios, assim se consegue mais rapidamente. Em seguida se colocam todos os dedos sobre os orifícios para fazer sair o ré que é a nota mais grave.

É preciso para isso a abertura dos lábios seja bastante grande para obter sons fortes na parte grave do instrumento, o que é um mérito, e se deve fechar os lábios gradualmente ao subir para formar os sons na região mais aguda. Deve-se sempre começar por soprar moderadamente e quando se ouve o som é preciso inflá-lo e diminuí-lo, e o abandonar para retomar muitas vezes em seguida. Observo que não se deve jamais introduzir o vento por lufadas, isso só serve para cansar e não produz qualquer som agradável. Isso é tudo o que posso dizer sobre a embocadura da flauta, que temos a obrigação de procurar sempre, malgrado os melhores conselhos do mundo que possam ser dados a este respeito *(Vanderhagen, 1790: 7)*.[LXXXIV]

Vanderhagen, ainda se valendo de conceitos bastante subjetivos (tais como o famoso som "viril"), procura oferecer opções de exercícios para o aprimoramento da sonoridade, sempre insistindo na idéia de praticar os sons em notas longas, com *crescendos* e *diminuendos*, como se faz ainda hoje:

> A flauta é, sem discussão, de todos os instrumentos de sopro, aquele que mais sofre com a mediocridade. Mas como é muito doce por natureza, é essencial se tirar dele um belo som que seja viril na região grave, redondo e aveludado na região aguda. Para conseguir isso é preciso trabalhar durante muito tempo as diferentes escalas que serão encontradas nesta obra. Não se deve jamais buscar subir muito alto no início, pois isso cria o hábito de pinçar e fechar demais os lábios, o que só pode produzir sons magros e desafinados e destruirá para sempre a esperança de ter uma bela embocadura. Pelo contrário, trabalhe todos os sons, um depois do outro, ficando muito tempo sobre cada nota, infle e diminua o som sucessivamente. Aí está a única maneira para todos os artistas adquirirem um belo som *(Vanderhagen, 1790: 8-9).*[LXXXV]

Devienne sustenta a opinião de que as escalas oferecem o veículo ideal para o trabalho de som, e apóia a idéia dos exercícios com *crescendos* e *diminuendos* sugeridos por Vanderhagen, apesar de considerá-los penosos:

> [...] para adquiri-la [uma bela embocadura] é necessário fazer muitas escalas inflando e diminuindo cada nota sem perturbar a embocadura e somente pelo meio dos lábios, prestando atenção para que o forte e o piano sejam de uma igualdade perfeita para a afinação; é preciso para isso fechar os lábios para começar a nota *piano* e abri-los imperceptivelmente para fazê-la passar sem sobressaltos pelo crescendo até chegar ao *forte*; o mesmo procedimento deve ser empregado no sentido contrário, para voltar do *forte* ao *piano*. Veja a primeira escala. Este trabalho não é lá muito agradável, reconheço, mas é muito necessário; os trechos lentos são os únicos que se devem empregar no início, a fim de poder casar bem a língua com os dedos *(Devienne, 1794: 7).*[LXXXVI]

Aplicando a Teoria

Quantz (1752: 52) já dizia que para produzir um bom som no registro grave, os lábios devem ser gradualmente levados para trás e a abertura deve ser mais comprida e mais ampla. Na região aguda, o queixo e os lábios devem ser ligeiramente empurrados para fora de modo que o lábio inferior se projete um pouco mais que o superior, e a abertura se torne mais curta e mais estreita. Como muitos colegas, Prelleur aconselha o óbvio: procurar, girando a flauta para fora e para dentro, o "ponto" certo da embocadura, justamente aquele lugar em que a cor se torna mais quente e o timbre mais puro, e que é tão difícil definir:

> Observe, portanto, que seus lábios devem estar unidos muito juntos, exceto bem no meio, onde uma pequena abertura é formada para a passagem do vento. Os lábios não devem fazer beicinho, mas sim se contrair em direção aos cantos da boca, de tal forma que possam ficar lisos e parelhos; deixe que o orifício da flauta seja posto exatamente do lado oposto a esta abertura dos lábios, e apoiando a flauta no lábio inferior sopre moderadamente, virando a flauta para fora ou para dentro, até que você encontre o ponto certo. [...]
> Você não precisa se preocupar de início em assentar os seus dedos, mas apenas em soprar na flauta com todos os buracos abertos, até que seja capaz de enchê-la e produzir um som correto, e aí assente os dedos da mão esquerda na ordem, um depois do outro, e sopre para cada nota, até que você esteja bem seguro da justeza de cada nota, e assente os dedos da mão direita da mesma maneira. Você não precisa se incomodar em encher a primeira nota, pois isso não pode ser feito sem que todos os orifícios estejam perfeitamente tapados, o que é mais difícil de fazer do que se poderia imaginar, e só deve ser alcançado depois de muita prática. Quando você tiver conseguido encher o instrumento, então prossiga com o aprendizado das escalas, como se segue *(Prelleur, 1730: 1-2)*.[LXXXVII]

Compare-se o texto acima com a citação abaixo, extraída do método de Mahaut:

> Uma vez tendo encontrado a embocadura correta, comece a posicionar os dedos nos orifícios (*tone holes*) um por um, começando com o

primeiro dedo da mão esquerda. Repita e sustente cada nota, até que você tenha dominado a embocadura correta e consiga cobrir todos os orifícios perfeitamente. Aí você poderá ir para o próximo capítulo *(Mahaut,1759: 5)*.[LXXXVIII]

Esta seqüência gradual de aprendizagem é exatamente a mesma difundida por Hotteterre. Em suas recomendações, alertava: apenas quando se conseguia dominar a embocadura é que se devia fazer o conhecimento das notas. Normalmente as notas recomendadas para o início do aprendizado são, como se poderia esperar, as mais fáceis, e que envolvem o menor número de dedos (o Si da segunda oitava, por exemplo). Apenas quando o som já está firme é que se começa a tocar as notas com mais dedos e, portanto, com maior probabilidade de escapamentos de ar. Uma exceção a esta regra geral é o método de Hugot & Wunderlich, que curiosamente indica como primeira nota o ré – justamente aquela em que há maior chance de enfrentar problemas com orifícios mal tapados. É claro que numa flauta barroca, desprovida de chaves, tal conselho seria totalmente inviável. Seja como for, desde os tempos mais antigos, o bom som tem sido considerado pré-requisito para qualquer progresso flautístico.

Ao longo dos séculos, todos os teóricos ofereceram sugestões para aprimorar a sonoridade. Notas longas são a maneira mais óbvia de fazê-lo, pois é apenas ao tocar uma nota durante o maior tempo possível que o flautista conseguirá ouvir com atenção suficientemente concentrada para poder analisar o som sob todos seus aspectos primordiais: cor, volume, limpeza, densidade, variações de dinâmica e/ou vibrato, afinação.

Exercícios de notas longas podem visar aumentar a capacidade respiratória: nesse caso a nota deve ser sustentada até o final do ar nos pulmões, sem que caia sua afinação ou mude sua cor. Há exercícios de notas longas que visam conseguir sons graves flexíveis e cheios, outros para conseguir agudos límpidos, outros ainda podem servir para conseguir homogeneidade de som em todos os registros. O estudo de notas longas sempre foi recomendado, mas se torna central a partir do século XIX, quando a igualdade de som passa a ser um parâmetro de qualidade.

Em 1827, a *Flutist's Magazine* comenta que o sistema para melhorar a produção do som mais freqüentemente recomendado pelos métodos então adotados era o de se praticar escalas. Mas o autor do artigo advoga que este método não é bom, pois estudar escalas deveria ser uma última etapa do estudo, e que o estudo exclusivo de escalas era responsável pela qualidade pífia do som dos flautistas continentais, desprovido de escopo ou variedade:

> Olhando então para a situação relativa, e para a grande similaridade entre a flauta e a voz, nos ocorre que a perfeição na qualidade de som só pode ser atingida da mesma maneira; ou seja, pelo que os italianos chamam de sol-fá – ou seja, começar uma nota bastante pianíssimo, aumentá-la gradualmente, mas devagar, até que adquira seu volume máximo, e depois mergulhá-la novamente, também gradualmente, no silêncio. Este processo deveria ser aplicado não apenas a uma nota ou uma tonalidade, mas a todas as notas e todas as tonalidades no instrumento.

E completa:

> A vantagem deste sistema é incalculável, e é tão certo que produz resultados quanto o fato de as verdades nos problemas de Euclides não admitirem qualquer dúvida. A escala *depois* de se perseverar neste sistema por algum tempo, pode então ser praticada com vantagem; mas *antes*, não podemos deixar de pensar que seria como botar o carro na frente dos bois (*James, 1827: 94-95).*[LXXXIX]

O Queixo e a Afinação

Antes de considerarmos este capítulo encerrado, é necessário mencionar um outro aspecto em que a embocadura tem papel decisivo, a afinação. Tanto Quantz, no século XVIII, quanto Moyse, séculos depois, assim como outros grandes mestres, enfatizam a importância do queixo para uma boa sonoridade e para o controle fino da afinação. Eis o que diz Quantz (1752: 52):

> Quando você toca, seu queixo e lábios devem se mover constantemente para trás e para frente, de acordo com as proporções das notas

ascendentes e descendentes. Para produzir um som cheio e penetrante no registro grave, do ré" até o ré', os lábios têm que ser repuxados para trás gradualmente, e a abertura dos lábios tem que ser feita um pouco mais longa e larga. Do ré" até o ré'" tanto o queixo como ambos os lábios têm que gradualmente ser empurrados para fora, de modo que o lábio inferior se projete um pouco mais do que o superior, e que a abertura dos lábios se torne um pouco menor e mais estreita. Não aperte os lábios demais, no entanto, ou o chiado do ar acabará sendo ouvido.[XC]

De fato, é através do movimento do queixo que se pode modificar o ângulo da flauta em relação aos lábios, de modo a corrigir sutilmente a afinação das notas, tendo esse procedimento a vantagem de deixar o lábio superior livre para moldar as notas, para obter diferentes cores de som e finalmente, mas não irrelevante, para poder estudar ou tocar por períodos mais longos sem enfrentar um cansaço excessivo dos lábios.

Já foi dito anteriormente que as oitavas na flauta são produzidas pela mudança da incidência do fluxo de ar no orifício do bocal, por meio de suaves movimentos dos lábios e do queixo. Sob este aspecto, a flauta se parece com a voz humana. Avançar o queixo e comprimir os lábios torna a abertura da boca mais estreita, posição esta ideal para as notas mais agudas. O contrário é verdade em relação às notas graves.

Existe uma Escola que defende o uso de uma embocadura inteiramente relaxada, mas mesmo esta faz diferença na posição do queixo para regular as oitavas. Este mesmo recurso pode e deve ser usado para afinar os intervalos. Ou seja, uma nota que estiver baixa demais, pode ser corrigida se o queixo for levemente levado à frente; uma nota muito alta pode ser corrigida com uma retração ligeira do queixo. Outro recurso comum é girar a flauta contra o queixo, de modo que o orifício do bocal seja mais ou menos coberto pelo lábio inferior. Uma ajuda extra pode ser dada pela maior ou menor pressão do diafragma na coluna de ar. Evidentemente que o ideal é saber usar todos esses recursos, quando necessário, com sabedoria e parcimônia.

Uma última observação. Uma das coisas mais difíceis em relação à sonoridade é aprender a exercer todos esses controles sutis de tensão dos lábios e de movimentação de queixo, simultaneamente deixando a garganta aberta e o interior da boca relaxado. Mas música é exatamente isso: um equilíbrio sempre cambiante e delicado de extremos, uma conjugação de forças opostas numa harmonia sem quebras. E por essa razão o estudo de sonoridade nunca poderá ser considerado só como uma atividade técnica. Ele reflete a musicalidade do flautista ao mesmo tempo em que desenvolve suas fronteiras.

Vibrato

Finalmente, penso que o Capítulo sobre sonoridade deve conter considerações sobre um efeito que é, freqüentemente tido como parte integrante do som: o Vibrato. Esse é um item polêmico, sob inúmeros aspectos. Os vários autores discordam sobre quanto vibrato deve ser usado, quando usar vibrato, como e com que parte do corpo se deve produzir vibrato, sobre a conveniência ou não de se ensinar vibrato, se este é uma habilidade inata ou adquirida e até sobre a necessidade (ou não) de se tocar com vibrato. Eu gostaria de parar por alguns instantes o relógio do tempo e voltar a dois ou três séculos atrás. Um dos assuntos favoritos dos musicólogos de plantão é a existência (ou melhor dizendo, a não-existência) do vibrato no Barroco assim como o entendemos hoje em dia.

O vibrato nada mais é do que o seu nome implica, ou seja, uma vibração aplicada na nota, de tal modo que ela pulsa com a rápida alteração da pressão da coluna de ar, sendo que com isso a afinação da nota também oscila levemente para baixo e para cima. Freqüentemente flautistas vibram levando a afinação apenas para cima, e a sensação auditiva, claro, é a de que o flautista está desafinando.

O problema é que não se encontra menção de tal efeito produzido com garganta ou diafragma em qualquer das fontes do Barroco. Muita gente conclui, assim, erroneamente no meu entender, que não se usava vibrato no Barroco. A coisa não é bem assim. Mesmo o método de Hotteterre (por volta de 1707) tem um capítulo que trata dos *vibrati*. Acontece que a flauta de então não tinha chaves, a não ser a do Ré#. Evidentemente é muito mais fácil obter a variação de freqüência que chamamos de vibrato com o uso de rápidas oscilações dos dedos do que com a garganta ou o diafragma. A este efeito se dá o nome genérico de *flattement* para distingui-lo do vibrato propriamente dito.

Pode-se, porém, afirmar, com base nos relatórios da época, que o *flattement* era usado abundantemente, e de qualquer maneira seria no mínimo arriscado supor que não se usava *nunca* o vibrato no Barroco. O que se deve levar em conta, isso sim, é que o vibrato era considerado um ornamento, e não uma parte inalienável do som. Assim, ele devia ser dosado com sabedoria, sem jamais se tornar um cacoete mecânico. Esse é um conselho que me parece sensato e poderia ser aplicado à interpretação da música de qualquer época. Para tanto, deve-se poder controlar a intensidade e velocidade do vibrato, da mesma forma como faz um bom violinista. E deve-se evitar a qualquer custo o vibrato de velocidade constante, maquinal, que não serve para nada além de encobrir falhas na afinação. Resumindo, usar vibrato sem pensar é tão deletério quanto não usar vibrato nenhum. O resultado é o mesmo: música que não vive e não entusiasma.

Nicholson, em seu método, dedica ao Vibrato toda uma seção, em que o classifica, acertadamente no meu entender, como ornamento. Eis o que ele diz:

> Vibrato é na verdade um ornamento que merece a máxima atenção de todos aqueles que estão ansiosos por se tornarem intérpretes refinados na flauta, e deveria se parecer com as batidas ou pulsações de um sino ou de um vidro, que descobriremos ser inicialmente lentas, e à medida que o som diminui gradualmente, assim as vibrações irão crescer em velocidade. Existem três maneiras de produzir este efeito, pelo sopro, por um movimento tremulante da flauta e pelo trilo. Se for pelo sopro, do minuto que a nota for forçada, diminua o som, e a cada pulsação subseqüente, deixe que o som se torne menos vigoroso. Quando a vibração se torna rápida demais para continuar o efeito com o sopro, um movimento tremulante tem que ser dado à flauta com a mão direita, com os lábios perfeitamente relaxados, e o som diminuído até se tornar um mero sussurro.[XCI]

Quanto à técnica do vibrato, alguns dizem que este efeito é produzido pela vibração dos músculos da garganta, outros afirmam de pés juntos que o verdadeiro vibrato é feito no diafragma. Segundo James Galway, "meus sentidos me dizem que os músculos da garganta são responsáveis por controlar a pressão, e que o diafragma apenas treme em simpatia". Já Celso Woltzenlogel afirma em seu método que:

> O vibrato é um recurso utilizado para dar vida e calor ao som, e um colorido especial às frases musicais. Por isso é necessário dosar o seu emprego para não cansar o ouvinte e, sobretudo, *nunca produzi-lo na garganta, pois causa um efeito extremamente desagradável (Woltzenlogel, 1984: 78).*

Penso que a questão é complexa, e depende, sem dúvida, da conformação inata do flautista, sendo que muitas vezes o vibrato é produzido por uma combinação dos dois métodos. O único vibrato que deve ser evitado é aquele produzido pelo tremor dos lábios, e por razões óbvias: com seus lábios tremendo, o flautista perde totalmente o controle da dinâmica e do colorido do som, sem falar da afinação e da articulação, igualmente prejudicadas. Fora isso, certamente vibrato correto é aquele que melhor funciona para cada indivíduo.

Pode-se treinar vibrato? Acho que sim, pelo menos se pode treinar o controle da velocidade do vibrato. O exercício mais comum para isso é o de tocar uma nota longa, e dividi-la inicialmente em duas pulsações, depois três, e assim por diante. Um pouco desse exercício de vez em quando não faz mal algum. É só evitar que o vibrato se torne uma obsessão. Ele deve ser realizado com uma boa dose de instinto, mais ou menos como se vibra ao cantar dentro do chuveiro: de forma natural, fluente. Qualquer professor sabe que certos alunos têm uma facilidade maior para o vibrato. Esses, evidentemente, não precisam perder tanto tempo com o estudo deste efeito.

Como já vimos acima, uma grande maneira de começar os estudos diários é tocar notas longas. Novamente, eu gostaria de sublinhar que é absolutamente necessário ter uma concepção do som que se quer obter antes mesmo de levar a flauta à boca. Deve-se tentar reproduzir, ao vivo e a cores, esta imagem mental prévia.

O estudo da sonoridade é um trabalho para toda a vida, e não uma função mecânica simples, que basta se aprender uma vez para ficar eternamente no subconsciente, uma atividade como andar de bicicleta. É por isso que os exercícios de sonoridade fazem parte do dia-a-dia de todo e qualquer flautista sério.

Capítulo IV

Articulação, ou a arte de se expressar

O sopro, a alma, o ar, são a nossa matéria principal. Mas um som ainda não é música, é preciso depois conectar os sons uns aos outros: aí entra a articulação e o falar musical. Em último lugar, vem o aspecto mecânico e técnico (Aurèle Nicolet, 1996: 32).[XCII]

De todos os aspectos que concernem o ensino e a execução de música para flauta, aquele que, para o leigo, parece ser o menos polêmico é o da articulação. Afinal, se a ornamentação e a improvisação são assuntos diretamente ligados ao estilo de uma época, se a metodologia do estudo de mecanismo depende de toda uma filosofia de vida, dos rumos da arte, da política e dos outros fatores sociais habituais, se o próprio som do instrumento conecta-se ao desenvolvimento da manufatura instrumental, e se esta, por sua vez, está intimamente ligada à concepção sonora de seu tempo, a articulação parece um assunto simples, meridiano, pouco suscetível a modas e hábitos nacionais. Afinal, todos os tipos de música necessitam variedade de articulação, e num instrumento como a flauta, esta variedade deve estar restrita ao que o corpo permite. Assim, pouco haveria de ter mudado nesses últimos séculos. Certo? Errado.

A articulação tem sido precisamente um dos assuntos mais controversos, e por que não dizer, confusos na metodologia flautística, até bem pouco. Parte da confusão vem do fato de este ser um tema relativamente recente, pois foi apenas no Barroco que os autores começaram a notar indicações de articulação em suas partituras. Ainda assim, até o século XIX, a praxe era que os intérpretes faziam todas as escolhas relativas à peça executada: articulações, dinâmicas, rubatos, respirações, ornamentações, *crescendos* e *decrescendos* não costumavam ser indicados pelo compositor, a não ser em casos muito específicos, como em obras de caráter didático, por exemplo, as sonatas para flauta de Michel Blavet.*

Mesmo depois de 1800, ainda era freqüente que o compositor deixasse ao intérprete este tipo de decisão. Além disso, durante séculos, coexistiram diversos esquemas de notação. Até que uma prática musical seja sistematizada e universalmente adotada, os compositores criam ou utilizam sistemas próprios de notação, e é exatamente esta multiplicidade que podemos constatar nos tratados que chegaram até nossos dias.

Não bastasse tudo isso, entre o século XVIII e XIX houve uma mudança gradual no que concerne à importância relativa das duas principais vertentes de articulação, qual sejam, o *staccato* e o *legato*. No século XVIII, a articulação mais importante era o *staccato*. Nos métodos da época, isso fica claro ao percebermos a imensa variedade de sílabas sugeridas para os ataques, e o papel subalterno desempenhado pelo *legato*. Mas a própria escrita musical do Barroco é mais fragmentada, as frases são mais curtas, as inflexões mais freqüentes. A tendência do século seguinte será valorizar as longas linhas ininterruptas, alongar as frases ao máximo, fazer menos respirações. Isso é refletido até pelas características dos instrumentos que dominam cada período. Uma das diferenças mais óbvias entre o cravo e o piano, por exemplo, reside no fato de o cravo ser incapaz de produzir notas *legato*.

Temos que nos lembrar que o ambiente sonoro dos dois séculos era radicalmente diferente, e não apenas no volume de decibéis francamente maior

---

* Michel Blavet (1700-1768). Flautista francês, passou algum tempo na Prússia, na corte de outro flautista célebre: o futuro rei Frederico, o Grande. Depois foi nomeado intendente de música do conde de Clermont, Grande Mestre da Loja Maçônica da França. A partir de 1723, passou a ser considerado um dos principais virtuoses da corte, e trabalhou como flautista-solista da Ópera de Paris.Com exceção de algumas peças para o teatro, sua obra consiste quase que exclusivamente de peças para seu instrumento. Seu opus 2 foi publicado em 1731 e revela, em Blavet, um compositor de grande talento e possuidor de um profundo conhecimento das regras da harmonia. Suas obras propõem aos flautistas desafios técnicos e musicais e por isso mesmo gozaram de grande popularidade, especialmente entre os nobres diletantes da época.

que o homem do Romantismo passava a enfrentar em sua vida cotidiana. As cidades se tornavam mais barulhentas, é verdade. Mas também se tornavam mais barulhentas de uma maneira diferente. Basta compararmos o som produzido pelo sino de uma igreja, conclamando seus fiéis a participarem do culto, com o de uma sirene de fábrica avisando seus operários do início do expediente. R. Murray Schafer (2001: 115-6) comenta o fenômeno:

> A Revolução Industrial introduziu outro efeito na paisagem sonora: a linha contínua. [...] Assim como a máquina de costura da Revolução Industrial nos devolveu a linha contínua nas roupas, também as fábricas, que operavam ininterruptamente noite e dia, criaram a linha contínua no som. À medida que as estradas, as ferrovias e os edifícios de superfície plana proliferavam no espaço, o mesmo acontecia com sua contraparte no tempo: e, por fim, as linhas planas do som ganharam também o meio rural, como o demonstram os lamentos do caminhão de transporte e o som grave e contínuo do aeroplano. Poucos anos atrás, enquanto ouvia o som dos martelos dos pedreiros no Takht-e-Jamshid no Teerã, compreendi subitamente que em todas as sociedades antigas a maior parte dos sons era separada e interrompida, enquanto hoje uma grande parte – talvez a maior – é contínua [...] A linha contínua no som surge como resultado de velocidade.

Assim, na música, a mudança gradual de interesse do *staccato* para o *legato* se inseria em um quadro maior e bastante complexo.

A Pronúncia da Música

Quando falamos da articulação em uma obra musical, estamos nos referindo basicamente à maneira como as notas são emitidas e se conectam umas as outras. Em termos simples, de que modo começam e de que modo acabam. Charles Schlueter, em seu delicioso livro *Zen e a Arte do Trompete*, oferece uma definição concisa e excelente:

> O que é este processo a que chamamos de articulação? Trata-se de como as notas são conectadas – seja por som ou por silêncio. Sim, também por silêncio. Uma ligadura é o som que conecta notas de alturas diferentes. Silêncio é mais difícil de definir; não é suficiente dizer "ausência de música", porque o silêncio entre as notas é tão

importante para a expressão quanto o som das próprias notas: silêncio e notas são parceiros. Uma pausa é uma notação para o silêncio. Mas todas as notas não conectadas por som (i.e. *detaché*), notas *legato* e *staccato* são conectadas por silêncio: o problema é "quanto silêncio".[XCIII]

As duas articulações principais, das quais derivam todas as outras, são o *legato* e o *staccato*. Sabemos que para criar variedade e despertar interesse em sua interpretação, é necessário ao flautista utilizar diferentes sílabas ao "pronunciar" cada nota. Essas devem apresentar um contraste agradável entre dureza e maciez, aspereza e doçura. Na flauta, uma nota soará mais ou menos suave não apenas de acordo com o volume de som que atinge, mas também, e principalmente, de acordo com o golpe de língua que recebe. Das várias combinações de sílabas de ataque e de trechos em *legato* é feito o fraseado de uma peça. Quanto a isso, não há polêmica. Mas em relação a todos os outros aspectos do assunto, a partir da própria escolha das sílabas mais propícias a uma articulação clara, já nos deparamos com um universo de teorias diferentes e até mesmo contraditórias.

Sem falar nas mudanças do gosto que ocorrem com o passar dos anos, muito depende, é claro, da nacionalidade do autor do tratado estudado. Basta pensarmos nas diversas línguas e em suas características de pronúncia para nos darmos conta das razões para tais discrepâncias. Tomemos, por exemplo, os métodos franceses do início do século XVIII, que sugerem como as mais comuns as articulações TU e RU. Um flautista francês irá pronunciar essas duas sílabas com um som que para nós, brasileiros, soa como um misto de U e I. Ou as articulações RU e LU, que para um japonês apresentam a dificuldade intransponível de soarem a seus ouvidos como a mesmíssima sílaba! A articulação DI-DEL (ou DID'LL) para um tirolês não deve apresentar qualquer problema, mas para um carioca constitui uma verdadeira tortura. Mike MacMahon, professor de fonética do Departamento de Inglês da Universidade de Glasgow, chama a atenção para a influência das características nacionais sobre a articulação:

Outra coisa que acho relevante é a maneira pela qual os franceses posicionam a língua ao falar; é bem diferente do modo como se faz, na maior parte das variedades do inglês. Para o francês, a maior parte da língua fica bem para a frente, na boca: é como se ela se balançasse a partir de um ponto-âncora atrás dos dentes inferiores da frente; em inglês, este ponto-âncora é muito mais para trás: os lados da língua tocam os dentes laterais superiores e a língua "trabalha" a partir desta posição. Isso tem implicações importantes para o modo como dizemos às pessoas que comecem a articular notas na flauta. A visão popular, de que os ingleses não abrem a boca para falar, mas os franceses sim, contém muita sabedoria.[XCIV]

Na mesma linha de pensamento, eis o que diz John Wion, em seu fascinante *site* da Internet:

A maior parte dos flautistas franceses usa articulação frontal (forward) ou labial, enquanto a maior parte dos flautistas americanos usa articulação atrás dos dentes, no palato duro. A articulação natural advém da língua natal: a língua francesa é falada muito para frente tanto nos lábios quanto na língua, e a consoante T é bem definida. Americanos tendem a falar mais para trás e o T freqüentemente vira D, ou mesmo perde qualquer definição no discurso. Assim, um americano que queira articular na flauta da maneira francesa terá que fazer algo que não lhe vem naturalmente.[XCV]

Quantz já havia constatado a mesmíssima coisa, em meados do Setecento: "Aqueles acostumados ao dialeto da Saxônia do Norte devem tomar cuidado especial para não confundirem o T com o D" (Quantz, 1752: 72).[XCVI] Escrevendo para alemães, ele também se dá conta de que as sílabas TU RU recomendadas pelos teóricos franceses teriam melhor efeito se vertidas para TI e RI.

Instâncias de inadaptação silábica devida à origem natal de cada intérprete poderiam ser listadas indefinidamente, mas este seria um exercício redundante. Os casos acima servem, no entanto, para nos mostrar o quanto é necessário cautela quando nos debruçamos sobre os tratados do passado, e quando tentamos aplicar seus preceitos ao nosso mundo e à nossa realidade. Temos sempre que procurar contextualizar os ricos documentos que nos chegam às mãos. Já no século XVIII os autores estavam cientes do perigo de se criar regras rígidas para estabelecer as articulações apropriadas. Antoine Mahaut diz, em 1759:

> Antigamente a articulação de língua usava as sílabas TU e RU, que eram suficientes para a música de épocas do passado, quando as notas eram quase sempre agrupadas duas a duas. Não acontece mais a mesma coisa em relação à música moderna, que requer diferentes tipos de articulação para expressar notas ligadas e destacadas. Cada intérprete deveria tentar desenvolver a articulação mais precisa possível, de acordo com sua habilidade natural e sem se preocupar demais com as várias sílabas *(Mahaut, 1759: 21).*[XCVII]

Uma Escolha Pessoal

É interessante perceber que Mahaut, assim como Corrette, quatorze anos depois, faz pouco da articulação TU RU (associada à execução de *notes inégales*), e também não se dá ao trabalho de apresentar todas as alternativas possíveis, que deviam lhe parecer óbvias.

> Antigamente as pessoas se serviam de duas sílabas, TU e RU para exprimir os golpes de língua: mas o virtuoso de hoje em dia não utiliza mais TU e RU; e considera isto como uma coisa absurda que só serve para envergonhar o estudante *(Corrette, 1773: 20).*[XCVIII]

Parece que a articulação TU RU, originária da França, deixou de ser utilizada neste país por volta de 1735. Porém continuou adotada na Alemanha, sendo mencionada por Quantz, que sugere TI RI, além de TI DI e DID'LL para articular os golpes compostos. Ainda que o mestre alemão, com seu espírito detalhista e científico, se esforce por esgotar o assunto, o mais comum no período Barroco é que a escolha da articulação apropriada para cada passagem seja deixada por conta do indefectível "bom gosto", tão evocado pelos autores do século XVIII. Afinal, era para isso exatamente que serviam os mestres com seus exemplos: para mostrar de que modo a música deveria soar. Em seu tratado, Tromlitz (1791: 153) se refere a Quantz, seu predecessor, de modo aparentemente respeitoso, mas deixando entrever um mal-disfarçado despeito. Em relação às sílabas recomendadas por Quantz, ele declara ser o "i" uma vogal pouco apropriada e defende o uso do "a", mais aberto, em seu lugar. E indica DA e TA como as articulações principais.

Charles De Lusse, talvez o mais audacioso de todos os teóricos da flauta, distinguia cinco diferentes golpes de língua: (1) o obrigatório, em que se deve articular a consoante T; (2) o *perlé*, em que o TU é pronunciado na borda dos lábios, e só serve "para movimentos alegres ou vivos", sendo indicado por pontos encimados por ligadura:

VI. De Lusse: perlé.

(3) o "tac aspiré", em que se usa apenas a "ação dos pulmões" articulando a sílaba HU, é anotado da mesma maneira que o *perlé*, e é utilizado apenas em movimentos "lentos e ternos";

VII. De Lusse: aspiré.

(4) o golpe duplo, que se faz "fechando os lábios sobre os dentes, mas mantendo sempre a língua na boca de maneira que indo e vindo com uma rapidez extrema sobre o palato ela pronuncia a sílaba LOUL", designado por traços quebrados sobre as notas;

VIII. De Lusse: golpe duplo.

(5) Finalmente, a síncope, "junção de duas notas pertencentes a dois tempos diferentes do compasso", que se exprime por T-HÉ". Coerentemente, a ligadura não se encontra descrita entre os golpes de língua, mas sim numa seção própria (De Lusse, 1761: 4).[XCIX]

IX. De Lusse: síncope.

Seja como for, o fato é que não há um consenso verdadeiro sobre quais sílabas adotar, nem mesmo a respeito de quando utilizar articulações mais "duras" ou mais "macias". Outro assunto polêmico diz respeito à utilização da língua na produção do *staccato*. A maior parte dos autores franceses do século XIX, seguindo Devienne, recomenda que a ponta da língua bata nos dentes da frente quando o flautista pronunciar o "TU". Já o "DU", de articulação mais macia, seria produzido pela língua encostando levemente na interseção entre palato e dentes, e se retraindo rapidamente para emitir o som. O hábito de "bater com a língua nos dentes", literalmente, era rechaçado pelos ingleses, e durante o século XIX acabou sendo rejeitado também pelos franceses. Berbiguier e Drouet, a exemplo de Wragg (por volta de 1800), Gunn (1793), Nicholson (1820) e Lindsay (1828) condenaram veementemente esta prática. Ao invés de tocar nos dentes, sugeriam que a língua encostasse diretamente nos lábios, tomando cuidado para não os ultrapassar. Como podemos ver acima, De Lusse também recomendava que se mantivesse sempre a língua dentro da boca. Parece engraçado chamar a atenção para um defeito de articulação tão óbvio que chega a soar implausível. Mas não devia ser apenas o fruto de imaginações férteis em excesso, pelo menos a julgar pela seguinte observação de Rockstro:

> Alguns executantes ingleses da presente geração reservavam-se a perpetração do delito de fazer projetar a língua na articulação. Em sua forma mais branda isto constitui um cecear, mas às vezes era

levado a tal extremo que passava a se constituir em autêntico cuspir. Felizmente este hábito tão deletério é raro, e condenado com veemência pela opinião pública (Rockstro, 1890: § 740).[c]

Aparentemente todos concordavam que não se deveria cuspir ao tocar flauta! Mas o próprio fato deste hábito ser mencionado, indica a existência de um certo número de flautistas que não se incomodavam nem um pouco em dar uma cuspidela de vez em quando! É surpreendente não existir unanimidade nem mesmo em relação a um fato que nos parece acima de qualquer dúvida: que a articulação é produzida por golpes de língua! Por incrível que pareça, até isso foi contestado. No Prefácio às suas *Seis Sonatas para Flauta*, publicadas em 1753, Joachim Von Moldenit afirma peremptoriamente que são os lábios os responsáveis pela articulação:

> Pois se cada nota deve ser pronunciada distintamente, é apenas o lábio que pode fazê-lo ao separar e destacar os sons que nascem sobre ele [...] E o que deve fazer a língua? Nada. É esta a idéia que deve nortear as pessoas, até que não tenham total domínio de seus lábios. Quando estiverem no ponto de exprimirem os sons distintamente pelo lábio, descobrirão que a língua não tem lá grande coisa a fazer, e que mesmo nas passagens em que seus golpes são necessários [...] ela só faz confirmar os golpes do lábio, e isto porque se a língua pode dar algum vigor ao vento, ela não pode, no entanto, separar os sons, nem lhes proporcionar redondeza *(Moldenit, 1753: 185)*.[ci]

Poucos autores chegam a defender posição tão radical. Mas há aqueles que adotam um prudente meio-termo, como ocorre no método de um autor anônimo, de 1788 (p. 53): "Para fazer com que este instrumento fale bem, é preciso que a língua e o lábio ajam de comum acordo; é este movimento composto que articula os sons".

Johann Joachim Quantz sustenta que a língua é o elemento fundamental na articulação:

> É a língua que faz com que, na flauta, as notas possam ser vivamente expressas. Ela é indispensavel para a expressão musical; e faz aquilo que os golpes de arco fazem no violino [...], pois é a língua apenas

que, em todas as peças, deve animar a expressão das paixões, seja ela qual for: sublime ou melancólica, alegre ou agradável *(Quantz, 1752: 71)*.[CII]

Mas independente do meio de produção do ataque que cada autor julga apropriado, existem fatores externos que influenciam esta produção, não só o gosto de cada um, mas sua nacionalidade ou mesmo destreza pessoal. Cada autor tinha uma teoria a respeito de qual sílaba melhor se adaptava a esse ou aquele ataque, e naturalmente tentava defender o seu ponto de vista. Mas a diversidade de ataques era encarada como um dos aspectos da própria multiplicidade humana. Atualmente, num giro de 360 graus, já existem autores que reconhecem esta diversidade como riqueza, e não mais como um problema. É o caso de Karl Barton (1996: 52), que em recente artigo declara:

> De todos os instrumentos de sopro, a flauta tem a maior liberdade de articulação. Liberta de palhetas, bocais ou pressão de lábios extrema, a língua pode se mexer com relativa liberdade dentro da boca. Quando a língua se combina com sutis movimentos dos lábios, o flautista é capaz de enunciar em virtualmente todas as maneiras possíveis, assim provendo o flautista com um meio de expressão fonética sem paralelos no mundo dos instrumentos musicais acústicos.[CIII]

Uma Classificação Problemática

No caso específico da articulação, além dos fatores nacionais e temporais citados acima, há outras fontes de multiplicidade, até mesmo no que diz respeito à notação das várias articulações. É só no século XIX que a grafia dos sinais de articulação começa a ser sistematizada. Assim, no período anterior, nas poucas vezes em que a articulação era sugestão do autor, a grafia foi indicada de modo bastante idiossincrático. Mas a ambigüidade a respeito da articulação está presente até mesmo no ponto de partida de qualquer discussão teórica, ou seja, na definição propriamente dita do que vem a ser o termo "articulação". É o que se vê, por exemplo, em pleno século XX, no artigo de Barton, que ainda acha necessário definir qual o seu principal assunto:

O conceito de articulação quase sempre está intimamente ligado com o de fraseado e com a maneira pela qual uma nota se une às outras notas que a circundam. No entanto, para os propósitos deste artigo, a articulação é definida como o meio de ataque que inicia o som, ou uma ação que interrompe ou quebra um som contínuo no tubo da flauta. *(Barton, 1996: 52).*[CIV]

Parece razoável afirmar que Barton se preocupa com o início de cada som, mas não com o seu fim. Assim, ele estaria excluindo o *legato*, por exemplo, do âmbito de qualquer discussão sobre articulação. De fato, se já é difícil definir o quê, exatamente, vem a ser articulação, mais complicado ainda é identificar com precisão os vários quesitos que o termo engloba. Apenas como um exemplo, tomemos o caso do *staccato*.

Em relação a esta articulação tão comum para a flauta, a falta de definição pode se dar de várias maneiras. Pode ser de ordem semântica: alguns autores consideram o *staccato* como um tipo de ataque, seco e duro. A maior parte dos autores, no entanto, irá defini-lo apenas como um sinal que afeta a duração da nota. De acordo com a premissa de Barton, por exemplo, a definição que se concentra na duração da nota automaticamente retiraria o *staccato* do rol dos sinais que estabelecem as articulações.

Outra confusão pode ser de valor: mesmo para dois autores que concebem o *staccato* como um sinal que altera o comprimento de um som, existem discordâncias enormes quanto à medida desta alteração. Para um autor, o *staccato* é um sinal gráfico que encurta a nota em metade de seu valor; para outro, é um sinal que encurta a nota em ¾ de seu valor. A imprecisão também pode dizer respeito à categoria: freqüentemente assuntos como ornamentação, respiração e acentuação aparecem misturados ao conceito do que é articulação.

No próprio século XVIII, já havia vários autores plenamente conscientes de que esses conceitos ainda não estavam suficientemente claros, que alertavam o leitor para tentar separá-los em sua mente. Em seu *Método, n*o capítulo referente à articulação, Corrette (1773: 20) repara que se faz "vários golpes de língua sem retomar a respiração, e retoma-se a respiração ordinariamente apenas ao fim de uma frase".[CV] O autor está pensando em um defeito básico, que é o de respirar a cada novo ataque, ou seja, confundir ataque com respiração.

É necessário distinguir entre articulação e respiração, outro conceito não menos obscuro para o intérprete que se aventura no repertório do Barroco. Na verdade, existe até quem defenda a conveniência de, vez por outra, usar a respiração misturada à articulação propositalmente: De Lusse e Lorenzoni são os primeiros autores no século XVIII a sugerir o uso da respiração como articulação. Ambos recomendam o uso do H como um recurso a ser usado no caso de síncopes, geralmente associado a uma articulação mais ativa como o DI-HI de De Lusse ou o T'HÉ de Lorenzoni.

Tromlitz reconhece o efeito por ele denominado de "marcar uma figura com o peito", o qual deve ocorrer apenas ocasionalmente. Esta técnica, diz ele, não pode ser considerada regra e nem deve ser usada no "curso normal das coisas, pois resultaria num jeito de interpretação nojento e deplorável" (Tromlitz, 1791: 151).[CVI]

Para os flautistas de hoje o recurso parece pelo menos esdrúxulo, quando não absurdo de todo. Mas existem de fato instâncias, não necessariamente sincopadas, em que esta articulação de efeito sussurrante é bem apropriada ao *affekt* de uma obra. Um bom exemplo é o final da *Sarabanda* da *Sonata V* de Boismortier. Este movimento acaba com uma espécie de eco melancólico (indicado pelo editor com o termo *piano*), quase um suspiro, para o qual o uso de uma articulação desprovida de língua, e, portanto sem início definido, cria um efeito de tocante beleza, quase fantasmagórico:

X. *Boismortier:* Sonata para duas flautas, Sarabanda.

Vale aqui acrescentar um pequeno aparte sobre De Lusse. Seu método de flauta, assim como suas composições, atestam uma curiosidade enorme a respeito do instrumento e de suas possibilidades técnicas e expressivas. De Lusse envereda por caminhos totalmente novos, ao escrever obras que contém articulações inéditas como a descrita acima, sons harmônicos (até hoje considerados técnicas especiais moderníssimos para a flauta!), efeitos de eco, passagens de tal virtuosismo que mesmo em uma flauta moderna são de execução dificílima, abreviações musicais insólitas, todo o tipo de novidade. Espírito inquieto e ousado, sempre procurando expandir os limites da música de seu tempo, devia ser um flautista deveras fascinante. Que pena que ainda não existiam registros sonoros em 1761!

Devemos ter em mente, no entanto, que apesar de não ser o único a explorar articulações experimentais, De Lusse era certamente um pioneiro, cujas idéias estavam longe de serem adotadas por todos os seus contemporâneos. Assim como outros teóricos da época, suas sugestões para a grafia dos sinais de articulação também não refletiam o uso comum, mas sim suas próprias inclinações. O problema é que não havia uma unanimidade verdadeira nem quanto à execução nem quanto à notação das articulações. Esta pluralidade de execução e grafia permeia toda a música do Barroco e se estende quase até a nossa era.

As Variantes do Staccato

Ao consultar o nosso mais importante dicionário, o *Aurélio*, encontrei a seguinte definição para o *staccato*: "Na técnica dos instrumentos musicais, sinal de intensidade representado por um pontinho ou uma espécie de acento agudo sobre as notas ou sob elas, e que indica que o som deve ser interrompido mediante um toque seco e breve". Já o *Harper's Dictionary of Music* (Ammer, 1973: 342) afirma que o *staccato* é "uma instrução para executar uma nota rapidamente, levemente, e separada das notas que vêm antes ou depois dela".[CVII] Naturalmente, estou ciente de que o *Aurélio* não é um dicionário especializado em música. Mas reflete, de certa forma, o senso comum. A simples comparação entre essas duas definições já nos mostra que não existe, até hoje, uma total anuência em relação à função das articulações mais básicas. Na verdade a definição do *Aurélio* claramente considera o *staccato* como um acento (daí a referência à intensidade!), e não como um símbolo que afeta a duração da nota. Já a definição do *Harper's* considera primariamente o comprimento da nota.

Curiosamente, perdurou até o nosso século esta indefinição acerca do significado dos sinais indicativos de *staccato* e da utilização de acentos neles implícitos. Certos teóricos tentaram estabelecer sinais gráficos diferentes para distinguir acentos de articulações, mas esses nunca chegaram a ser universalmente adotados. A tal ponto que até compositores modernos (Schoenberg, por exemplo) julgaram importante oferecer, à guisa de prefácio, uma espécie de bula para a interpretação das articulações, semelhantes às tabelas de ornamentos da França barroca.

Mas mesmo no que diz respeito à notação do *staccato*, não existe propriamente uma regra que se aplique a todos os autores. Donington (1973: 285) observa que "pontos, traços, cunhas são sinais de *staccato* que não se distinguem uns dos outros senão muito tardiamente no período barroco, quando o ponto tendia (não mais do que isso) a implicar em um *staccato* mais leve".[CVIII] E para Boehm a articulação é indicada de 3 maneiras diferentes:

> Um *staccato* curto por pequenas linhas; menos *staccato* por pontos, e um *staccato* totalmente suave por pontos sobre os quais há uma ligadura, indicando que o som deve meramente ter um novo impulso, mas que a corrente de ar não deve ser interrompida (*Boehm, 1871:147-8*).[CIX]

Até se cristalizar nesta explicação bastante simples, que já corresponde aos atuais critérios de notação, a própria acepção dos termos que designam as diferentes articulações parece ter sofrido transformações ao longo do tempo. Carnaud, em seu método de Flageolet, afirma que:

> O *spiccato* ou *piqué* se marca por pontos redondos acima das notas. Eles indicam que estas devem ser sustentadas apenas durante a metade de seu valor e devem ser completadas por pausas deste mesmo valor. O *staccato* ou *detaché* se marca por pontos alongados; eles indicam que se deve fazer apenas um quarto de seu valor (*Carnaud, s./d.: 10*).[CX]

Ora, se pensarmos de um ponto de vista moderno, esses conceitos estão evidentemente invertidos! Mais ainda: para nós o *staccato* não é sinônimo de *detaché*. Este último termo seria explicado atualmente como sendo um adjetivo aplicado a notas separadas, mas não particularmente curtas. Aquelas que Boehm descrevera como tendo um ponto e uma ligadura. Em Hugot & Wunderlich (1804: 7)[CXI], vemos novamente a mesma inversão:

> O *detaché* deve ser executado com golpe de língua seco e bem articulado sobre cada nota...[71]; o *coulé* se executa ao dar um golpe de língua apenas sobre a primeira nota; para executar bem o *piqué* é preciso destacar cada nota aveludadamente ao levar a língua ao palato, sem forçar e sem fechar os lábios demais, pronunciando a sílaba DU.[72]

Hugot e Wunderlich explicam também em que casos devem-se usar sílabas diferentes no golpe de língua: em geral, TU; mas quando a passagem é rápida, DU. Explicam também que "apesar de não se poder prescrever regras invariáveis sobre este assunto, pode-se dizer, no entanto, que é preciso

---

[71] (Hugot & Wunderlich, 1804: 7). O exemplo musical é de colcheias encimadas por sinais em forma de cunha e com a sílaba TU abaixo de cada nota.

[72] (Hugot & Wunderlich, 1804: 7). No exemplo, colcheias encimadas por pontos e ligadura, com a sílaba DU abaixo de cada nota.

empregar geralmente o *coulé* nos trechos lentos e de um gênero gracioso, e o *detaché* nos trechos vivos" (Hugot & Wunderlich, 1804: 9).[CXII] O duplo golpe – vivamente condenado por Devienne, autor do método mais bem sucedido na França até então – não é mencionado.

Vanderhagen, autor de um dos mais consistentes e interessantes métodos da segunda metade do século XVIII, faz uma declaração no mínimo intrigante:

> Existem diferentes maneiras de se fazer o golpe de língua, a saber o golpe de língua aveludado, que parece ligar um som a outro, e o golpe de língua seco que serve para destacar os sons. O primeiro se exprime por TU e o segundo por TÉ. O *coulé* serve para ligar várias notas juntas. Enfim, não se poderia formar canto algum sem empregar um e outro; portanto o golpe de língua e o *coulé* servem ao instrumento de sopro assim como o arco serve ao violino *(Vanderhagen, ca.1790: 216)*.[CXIII]

Se Vanderhagen parece ser o único a fazer uma distinção entre TU e TÉ, recomendando esta última sílaba para o *staccato*, certamente não está sozinho ao reduzir ao *staccato* e ao *coulé* os dois elementos primordiais para a construção do fraseado.

O Legato

Os únicos sinais normalmente usados pelos compositores até o fim do Barroco para indicar diferenças de articulação eram a ligadura e o *staccato* (em todas as suas variadas grafias!). Mesmo assim, essas indicações eram muito pouco freqüentes. Com o correr do tempo, ao passo que os compositores buscavam um domínio total sobre o resultado final de suas obras e o intérprete perdia terreno, procurou-se uma precisão cada vez maior em relação às instruções interpretativas, e outras formas de sinais de articulação foram aparecendo, juntamente com sinais indicativos de dinâmica e até mesmo sugestões de inflexões de andamento, que previamente eram muito raras. Ainda que não houvesse um consenso geral sobre quais sinais deviam ser usados, estes passaram a ser cada vez mais habituais na literatura musical do século XIX.

Tanto a grafia quanto os significados principais da ligadura permaneceram relativamente constantes, apesar de seu método de emprego variar significativamente de acordo com as convenções de cada época ou região. Com exceção do caso em que a ligadura é escrita sobre uma série de notas iguais, denotando *portato*, ela costuma indicar que notas diferentes devem ser executadas de um sopro só, de uma arcada só, sem interrupção, ou seja, *legato*.

Peter Prelleur (1730-1: 9) oferece uma descrição simples do *legato*: "ligadura (*slurring*) é quando duas ou mais notas são passadas com apenas um toque de língua, que é marcado por uma linha curva sobre ou sob a haste das notas".[CXIV] O dicionário *Aurélio* define ligadura da seguinte maneira: "Linha curva, de dimensão variável, que une duas notas iguais, juntando o valor de ambas, ou indica que duas ou mais notas de nomes diferentes devem ser executadas sem interrupção do som".[73] Com esta descrição básica concorda a maioria dos autores estudados. Também existe unanimidade em relação à pouca importância do *legato* quando se pretende discutir articulação. Em relação ao *staccato*, o *legato* fica relegado a uma posição totalmente secundária. De fato, é possível argumentar que a única articulação verdadeira é o *staccato* e sua pletora de variações. Afinal, o *legato* é intrinsecamente a ausência de *staccato*, ou uma não-articulação. O *legato* pertence, portanto, ainda mais do que qualquer ataque, ao domínio instrumental interpretativo, e não técnico.

Até mesmo a nomenclatura do *legato* mostra essa característica. Na França, por exemplo, encontramos a palavra *coulé* para designar não apenas uma ligadura, mas também um ornamento, uma espécie de *port-de-voix*. E quando finalmente os sinais de articulação começam a ser adotados, o *legato* passa a ser visto como indicador de expressividade na música, nem sempre implicando numa ligadura verdadeira entre os sons.

A ligadura aparece descrita no *Grove Dictionary of Music* como sendo "em notação musical, uma linha curva (ou colchete aquadradado, etc) que

---

[73] Observamos aqui um fato curioso: a definição do *Aurélio* denota um espírito francamente barroco, ao imaginar que "duas ou mais notas de nomes diferentes" são, necessariamente, duas notas de altura diferente. Se pensarmos do ponto de vista "contemporâneo", mi sustenido, fá natural, e sol dobrado bemol, por exemplo, são notas de nomes diferentes e altura igual!

se estende sobre ou sob uma sucessão de notas para indicar seu agrupamento como unidade coerente, por exemplo, num *legato*...".[CXV] Aqui, é evidente que o dicionarista se refere a uma ligadura fraseológica. E na verdade esta indicação sai do âmbito da simples articulação para se introduzir no das indicações relativas à interpretação, tais como o *rubato*.

A indicação *molto legato*, por exemplo, não deixa de ser ilógica. Afinal uma nota *staccato* pode ser mais ou menos curta, pode ser atacada de maneiras diferentes, com maior ou menor agressividade. Mas só se pode ligar notas de uma única maneira. Duas notas *estão*, ou *não estão* ligadas. Então, na verdade o *molto legato* é uma indicação (subentendida por qualquer intérprete!) não relativa ao ataque ou ao comprimento das notas, mas sim à sua expressividade implícita. Como já vimos, esta é a tendência de todos os símbolos relativos à articulação. Mesmo quando finalmente são adotados por compositores, continuam a ser vistos pela maioria dos músicos como indicadores de expressividade na música, e seu subtexto é geralmente assimilado por todos.

É fascinante perceber que a própria origem etimológica de um termo nos dá uma pista para os hábitos interpretativos de uma época ou de um povo. O *legato* italiano tem a mesma origem do nosso "ligar", qual seja, colar uma nota à outra. Mas o termo francês "couler" significa correr, fluir, escoar. Uma nota não é ligada à outra, mas ela escorre para dentro da outra, como a água do rio que se mistura à água do mar. O termo carrega em si uma força expressiva que não carece de explicação. Existia a palavra correspondente a ligar (*lier*), mas esta, para alguns autores, se restringia ao caso de duas notas de mesmo grau, que "formam um mesmo som quando são ligadas juntas" (Bordet, 1755: 6).[CXVI]

Tal sutileza nós não possuímos na língua portuguesa. Mas em inglês, assim como em francês, há dois termos distintos, "tie" e "slur". Segundo o *Cambridge Learner's Dictionary*, "tie" significa juntar duas coisas usando corda ou barbante, enquanto "slur" é "falar sem separar suas palavras claramente, freqüentemente porque você está cansado ou bêbado".[CXVII] Uma diferença tênue, mas importante para definir aquilo que, em português, descrevemos apenas como ligar.

Ao pensarmos nas origens etimológicas dos termos referentes à articulação, chegamos mais perto de uma definição simples para eles. O staccato, por exemplo vem do particípio passado do verbo italiano staccare, abreviação de distaccare, vindo do francês obsoleto destacher, que por sua vez deriva do francês antigo destachier. Todas essas palavras podem ser vertidas simplesmente por destacar, separar. Não há nelas qualquer implicação de acento ou dureza de ataque.

É interessante observarmos que para grande parte dos teóricos, assim como ocorrera com o staccato, articulação e ornamentação andam de mãos dadas. Ao falar do coulé (o legato), Hotteterre emenda: "o Port-de-voix é um golpe de língua antecipado de um degré [um tom ou semitom] abaixo da nota sobre a qual se deseja fazê-lo. O coulement é tomado um degré acima, e não se pratica senão nos intervalos de terça descendente".[CXVIII] Em 1788, o mesmíssimo texto pode ser encontrado num método publicado na França, sob o nome de Encyclopédie Méthodique, Arts et Métiers Mécaniques (Anon.,1788: 48). A designação do portato como golpe de língua, e não ornamento, é bastante comum, e permanece durante muitos anos nos métodos de flauta da Europa. Outra associação que aparece com freqüência até o início do século XIX é a de coulé e inégalité. Carnaud diz:

> O coulé colocado sobre várias notas diferentes indica que é necessário ligá-las com um único coup de gosier[74] ou golpe de arco. É preciso apoiar a primeira das notas ligadas e dar à última a metade de seu valor. A segunda nota coulée conserva seu valor integral apenas quando é mais longa do que a primeira (Carnaud, s./d.: 10).[CXIX]

Fica evidente por esta citação que, ao seguirmos as instruções de Carnaud, teremos um trecho tocado de maneira desigual, com as famosas notes inégales. Finalmente, o piqué, ou detaché, ou louré, às vezes se inscreve como uma categoria de staccato, às vezes como um sub-tipo de legato: "O portato ou porté se marca por pontos coroados por um coulé, o que indica que se deve sustentar as notas umas sobre as outras, sem as separar ou ligar".[CXX] Uma outra maneira de indicar o portato é uma linha ondeada por cima das notas.

[74] Literalmente, golpe de gogó!

Quando essas têm a mesma altura, a linha sinuosa cumpre a mesma função dos pontos encimados por ligaduras, durante a maior parte do século XVIII. Caso aparecesse sobre uma única nota (como uma espécie de cobrinha individual), podia servir como indicação de que aquela nota devia ser dividida em várias notas *portato* repetidas, ou ainda que a nota em questão deveria ser executada com algum tipo de *tremolo* ou vibrato.

A Inegalité e Outros Efeitos Rítmicos

Vale a pena seguir investigando as outras definições de Carnaud. Ele assegura que:

> O *saccadé* é uma seqüência de notas alternadas longas e breves; a nota longa que é sempre pontuada não se sustenta: o ponto deve ser elidido e substituído por um silêncio equivalente. A nota curta deve ser jogada sobre a longa (*Carnaud, s./d.: 10)*.[CXXI]

Novamente estamos aqui diante de uma assimilação de conceitos. O autor parece estar se referindo a *inegalité*, um hábito de execução na música do Barroco francês que consiste em tocar de modo desigual notas grafadas da mesma maneira. Apesar de intimamente ligada ao tipo de articulação utilizado, sendo sua causa e/ou efeito, não nos ocorreria, hoje em dia, classificar este hábito entre as articulações possíveis! Mas o fato é que a *inegalité* e outros hábitos de deformação rítmica permaneceram dentro da seara da articulação durante longo tempo. No verbete "Articulation marks", do *Grove Dictionary of Music*, Clive Brown esmiúça um desses hábitos ao afirmar que:

> Existem inúmeras referências a este estilo de execução, em que a primeira nota sob uma ligadura receberia um acento (algumas vezes agógico) e a nota final seria encurtada. Este modo de execução parece ter sido mais normal no século XVIII do que no século XIX [...] Alguns escritores do século XIX, incluindo Czerny, limitavam este tipo de execução a grupos de duas ou três notas e é claro que muitas ligaduras, particularmente sucessões de ligaduras mais longas começando em pulsações metricamente fortes, pretendiam meramente indicar um legato geral.[CXXII]

De fato, nos tratados barrocos, a desigualdade rítmica aparece com freqüência associada à articulação. E é fácil perceber por quê. Ao invés de recomendar articulações simples (TU TU TU, DU DU DU) para a maioria dos casos, como em nossos dias, os autores do século XVIII privilegiavam articulações compostas. E o resultado natural de articulações compostas é que, ao usarmos diferentes sílabas para executar notas de mesmo valor, essas têm seu ritmo deformado. Durante o século seguinte, as articulações compostas passam gradualmente a serem vistas como um mal necessário, um recurso ao qual se devia recorrer apenas quando a articulação ideal, isto é, simples, era impraticável devido à velocidade de uma determinada passagem.

Para vermos de que maneira mudam as modas musicais, basta constatarmos que no século XVIII não apenas a *inegalité* era tomada como parte da linguagem de certos estilos (particularmente na música francesa), mas sua existência era considerada positiva e um verdadeiro alívio para a monotonia. A regularidade de articulação, essa sim, é que era condenável. Assim, a variedade de sílabas para o ataque das notas era recomendada vivamente. Prelleur observa:

> Para tornar a execução mais agradável, e para evitar muita uniformidade nos ataques, pode-se variá-los de diversas maneiras; por exemplo, pode-se servir de duas articulações principais, quais sejam TU e RU. O TU é o mais usado, e pode-se usá-lo para quase tudo, sobre as mínimas, semínimas, e a maior parte das colcheias: pois quando essas se encontram na mesma linha, ou saltam, utiliza-se o TU. Quando sobem ou descem por grau conjunto, usa-se também o TU, mas sempre misturado ao RU [...] *(Prelleur,1730: 7).*[CXXIII]

E ele esclarece:

> Deve-se observar que o TU e o RU se regulam pelo número de colcheias... Quando o número é impar, se pronuncia TU RU (...) Quando é par, se pronuncia TU para as duas primeiras colcheias, depois RU alternadamente [...] *(Prelleur, 1730: 7).*[CXXIV]

Prelleur está se referindo aqui à articulação que, um século mais tarde, e ligeiramente modificada (o RU cai em desuso, sendo substituído por DU) seria chamada de golpe de língua composto. Em 1906, Altès (1956: 212) observa que existem cinco meios diferentes de articular os sons. Ele os classifica como golpe de língua simples (TU), golpe de língua louré (DU), composto (TUDU), duplo (TUKU) e triplo (TUKUTU). Ao contrário de Prelleur e de Hotteterre, Altès alerta para a irregularidade rítmica resultante do uso do golpe de língua composto, considerada um problema a ser corrigido!

Para Jacques Hotteterre a desigualdade ainda era atraente, em 1707:

> Deve-se observar que não se deve sempre tocar as colcheias igualmente, e que em certos compassos deve-se fazer uma longa e uma breve, o que também se regula pelo número. Quando é um par, se faz a primeira longa e a segunda curta, e assim por diante. Quando é ímpar se faz exatamente o contrário: a isso se chama pontuar (*pointer*). Os compassos em que se faz isso mais habitualmente são os de dois tempos, tempo ternário e o de seis por quarto (*Hotteterre, 1707: 24*).[CXXV]

E antes que se imagine que apenas os franceses defendiam a prática da *inegalité*, vejamos o que diz Quantz:

> Em passagens rápidas, o golpe simples de língua não produz um bom efeito, já que faz todas as notas iguais, e para ser conforme ao bom gosto elas devem ser um pouco desiguais. Assim, os outros dois jeitos de se usar a língua devem ser empregados, ou seja, TI RI para notas pontuadas e passagens moderadamente rápidas, e DID'LL para passagens muito rápidas (*Quantz, 1752: 74*).[CXXVI]

Se é bem verdade que a prática das notas desiguais acabou por cair em desuso, é também verdade que certos hábitos se recusam a desaparecer com facilidade. Na correspondência de Brahms com Joachim, fica evidente que, pelo menos no que diz respeito à música para piano, "Brahms considerava o encurtamento da segunda nota em um par de notas ligadas como obrigatório, e um tratamento semelhante de grupos mais longos como 'uma liberdade e refinamento na execução, o que, com certeza, é geralmente apropriado'" (GROVE, *op. cit.*, verbete *Legato*).[CXXVII]

Vimos, portanto que até o século XIX a *inegalité* é freqüentemente associada à articulação. Mas existem outros efeitos de distorção rítmica que se encontram no mesmo caso. Desses, talvez o mais surpreendente seja a síncope. Para Bordet, em 1755, as articulações[CXXVIII] se dividiam em *coulé* (o nosso *legato*), *perlé* (ligadura com pontos sobre as notas *staccato\legato*)[75]; *detaché*[76], *piqué et coupé*[77], e finalmente... *sincopé*[78]. De Lusse também, como já vimos anteriormente, classifica a síncope como um dos golpes de língua. Hoje em dia, em qualquer método de flauta, as questões referentes à síncope se encontram em seção totalmente diferente do capítulo sobre articulação!

Interpretação Versus Mecânica

Esta imprecisão classificatória não deveria ser fonte de surpresa. Afinal, como já vimos anteriormente, a prática interpretativa ainda não estava dividida em partes estanques. Entre os vários aspectos interpretativos associados à articulação, figura com destaque a acentuação das notas. Ao continuarmos a leitura do método de Carnaud, é no mínimo curioso encontrarmos, num capítulo dedicado à articulação, uma explicação sobre o *scandé* (termo que poderíamos traduzir como escandido) – a inflexão exercida sobre as notas para qualificá-las como pertencentes a compassos diferentes. Aqui se percebe claramente como, ao contrário do que se pensa hoje, articulação englobava toda a maneira de se pronunciar a língua-música, e não só a maneira de separar ou conectar as notas.

> O *scandé* é uma maneira de apoiar sobre a primeira nota de cada tempo ou de cada grupo de notas. Por exemplo, o compasso de 3/4 e o de 6/8, que contém cada qual seis colcheias, fazem, à audição, uma impressão bem diferente: num, o *scandé* se faz sentir de duas em duas notas, no outro, de três em três notas.[...] O *scandé* se marca mais fortemente no começo de cada tempo e se faz sentir mesmo numa seqüência de notas ligadas *(Carnaud, s./d.: 10)*.[CXXIX]

[75] "É necessário somente aumentar o som sobre cada nota pontuada compreendida sob este sinal e não atacar"

[76] "É preciso destacar cada nota com um golpe de língua nos instrumentos de sopro...".

[77] "É necessário picar e cortar o som de cada uma dessas notas sem levar em conta seu valor".

[78] "É preciso aumentar o som sobre a segunda nota que forma a síncope, sem separá-la". (Bordet, 1755: 6).

Na verdade esta mistura de conceitos e categorias reflete perfeitamente o espírito de uma época. Como já vimos no capítulo sobre exercícios de mecânica, assim como não havia uma divisão clara entre música e técnica, evidentemente as várias facetas da interpretação (articulação, acentuação, ornamentação, respiração, dinâmica) não eram separadas de maneira inequívoca. Dependiam umas das outras, afetavam-se mutuamente e não podiam, portanto, ser tratadas individualmente.

Finalmente, o próprio assunto "articulação" irá ocupar lugar diferente na hierarquia musical de acordo não apenas com o país em que está sendo discutido, mas também com as prioridades de cada época. A abordagem do assunto será gradualmente deslocada do domínio da interpretação para aquele da técnica pura. As razões para isso são múltiplas. No caso que nos interessa particularmente, ou seja, a virada do século XVIII para o século XIX, o aumento da participação do compositor na interpretação final de uma obra é fator de suma importância para esta mudança de enfoque. Uma vez que, no Barroco, sinais de articulação raríssimamente apareciam numa partitura, cabia ao intérprete a escolha da articulação apropriada a cada peça. À medida que os sinais de articulação passam a fazer parte da forma final da composição, o intérprete vai perdendo autonomia para escolher suas articulações. Clive Brown, no *Grove Dictionary of Music* (verbete *articulação*) comenta que:

> A inclusão de outras marcas de articulação em um manuscrito ou em música editada era relativamente incomum antes do século XIX, mas pelo meio deste século alguns sinais haviam sido propostos por teóricos, e vários já estavam começando a ser aceitos pelos compositores. Este processo foi encorajado pela preocupação crescente dos compositores com detalhes de articulação como um elemento essencial em sua música e por sua determinação em exercer um controle cada vez maior sobre a interpretação do executante.[cxxx]

Daí que a ênfase no estudo da articulação no século XVIII consiste em *onde* utilizar determinadas articulações, ou seja, que grupos de notas devem ser ligados, e que grupos devem ser *staccato*. Mas a partir do século seguinte, o foco se desloca para *como* executar determinadas articulações. Outro fator diferencial é que no Barroco o objetivo maior, como era de se esperar, era a obtenção de uma grande variedade de ataques. Já o século XIX procura a eficiência, e parte para o estudo de articulações que podem oferecer maior rapidez em passagens difíceis. Assim, no nosso século, a articulação que merece o maior número de estudos específicos, e que é mencionada em todos os métodos contemporâneos, é o duplo golpe. Nós a consideramos hoje como parte mesmo da gramática do instrumento.

Em nossos dias, o duplo golpe consiste na utilização alternada das sílabas TU e KU em passagens com seqüências de notas rápidas. Mas nem sempre essas duas sílabas foram as únicas opções disponíveis para o executante. Por volta da metade do século XVIII, o flautista inglês Lewis Granom sugere um duplo golpe semelhante ao de Quantz, que revela ao leitor com grande estardalhaço. Declara que irá ensinar "em pouquíssimo tempo, aquilo que lhe custara quatro anos de esforço, persistência e fadiga".[CXXXI] E em que consistia o grande segredo? Em pronunciar na flauta a palavra TOO-TLE, durante poucos minutos diariamente! (Granom,1775: 13).

Se bem que um tanto estranha, esta combinação silábica não é menos exótica do que a de De Lusse, por exemplo, que sugere LOUL (em português, algo como LUL) para o duplo golpe! É uma sugestão curiosíssima, uma vez que retira do duplo golpe o caráter de dureza e precisão a ele normalmente associado. De Lusse continua explicando que este efeito é grafado com linhas quebradas sobre as notas, e que aparece apenas em passagens caprichosas ou naquelas que designam ventos e tempestades (De Lusse, 1761: 4). Como se pode deduzir, não era efeito comum, e seu uso era muito restrito. Outros autores nem mesmo descrevem este tipo de articulação. E, se no século XVIII o duplo golpe pouco é mencionado, causa surpresa verdadeira vê-lo descrito como defeito, até meados do século XIX.

O Duplo-Golpe no Banco Dos Réus

Em seu método de 1759, Mahaut se refere a um tipo de duplo golpe em apenas um parágrafo: "muitas pessoas confiam naquilo que se chama de duplo golpe: é usado em passagens muito rápidas e articuladas com as duas sílabas DI DEL" (Mahaut, 1759: 21).[CXXXII] No método de Devienne, que se tornou verdadeiro *best-seller*, servindo de modelo para inúmeros autores que o sucederam, há uma sugestão de articulação para o duplo golpe – DOU GUE –, e aparece como opção o nosso velho conhecido, o golpe composto TU RU ou TOU ROU. Mas antes que o aluno fique muito entusiasmado, trata de energicamente preveni-lo de suas inúmeras desvantagens:

> [...] de qualquer maneira que seja pronunciado não é menos defeituoso, uma vez que representa para o ouvido uma algaravia desagradável, sendo impossível conseguir limpeza na sua execução – obriga a quem dele se serve a não poder nuançar suas passagens e a não lhes dar qualquer expressão. E, aliás, por quê empregar meios sobrenaturais? Existe qualquer outro instrumento onde esta articulação seja empregada? A clarineta, o fagote, o oboé, será que se servem dela? Só faço esta pergunta aos amantes desta gagueira (*Devienne, 1794: 75*).[cxxxiii]

É esclarecedor descobrir que nas reedições seguintes do método de Devienne este texto tão politicamente correto foi expurgado. Em seu lugar consta uma afirmação bem mais branda, em que se declara que apesar do duplo-golpe ser "defeituoso" e raro, com um estudo assíduo os virtuoses de seu tempo podem obter sucesso com a articulação que agora classificam como "brilhante".

Algumas décadas depois, Devienne continua a encontrar eco para seus pontos de vista. O uso do duplo-golpe gera inúmeras controvérsias, e rende muitas páginas de discussão. Em 1827, numa revista para assinantes, especializada em crítica de concertos e partituras para flauta, o duplo-golpe é acusado de ser o grande responsável por execuções musicais de pouco mérito:

> As variações de Drouet para *Rule Britannia* foi a peça escolhida pelo Sr. Card. Esta composição exige três requisitos indispensáveis num executante: um som bom e límpido, um dedo rápido e uma articulação brilhante e distinta. No primeiro e no último quesitos, achamos que o Sr. Card é deficiente; pois seu som, se bem que grande, não é polido; e sua articulação torna-se neutra e indistinta pela prática do duplo golpe (*James, 1827: 27-8*).[cxxxiv]

E esta não é a única ressalva feita ao duplo-golpe:

Talvez, a título de conclusão, o leitor não ache deslocado destacarmos, *paucis verbis*, alguns erros freqüentes que temos observado entre flautistas amadores. Em primeiro lugar, e 'à cabeça mesmo, e na frente de todas as suas ofensas' nós classificamos o duplo-golpe (*James, 1827: 92).*[CXXXV]

Não contente com tal diatribe, a revista mostra que desprezo pelo duplo-golpe era moeda corrente. Ao comentar uma composição de Lindsay, o editor observa que:

> O Sr. Lindsay conseguiu ter muito sucesso nesta empreitada, mas devemos discordar da coda trivial que ele anexou no quarto arranjo. Essa 'velha canção já foi cantada tantas vezes' que nos perguntamos se não causará náusea até mesmo naqueles cavalheiros afeitos ao duplo-golpe – para os quais parece ter sido propositalmente composta.[CXXXVI]

O mais curioso é que, de acordo com esta mesma publicação, o duplo-golpe seria...uma infeliz herança do passado!

> O duplo-golpe costumava gozar de alta consideração entre os flautistas, mas com toda a deferência aos mestres que ainda o adotam, sou da opinião de que, nesta época de refinamento, deveria ser completamente enxotado (James, 1827: 161).[CXXXVII]

E o autor apressa-se em explicar o por quê:

> Trata-se, sob todos os pontos de vista, seja lá como for considerado, de um truque de execução, que contém tanto charlatanismo quanto qualquer um dos *nostrums* maravilhosos que têm por objetivo a renovação da vida humana. É também uma articulação desafinada e ruim; e por mais que tenha servido aos propósitos dos antigos mestres, quando a flauta ainda era, por assim dizer, um instrumento cheio de charlatanismos, é certamente desmerecedora dos professores da presente era, e da grande perfeição alcançada pelo instrumento (James, 1827: 161).[CXXXVIII]

Na continuação de seu violento ataque ao duplo-golpe, pode-se perceber também um desprezo em relação àquela característica de interpretação considerada até então totalmente normal, qual seja a desigualdade rítmica:

Não apenas é imperfeita em si, mas tem outra grande desvantagem. Na reação da língua, na segunda sílaba da palavra que é usada, o acento fica sempre mal definido e obscuro; e a conseqüência de usá-la é que o estilo geral do executante acaba, de algum modo, sendo afetado. Além do mais é de fácil realização, o que faz com que seu abuso seja mais freqüente e ainda mais deplorável.[CXXXIX]

O discurso se inflama:

> Esta articulação é usada de modo alarmante por alguns Mestres; e seja porque o mal é contagioso, e eles não conseguem evitar de usá-la, eu não sei, mas não existe praticamente nenhuma passagem em *staccato* que não executem com este tatibitate babilônico [...] é um dos barulhos mais desagradáveis a que o ouvido pode se sujeitar... é um daqueles erros dos quais a preguiça e a indolência são os mais enérgicos propagadores. (James, 1827: 162).[CXI]

E o texto continua nesses termos, por páginas e páginas, com o autor lamentando o uso deste efeito malévolo, e descrevendo suas conseqüências devastadoras à interpretação, de um modo geral. E aí vem a parte mais fascinante para nós: se o duplo-golpe era um terreno proibido para o flautista de 1827, de que maneira ele poderia executar longas seqüências de notas ligeiras? O editor oferece a resposta: foi observando Drouet (o mestre dos mestres) tocando tais passagens que ele desvendou um segredo guardado a sete chaves. A cada grupo de quatro notas, este flautista supremo recomendava um estratagema bem simples, que o autor leva uma página para revelar: pronunciar a palavra "territory"! Essa mágica simples, garante, resolverá todo e qualquer problema de articulação.

Por mais que a explicação nos pareça simplista e até engraçada, se analisada com isenção, veremos que se trata de uma sugestão excelente e eivada de bom-senso. Afinal, esta é uma maneira prática de utilizar uma seqüência já nossa velha conhecida: o golpe de língua composto TU-RU TU-RU, já descrito em métodos muito mais antigos, como os de Prelleur ou Hotteterre, e repudiado por Devienne! O que é mais interessante, porém, é constatarmos que, como verdadeira herança do século anterior, o que se propõe aqui é ligar a articulação à palavra, e da forma mais direta possível! Atualmente, num resgate deste hábito, já existem autores de língua inglesa que recomendam este tipo de associação, especialmente ao ensinar crianças. Assim palavras como *dog, kitty, diggy, giddy* aparecem como uma forma simpática de se ensinar o duplo golpe.

A Palavra Impera

Aqui, cabe uma digressão: sempre houve uma grande discussão a respeito de quem tem a primazia, se a música ou a palavra. Em épocas diversas o pêndulo se moveu em direção a uma ou outra dessas artes. No Barroco, a palavra toma a dianteira. A articulação dependia da língua e da origem nacional da música. Antes de qualquer coisa, os músicos barrocos eram lingüistas, e executantes musicais em segundo lugar. A maior parte da música do Barroco tinha *libretto* para os cantores e ritmo para os dançarinos. As articulações correspondiam a sílabas em palavras, e não a conceitos de frases musicais. Freqüentemente marcações para articulação eram desnecessárias porque os instrumentistas sabiam exatamente quais palavras os cantores estavam cantando. O fato é que a articulação estava sujeita à acentuação da palavra. Por conta da ligação da música barroca com a palavra, o cantar e o tocar estavam sempre associados ao discurso falado.

Robert Donington (1973: 68-9), um dos pioneiros da interpretação dita autêntica, comenta que "no *bel-canto*, a enunciação das palavras é inseparável da produção das notas, tanto em sua sonoridade (coloração) quanto em sua articulação (declamação)".[CXLI] E continua: "Não pode haver *bel canto* verdadeiro sem um completo entendimento e exploração inteligente das palavras".[142] Cumpre lembrar que, numa ópera barroca, cada ária cantada é precedida de um "recitativo" – seção em que a palavra toma precedência sobre qualquer outro aspecto musical e domina a forma de cada frase. A melodia da ária se encarrega de retratar aquilo que o personagem está sentindo. Mas a ação propriamente dita se desenrola no recitativo.

Não é a toa que este período vê o surgimento da retórica musical, em que figuras de linguagem são corriqueiramente aplicadas à música. Assim, os dois assuntos estão indelevelmente ligados até o século XIX. E a articulação assume lugar de suma importância no universo da execução musical, não como um aspecto relativo à técnica, mas como um aspecto ligado à interpretação. É ainda Donington quem esclarece o lugar que a articulação ocupa na música do Barroco:

> Articulação, assim como fraseado, é da maior importância na música barroca, e capaz das maiores sutilezas. Mesmo no âmbito de uma única passagem, por mais que a separação seja basicamente de um tipo, os refinamentos podem ser variados de nota a nota: e duas notas seguidas jamais devem ser executadas com exatamente o mesmo grau ou modo de separação. Como de hábito, o sentido de linha vem primeiro; e boa articulação, assim como bom fraseado, é um elemento de uma linha correta *(Donington, 1973: 284)*.[CXLIII]

É precisamente este sentido de forma, de linha, que os teóricos procuravam estimular ao falarem de articulação. Por isso, mesmo a riqueza das sílabas é enorme e muito valorizada. Do século XVIII até hoje várias sílabas serão sugeridas, testadas e descartadas. Se no início do século XVIII a articulação mais comum para notas seguidas é TU-RU, durante as décadas seguintes várias sílabas serão introduzidas (como TA-GA, DA-GA, etc...), até se cristalizarem no famoso TA-DA, ou TU-DU, geralmente praticado no século XX. A conexão da articulação com a palavra, ou melhor dizendo, da palavra com a interpretação em geral, ainda se manteria, em maior ou menor grau, até bem tarde no século XIX. Em seu livro *The Flute and Flute playing*, Theobald Boehm comenta:

> [...] para tocar bem um *adagio* com todas as coloraturas possíveis, o executante deve não apenas ser um mestre de seu instrumento, mas também ter o poder de transformar os sons, por assim dizer, em palavras, através das quais será capaz de dar a seus sentimentos uma expressão clara. O compositor de música vocal consegue fazer os sons expressarem as emoções descritas pelas palavras, e o cantor consegue ser levado facilmente a uma interpretação musical correta através das palavras conectadas aos sons; do mesmo modo, o flautista deve aprender a cantar em seu instrumento *(Boehm, 1871: 146)*.[CXLIV]

A comparação da flauta ao canto é bem antiga. Nos primeiros tratados que conhecemos ela já aparece. Oitenta anos antes de Boehm, Tromlitz (1791: 152) enfatizava: "o nosso modelo deve ser o bom cantor!". Boehm vai mais além, ao recomendar ao estudante a prática de música vocal, assim como Michel Blavet havia feito em relação às *Brunettes*, décadas antes:

> [...] o instrumentalista consciencioso irá aprender, pelo estudo de boa música vocal, quando e por quê uma nota deve ser tocada *staccato*, ou ser ligada com a próxima que a segue; e quando um acento ou crescendo ou decrescendo na força do som é necessário para dotar a música de uma expressão correspondente à da palavra; e quando uma respiração pode ser tomada sem quebrar a declamação correta *(Boehm, 1871: 147).*[CXLV]

Apesar de, mais uma vez, vermos nesta passagem o total imbricamento dos vários aspectos interpretativos (acentuação, dinâmica, respiração, articulação), esta última ocupa um lugar particularmente importante para Boehm, pois é a articulação, anotada pelo autor, que vai substituir as palavras de um texto vocal.

> Uma vez que só por meio da articulação é possível indicar a declamação ou expressão correta das palavras de um texto para um instrumento, ou seja, por atacar as notas de acordo com o significado ou início-silábico das palavras, é importante aprender a arte necessária dos golpes de língua e sua aplicação apropriada *(Boehm, 1871: 148).*[CXLVI]

As próximas páginas deste capítulo, dedicadas à interpretação musical, lidam com o paralelo entre palavra e música, através de exemplos retirados de obras vocais famosas, e de sugestões de articulação para o caso de serem executadas na flauta. E apesar da tendência claramente cientificista de Boehm, ele ainda não está preocupado com a mecânica de cada ataque, nem com a especificação de qual sílaba deveria ser usada. Neste sentido, ele ainda se inclina mais para o passado do que para o futuro.

É importante percebermos, no entanto, que existe uma mudança paradoxal nos métodos do século XIX em relação ao século que o precedeu, que afeta de maneira direta os métodos de flauta. No Barroco, os métodos mais importantes lidavam com técnica instrumental, mas também, e principalmente, eram verdadeiros compêndios das práticas interpretativas de então, tendo um aspecto quase-filosófico ao tentar classificar os diferentes estilos em voga, explicar de que modo se deveria improvisar, e finalmente em que consistia o "bom gosto", as qualidades indefiníveis que tornam uma execução musical realmente excelente.

Por outro lado, no período romântico, com o maior domínio do autor sobre a execução final de sua obra, a notação musical vai se tornando mais direta, menos complicada. Com as indicações de interpretação cada vez mais explícitas, notadas pelo próprio compositor, não é mais necessário para os teóricos de então explicar as centenas de minúcias subentendidas, as convenções escondidas em cada frase (alterações rítmicas, padrões de articulação e ornamentação). As práticas interpretativas se tornam também mais universais, e assim é mais fácil abordar o ensino dos instrumentos de um ponto de vista meramente técnico.

Uma Questão de Concepção

Em resumo, ao folhear os métodos do passado, o que chama a atenção em relação ao estudo da articulação é exatamente a variedade de sílabas sugeridas, e a não adoção de um padrão único – tendência que veio a se firmar no nosso século. Novamente, como no caso da própria manufatura dos instrumentos e da estruturação do estudo diário, o que vemos é o resultado de vários fatores. A globalização dos nossos dias cria uma espécie de língua musical única, em que um flautista romeno vai ser muito parecido com um flautista tailandês. Ambos terão utilizado o mesmo método, aplicado as mesmas técnicas de estudo diário e até mesmo irão usar instrumentos muito semelhantes. A nossa era tende a homogeneizar o ensino assim como toda a cultura, e a atenuar as diferenças locais.

E se os nossos métodos atuais enfatizam o ajuste de certas articulações a certas passagens musicais, no passado o mais importante era o ajuste destas articulações ao indivíduo. Uma das mais antigas e mais importantes fontes de que dispomos é o livro de Sylvestro Ganassi, *Opera Intitulata Fontegara*, do século XVI. No sétimo capítulo, Ganassi (1535) recomenda ao aluno "tentar todas as possibilidades até descobrir para quais sílabas ou vogais ele foi dotado pela natureza para que possa se expressar mais rapidamente".[CXLVII]

Com o decorrer do tempo, a entronização das máquinas e o entusiasmo pela mecânica afetaram de maneira radical o próprio gosto musical da sociedade. O que se procura cada vez mais na execução do instrumento é a regularidade. Daí que o excesso de opções de articulação vai cedendo lugar a uma sistematização que não poderá levar em conta características pessoais ou mesmo nacionais. Em seu artigo de 1996, Karl S. Barton observa argutamente que:

> Um efeito primário que a aurora da era das máquinas teve sobre a execução flautística foi o advento de ataques maquinais, que procuravam atingir maior uniformidade entre os golpes de parte da frente e de trás da língua. Exemplos históricos evidenciam que antes da era da máquina executantes utilizando golpes de língua compostos empregavam combinações de consoantes/vogais mais variadas do que fazem seus correspondentes modernos *(Barton, 1996: 56)*.[CXLVIII]

Na verdade, esta regularidade interpretativa atingirá o cerne mesmo da interpretação musical. Desse modo, deixam de existir as notas *inégales*, que eram parte da gramática da música do Barroco. Melhor dizendo, a execução desigual de notas iguais se torna um defeito, combatido a qualquer custo. Daí o horror pelo duplo golpe expresso no livro de 1827!

No decorrer dos séculos XIX e XX, diante da constatação inexorável de que o golpe duplo era uma necessidade para a execução das passagens rápidas cada vez mais freqüentes nas composições flautísticas, os teóricos irão se esforçar por torná-lo o mais imperceptível possível. É ainda Barton quem conclui:

> O conceito francês de *inégale* é inerente na escolha da articulação TU RU sugerida por Hotteterre e das variedades de articulação TI RI e DI DLL de Quantz que têm latentes uma desigualdade ligeiramente menos pronunciada mas ainda assim aparente. A articulação *DOO-TLE* dos flautistas ingleses tardios e outras derivações da articulação DI-DLL, de Quantz, carecem todas do caráter uniforme da maioria

das articulações modernas. Sutileza e não-uniformidade são as marcas da flauta de uma só chave, e as articulações que correspondem às idiossincrasias da flauta barroca são tão essenciais para uma interpretação historicamente informada quanto os ornamentos e variações que devem adornar a melodia *(Barton, 1996: 56)*.[CXLIX]

Como podemos ver, as possibilidades de articulação são infinitas: golpes simples, duplos, triplos. Sílabas ásperas, macias, guturais, palatais... Mais importante, porém, do que tentar estabelecer regras rígidas para execução, ou treinar exaustivamente todos os tipos possíveis de articulação, é tratar de adquirir uma articulação clara, interessante, expressiva. Afinal, como disse o pianista Arthur Schnabel: "As notas, com essas eu não lido nem pior nem melhor do que a maioria dos pianistas. Mas as pausas entre as notas – ah! É aí que reside a arte!".[CL] (*Chicago Daily News*, 11 de Junho de 1958, apud *Simpson's Contemporary Quotations*).

Capítulo V

Teoria e prática da improvisação para a flauta

> *Eu gostaria de poder gravar música barroca com a quantidade de ornamentação que ela merece. Sinto que estou fazendo progressos nesta direção, mas acho que deveríamos aspirar ao tipo de liberdade e criatividade que se encontram no Jazz. Isso faria uma enorme diferença em executar música barroca.[CLI] (Tom Moore, 1993)*

Todos nós concordamos, hoje em dia, com a tese de que música Barroca deve ser ornamentada. Ornamentação e improvisação são geralmente consideradas características próprias deste estilo. Mas se para um músico do século XVIII nem sempre era fácil saber onde, como e quanto ornamentar, para nós a questão é ainda mais complicada, uma vez que estamos imensamente distantes da prática do período. Muitas vezes não temos uma idéia clara sobre quais movimentos podem ser acrescidos de ornamentos e, mesmo nos casos em que estes estão anotados minuciosamente na partitura, nem sempre sabemos como executá-los de maneira apropriada.

Por isso mesmo, os métodos e compêndios do Barroco que sobreviveram até os nossos dias são mais do que curiosidades históricas, empoeirados volumes de reduzido interesse acadêmico. Devem ser vistos, isso sim, como ferramentas de primordial utilidade para o intérprete consciencioso, que gostaria de se aproximar ao máximo de uma interpretação viva e autêntica, tão fiel quanto possível às intenções do compositor. Por outro lado as fontes acessíveis ao músico atuante são bastante restritas e freqüentemente contém informações incompletas ou contraditórias. Pensei então em organizar um pouco essas informações, assumindo o papel de guia turístico para o flautista que se aventura no emaranhado de caminhos dos métodos do passado. Cumpre lembrar, no entanto, que por mais informações que possamos coletar, por maior que seja o acesso que possamos ter a livros escritos no passado (ou que venham a ser escritos no futuro), não existe fórmula mágica para a interpretação, e o "bom-gosto" invariavelmente evocado pelos autores barrocos será sempre uma qualidade inacessível, indefinível, inconsútil, subjetiva.

Duas Culturas, Dois Estilos

Quando lidamos com ornamentação, entramos em um território extenso demais. Por isso mesmo vou tentar restringir o tema do presente capítulo, dividindo o assunto "ornamentação" em três tipos de procedimento: a execução correta de ornamentos padronizados (tais como trilos, mordentes, e etc...); a ornamentação de floreios, que implica em uma expansão do texto escrito pelo compositor; o *Prelúdio*, trecho de caráter improvisatório que precede uma peça ou movimento. Na verdade os dois primeiros procedimentos espelham dois estilos de composição distintos, o estilo francês e o italiano.

Os compositores barrocos franceses tinham por hábito notar detalhadamente todos os ornamentos que julgavam necessários. Já os italianos deixavam ao intérprete a função de acrescentar ornamentos a suas melodias. Eis a explicação de Quantz:

> O Adágio [...] pode ser visto de acordo com o estilo Francês ou Italiano. O primeiro requer execução limpa e sustentada da ária, e ornamentação com *appoggiaturas*, trilos de tom inteiro e meio tom, mordentes, *battements*, *flattements*, etc. mas sem encher as passagens e sem adição significativa de ornamentação livre. Na segunda maneira, ou seja a Italiana, ornamentos artificiais extensos que combinam com a harmonia são introduzidos no Adágio, em acréscimo aos ornamentos franceses (Quantz, 1752: 162).[CLII]

XI. Tartini: Adágio.

XII. Hotteterre: Allemande

Naturalmente que essa é uma generalização, e como tal deve ser considerada. Como toda arte viva, a música do Barroco estava em constante mutação, e apesar da óbvia rivalidade entre os dois estilos, havia também contatos e influências mútuas entre os compositores dessas duas facções estilísticas. Não se deve cair na armadilha de imaginar que nunca se podia acrescentar um ornamento a uma composição francesa, ou que toda peça em estilo italiano deveria ser profusamente ornamentada. Convém também lembrar que compositores franceses escreveram música italiana, e vice-versa. Finalmente, que a música alemã é freqüentemente um amálgama dos dois estilos.

Ainda assim, as diferenças entre ambos são notáveis e sem dúvida refletem as diferenças de temperamento entre os dois povos que dominaram estilisticamente a música do Barroco. Diz-se que os italianos, sentimentais, tocavam como quem canta. E que os franceses, racionais, tocavam como quem fala. A ornamentação italiana é derivada diretamente das divisões renascentistas, com uma ênfase maior nos ornamentos que têm função harmônica (aqueles capazes de criar dissonâncias) e em ornamentos conectivos (que preenchem escalarmente um intervalo). Pondo em relevo a melodia, os gestos amplos e o lirismo indisfarçado, este estilo encontrou grande ressonância em vários países da Europa, como Inglaterra, Espanha, Alemanha, Portugal. Mesmo na França teve simpatizantes, e não são raros os compositores de nacionalidade francesa que adotaram estilo de composição abertamente italiano.

Uma Saudável Profusão de Símbolos

A música francesa era mais contida, menos "derramada", mais sofisticada harmonicamente e mais fragmentada melodicamente. Ao invés de amplas frases apaixonadas, a escrita francesa é cheia de interjeições, exclamações, hesitações – como a própria língua falada. Essas pontuações, os *agrééments* – sinais gráficos generosamente polvilhados na partitura – fazem da leitura desta música uma tarefa bastante complicada, que demanda ao intérprete elegância e precisão na execução, além de grande aderência ao texto proposto pelo autor. E os autores franceses eram extremamente exigentes! Faziam questão de cada ponto, de cada vírgula. Por isso mesmo, não raro os volumes de peças publicados em Paris tinham uma espécie de glossário que explicava a execução apropriada de cada sinal.

Para nós esses glossários representam um manancial de instruções essencial, mas também uma fonte de perplexidade. Ao contrário do que poderíamos imaginar, não existe uma homogeneidade francesa, um uso disseminado de símbolos que unifique inequivocamente a música desses autores. Muitos compositores se utilizavam de sinais peculiares, próprios. Outros faziam uso de sinais gráficos iguais, mas com significados totalmente diversos. À guisa de exemplo, uma pequena cruz acima de uma nota significa um trilo iniciado na nota superior, para Boismortier, Blavet, Bordet e Chédeville; porém o mesmíssimo símbolo deve ser executado como *pincé* na música de Duval. Uma pequena linha sinuosa sobre a nota significa um trilo para Couperin, um *flattement* para Hotteterre, e ainda um *pincé* para De la Barre.

A tabela Retirada do livro de Betty Bang Mather, *Interpretation of French Music From 1675 to 1775*, p. 88 a seguir pode nos dar uma idéia desta diversidade:

SÍMBOLOS DE TRILO

L'Abbé le fils, Aubert, Boismortier, Bordet, Chédeville, Dard, Delusse, Duval, Hotteterre, L'Affilard, Lavigne, Le Clerc, Loeillet, Loulié, Mussard, Schickardt, Taillart	+
Blavet, Mahaut, Mussard, Naudot	+ ou *tr*
Corrette, Quantz	*tr*
Couperin, D'Anglebert, Marpurg	μ
Freillon-Poncein	χ
La Barre, Montéclair	+ ou χ
Rameau	+ ou μ

XIII. Tabela de ornamentos de autores franceses

Assim, apesar da acessibilidade relativa desses glossários, o intérprete que deseja se dedicar ao repertório Barroco francês tem que aprender a gramática de cada um dos expoentes deste estilo, destrinchando o significado desses símbolos gráficos para os vários autores escolhidos. A imensa variedade de símbolos e a multiplicidade de seus significados é uma indicação da vitalidade e da originalidade da música do Barroco. Globalizados e informatizados, nós que vivemos num mundo que tende a massificar toda e qualquer manifestação cultural, geralmente pensamos no Barroco como um período artisticamente "bem-comportado", com uma linguagem musical uniforme. Esquecemos que o Barroco era feito de contrastes e de excessos, e que as distâncias geográficas contribuíam para preservar a individualidade e as diferenças nacionais.

Por enquanto, o que nos interessa é justamente a área da ornamentação improvisada, seja aquela aplicada aos adágios de sonatas italianizantes, seja a que constituía os prelúdios livres, muito comuns também na música francesa. Para o intérprete, a improvisação é assunto fascinante. Não apenas porque lhe dá a oportunidade de exibir sua própria personalidade, mas também porque o eleva ao *status* de co-autor, ao lhe possibilitar interferir na obra de outrem. Essa liberdade torna a música do Barroco particularmente simpática para um grande segmento de intérpretes, e explica em parte a atração que a música deste período musical tem exercido nos últimos anos sobre instrumentistas e cantores, cansados da interpretação literal prescrita para a maior parte da música dos últimos dois séculos. Para a pesquisa musicológica, este é igualmente um campo de suma importância. Desvendar os mistérios da improvisação é uma ótima via para se penetrar nos hábitos de interpretação musical do passado.

Menos é Mais?

Até recentemente, entretanto, este era um campo que estava totalmente envolto em mistério. A música do Barroco, italiana ou francesa, era interpretada *ipsis litteris*, sem ornamentação ou inflexão de dinâmica ou de tempo. Ainda é possível encontrar gravações em que esta música soa estática e pesada, sem qualquer liberdade interpretativa. Na verdade muitos músicos escolhem uma execução nota-a-nota, com a ilusão de estarem sendo "fiéis" ao texto original. Afinal, se estão se atendo apenas ao que o compositor escreveu, ninguém pode reclamar que a música está sendo deformada. Infelizmente, este é exatamente o caso em que ser fiel à letra não corresponde a ser fiel ao espírito. Como diz o eminente cravista e pianista Robert Levin, uma das maiores autoridades na música do século XVIII:

> Excluindo os organistas, poucos intérpretes eruditos improvisam hoje em dia, apesar de ser disponível o treinamento que lhes possibilitaria fazê-lo. Os intérpretes de hoje, formados no sacrifício das competições e gravações, aprendem desde cedo a evitar riscos, como uma ameaça à consistência e precisão. Não existe nada mais arriscado do que improvisação, mas não existe nada mais devastador para a mensagem emocional e dramática da música do que evitar riscos.[CLIII]

Levin acerta no alvo quando menciona o fator "risco". Ainda que se tente negar, este é um dos elementos que acrescentam vida a uma execução musical; é, afinal, a razão que nos leva a sair de casa para ir a um concerto, ao invés de simplesmente botar um CD no aparelho de som. O CD nunca erra, oferece uma garantia de qualidade que nenhum artista pode igualar. Mas uma execução ao vivo tem um frescor especial, que a improvisação acentua ainda mais. É verdade que a indústria fonográfica tem se esmerado em apostar apenas no que é seguro, desencorajando cada vez mais o elemento surpresa. Muita gente vai ao concerto comparar a interpretação do artista à gravação que tem em casa, e não tem o menor interesse em ouvir algo de novo. As diferenças de personalidade são neutralizadas, e aos poucos estamos vendo uma pasteurização da interpretação musical, com intérpretes cada vez mais "perfeitos" e cada vez menos interessantes, clones de um mesmo modelo. Num ambiente desses, não é de se espantar que a improvisação tenha pouco espaço para desabrochar.

> Mas também é verdade que nos últimos 50 anos surgiram muitos musicólogos e intérpretes sérios, que começaram a procurar informações em antigos métodos e compêndios de música. Hoje em dia, apesar das gravadoras, a variedade de interpretações é refrescante, ainda que muitas vezes o pêndulo se incline demasiadamente para o lado do exagero (ou talvez por isso mesmo!). Lamentavelmente, ainda existem muitos músicos que equacionam saber ornamentar com acrescentar o maior número possível de notas extemporâneas a uma frase musical. Na verdade, nada poderia estar mais longe do ideal Barroco. Se incorre em erro aquele que toca as melodias barrocas sem qualquer

acréscimo de ornamentos, engana-se igualmente quem cai no extremo oposto. Robert Meylan (1977: 27*)*, famoso flautista e teórico contemporâneo, ao falar em flutuações de afinação, observa que: "Existem momentos certos para fazer notas de afinação variável. Em outros é insuportável, tão insuportável quanto ouvir alguém ornamentar demais num momento essencial na música barroca".[CLIV]

Meylan não faz mais do que ecoar as palavras dos grandes mestres que o precederam. Quantz, por exemplo, declara que:

> *Cadenzas* requerem mais fluência de imaginação do que erudição. Sua maior beleza está em que, como algo inesperado, devem surpreender o ouvinte de maneira fresca e marcante, e ao mesmo tempo levar ao ponto mais alto a agitação da paixão que se procura. No entanto, não se deve acreditar ser possível conseguir isto simplesmente com uma quantidade imensa de passagens rápidas. As paixões podem ser excitadas de modo muito mais eficiente com alguns intervalos simples, habilmente misturados a dissonâncias, do que com um turbilhão de figuras matizadas (*Quantz, 1752: 186).*[CLV]

Mesmo no século seguinte, em que o virtuosismo instrumental era particularmente festejado, o excesso de ornamentação era visto como um defeito, quando traía a idéia musical principal. É oportuno citar aqui um trecho de uma crítica ao flautista espanhol Ribas, publicada em *The Flutist's Magazine*, de 1827:

> No que tange seu gosto e estilo, não hesitamos um momento em pronunciá-lo inferior e deficiente em expressão e delicadeza. Para podermos constatar a veracidade destas observações, precisamos apenas resgatar as lembranças daqueles nossos leitores que estavam presentes à sua execução, acerca do estilo em que o nosso belo Hino Nacional foi interpretado pelo Sr. Ribas. Ousaríamos dizer que jamais foi executado desta maneira. Nem uma única nota do tema foi tocada sem ornamentação; uma sucessão constante de terças e quintas atingia nossos ouvidos antes de cada uma das notas do hino; e na primeira nota do segundo compasso (uma colcheia pontuada), um mordente foi introduzido com o propósito, supomos, de ressaltar o resto da obra, e esta foi tocada, sem nenhuma exceção, até sua conclusão, precisamente da mesma maneira. Agora, se existe um tema que requer menos ornamento do que qualquer outro, é justamente este do qual estamos falando. Todo e qualquer

enfeite é absolutamente gótico e mal concebido, até mesmo a cadência em sua conclusão; mas quando é usado indiscriminadamente em todas as notas do começo ao fim, só podemos lamentar a oportunidade que tivemos de escutá-lo (*James, 1827: 8*).[CLVI]

A reclamação do crítico procede: este é, de fato, um erro de concepção musical, e poderíamos dizer que independe do estilo. O ornamento deveria ser exatamente o que o nome implica, um enfeite que acentua o caráter da peça, e não um veículo para a vaidade do intérprete. Como bem observa Levin:

> No século XX, os músicos têm sido treinados para observarem piamente o testamento escrito do compositor. Se o desejo do intérprete emerge, é freqüentemente através do flagrante desprezo por essas instruções, utilizando a composição como mero veículo para uma exibição auto-enaltecedora.[CLVII] *(Levin, s./d.)*.

Essa é uma afirmação ainda mais verdadeira em relação ao Barroco, quando a função da ornamentação era muito menos de acrescentar virtuosismo a um trecho do que reforçar o "clima" particular de um movimento, seu *affekt*. Mas como estabelecer com segurança que clima é este? E como saber quanta ornamentação é necessária, quanta é prejudicial à melodia? Afinal, a quantidade de ornamentação que um músico barroco poderia considerar padrão possivelmente nos pareceria excessiva.

A Partitura Como Esboço

Aí reside um dos maiores problemas para nós, músicos do século XXI, ao nos debruçarmos sobre partituras de três séculos atrás. A maioria esmagadora dos compositores de então eram também excelentes intérpretes, e praticamente até o período romântico, *os* intérpretes principais de suas obras. A constatação de Mary Cyr é compartilhada por todos os estudiosos do Barroco:

> Na música de hoje, os papéis de intérprete e compositor são usualmente distintos; compositores escrevem o que esperam que os intérpretes toquem, e os intérpretes não se desviam significativamente do texto escrito. Na música barroca, no entanto, o intérprete e compositor di-

vidiam um papel mais equivalente no processo composicional, e duas execuções de uma mesma peça podiam ser imensamente diferentes. [...] uma partitura usada pelo compositor pode carecer de inúmeros detalhes que seriam considerados cruciais para execuções modernas. [...] (*Cyr, 1992: 23).*[CLVIII]

A dicotomia que surgiria mais tarde entre compositor/intérprete não existia no período Barroco. Por isso mesmo não havia, por parte do compositor, a preocupação de notar inequivocamente suas intenções. Mesmo nos casos em que não era o intérprete visado, o compositor compartilhava com este a linguagem de sua época. E os intérpretes dominavam a ornamentação como parte desta linguagem, – a qual era executada na hora, de improviso. Daí não ser descabida a comparação, aliás bastante freqüente, entre dois estilos tão diferentes como o Barroco e o Jazz. Assim como no Jazz, a partitura barroca é freqüentemente apenas um ponto de partida.

David Fuller (1989: 117), em seu artigo *The Performer as Composer*, faz uma metáfora curiosa. Segundo ele, "grande parte da música desta época inteira era esboçada, ao invés de totalmente realizada, e o intérprete tinha responsabilidade semelhante à da criança com um livro de colorir: a de transformar esses esboços em obras de arte plenamente acabadas".[CLIX] Escrever a ornamentação era desnecessário. Mais do que isso, ao fixar no papel uma única opção de ornamentação, o compositor estaria limitando a própria trajetória da obra, paralisando a criatividade do intérprete.

Compositores como Bach, que escreviam em estilo italiano, mas grafavam seus ornamentos, eram severamente criticados. Em sua famosa crítica a Bach, em 1737, Johann Adolf Scheibe, comenta que:

> Todos os ornamentos, todos os pequenos floreios, e tudo que se entende pelo método de tocar, ele expressa em notas, e não apenas priva suas peças de beleza como torna a linha melódica inteiramente obscura (*apud: Donington, 1975: 155).*[CLX]

Afinal, para aqueles intérpretes que não eram refinados o suficiente para inventar seus próprios ornamentos, de nada adiantaria notar previamente sugestões de ornamentação, uma vez que seriam inevitavelmente executadas de maneira tosca e incorreta. E para aqueles que eram sofisticados improvisadores, os ornamentos escritos seriam um entrave à leitura clara da melodia a ser executada. Já em 1668, Bacilly declara que:

> Uma peça musical pode ser bela e não agradar por ser executada sem os enfeites necessários, os quais, em sua maioria, não são anotados no papel, seja porque de fato não podem ser registrados por falta de sinais apropriados para este propósito, seja porque se considerou que um excesso de marcas seria um estorvo e privaria de clareza a melodia, causando uma certa confusão; além disso, é inútil fazer marcações quando não se sabe moldar a música com os refinamentos necessários que constituem sua principal dificuldade *(Bacilly, 1668: 135)*.[CLXI]

Notação Ornamental: Auxílio ou Entrave?

De fato, as obras para flauta, no estilo italiano do Barroco, que contém ornamentação escrita, são aquelas que têm franca intenção didática. Este é o caso das doze *Sonatas Metódicas* de G. Ph. Telemann, em que o primeiro movimento de cada uma delas contém dois pentagramas para o solista. Num, como de hábito, apenas a estrutura da obra está delineada; no outro, logo abaixo deste, estão as copiosas sugestões de ornamentação do mestre alemão. Do mesmo autor, os *Trietti Metodichi*, seguem esquema semelhante, desta vez num contexto de trio-sonatas.

XIV. Telemann: Sonata Metódica em si menor,
para flauta e b.c (compassos 1 a 5).

Outras obras italianas ornamentadas são as raramente executadas sonatas de Carlo Tessarini, assim como *Sonata em dó maior* de Barsanti, que é mais conhecida. Apesar de sua nacionalidade francesa, Michel Blavet escreveu sonatas para flauta em estilo italiano (vol. 2). Sugerindo uma ornamentação na repetição das seções. Já num estilo francamente galante, as sonatas de G. Platti são fartamente ornamentadas, e apresentam movimentos com tema e variações extremamente floridas, como se pode ver no exemplo musical reproduzido abaixo. Note-se que este tipo de escrita será também praticado por Devienne[79], em suas sonatas para piano e flauta.

XV. Platti: Sonata opus 3, nº VI, em sol maior, Arietta con Variazioni.

[79] Todas as sonatas de flauta mencionadas neste parágrafo (Barsanti, Blavet, De Lusse, Devienne, Platti, Tessarini) foram publicadas em fac-símile pelo *Studio per Edizioni Scelte*, de Florença. Para as obras de Telemann foram utilizados fac-símiles da *Bärenreiter Verlag*.

Um caso particularmente curioso é o das pioneiras sonatas de Charles De Lusse, de 1751, também em estilo galante, apresentando elaboradíssima ornamentação A *Sonata Armonica* se vale de sons harmônicos, e de formas insólitas de notação musical - espécies de abreviações – , com o intuito de esclarecer o substrato harmônico dos arpejos e acordes quebrados, e sugerindo execução livre, com sonoridade sutil e etérea.

XVI. De Lusse: Sonata Armonica

Fabricante de flautas, e teórico que viria a escrever seu próprio método de flauta dez anos após a composição das Sonatas, De Lusse demonstra em sua obra teórica e prática tendência claramente experimentalista, que "deixa antever o grande florescimento da escola flautística neoclássica francesa que irá encontrar em Devienne seu expoente máximo" – como bem observou Marcello Castellani , autor do prefácio ao fac-símile dessas Sonatas.

Além das obras flautísticas, existem obras escritas para outros instrumentos que nos ensinam bastante a respeito de ornamentação instrumental em geral. Destas, as de violino são as mais significativas. Sendo este o instrumento mais característico do Barroco italiano, é lógico que seu repertório seja particularmente rico, e apresente um número maior de exemplos de ornamentação livre.

XVII. Corelli: Sonata IV para violino e b.c.

As sonatas para violino de Corelli, em suas inúmeras versões contendo valiosas figurações ornamentais, são as mais citadas; mas há outras igualmente importantes, como, por exemplo, as *Seis Sonatas* com adágios ornamentados, de Franz Benda.[80] Mesmo obras para cravo, como as sonatas de Carl Philipp Emanuel Bach[81], com reprises ornamentadas, nas quais o movimento lento em forma binária é executado "liso" da primeira vez, e ornamentado da segunda, são fontes contemporâneas das mais úteis.

Além de seu mérito intrínseco, tais obras nos fornecem uma pista importantíssima para desvendarmos os segredos da prática de interpretação instrumental do Barroco. Uma das constatações surpreendentes a que se pode chegar a partir destas sonatas é que os movimentos lentos costumavam ser copiosamente ornamentados, numa escala muito maior do que poderíamos imaginar.

O músico do século XVIII, no entanto, estava perfeitamente habituado ao que hoje achamos demasiado extravagante. E o profissional sensível nem precisava de muitas instruções para saber que devia ornamentar movimentos lentos. Afinal, esta era a prática comum entre seus pares. Talvez por esta razão as fontes que sobreviveram aos nossos dias freqüentemente tratam a questão apenas de modo tangencial, supondo por parte do leitor um conhecimento prévio do assunto. Esta é, aliás, uma das contradições

---

[80] Fac-símile: Madison, [Wis.]: A-R Editions, 1981, na série *Recent Researches in the Music of the Classic*, vol. 13.

[81] Carl Philipp Emanuel Bach (1714-1788). Quinto filho (e segundo a sobreviver) de J. S. Bach e de Maria Barbara Bach, teve como padrinho ninguém menos do que Georg Philipp Telemann. Paralelamente a sérios estudos gerais (Saint-Thomas) e jurídicos (universidades de Frankfurt e de Leipzig), estudou cravo e composição com seu pai. Aos vinte e quatro anos tornou-se cravista na corte do príncipe herdeiro da Prússia. Dois anos mais tarde seguiu este último a Potsdam, quando ele subiu ao trono com o nome de Frederico II. Em 1767, sucedeu a Telemann como "diretor de música" da cidade de Hamburgo. Foi responsável pela audição de inúmeras obras primas contemporâneas, entre as quais a *Missa em si* de seu ilustre pai, o *Messias* de Handel, o *Stabat Mater* de Haydn, o *Requiem* de Jommelli. Notável teórico dos instrumentos de teclado, pode ser considerado o pai da moderna técnica pianística. Sua obra *Versuch über die wahre Art das Klavier zu spielen* (1753-1762) é fundamental para o conhecimento do estilo de cravo do século XVIII. Foi admirado por compositores do calibre de Haydn e Mozart.

mais instigantes da moderna musicologia. Como observa argutamente Nikolaus Harnoncourt, freqüentemente o que não está nos livros é o mais significativo, pois denota qual hábito era tão arraigado que nem merecia menção. É o caso, por exemplo, dos trilos cadenciais, absolutamente naturais e idiomáticos.

> Sou muito cético sobre a possibilidade de uma compreensão total nos dias de hoje. Devemos ter em mente que todos esses tratados foram escritos para contemporâneos, de modo que um autor podia contar com a existência de um grande corpo de conhecimento que era familiar a todos, ele não precisava nem discutir a questão. [...] O que não era escrito, aquilo que era o óbvio, era provavelmente mais importante do que qualquer coisa jamais escrita! Afinal das contas, suas instruções eram dirigidas a contemporâneos, e não a nós! (Harnoncourt, 1995: 32)[CLXII]

O próprio Hotteterre (1719: 1), um dos primeiros autores a se dedicarem à teoria da improvisação, começa assim seu tratado: "O nome *Prelúdio* se explica suficientemente por si só, e é geralmente bastante conhecido, sem que seja necessário fornecer aqui qualquer definição".[CLXIII]

Escrevendo em 1756, Weitzler[82] é apenas um dos muitos autores a se referirem à futilidade de se notar ornamentação livre:

> [...] com relação aos ornamentos, acho recomendável escrevê-los apenas quando são passagens comuns rápidas; com outras que surgem parcialmente da natural facilidade dos dedos, parcialmente de invenção luxuriante, é inútil fazer isso. Ou não podem ser indicados por notas, ou então o bom-gosto irá rejeitar tais ornamentos logo que percebermos que deveriam ser esses e não quaisquer outros, desta maneira e não de outra em um dado lugar; em resumo, logo que se perca a espontaneidade tão essencial a eles. Uma pessoa dotada musicalmente, com bons poderes interpretativos jamais irá tocar da mesma maneira, mas sempre fará modificações de acordo com o estado de seus sentimentos.[CLXIV]

Por definição a improvisação tem que ser espontânea, não-escrita. É exatamente esta sensação de liberdade que é complicada de se reprodu-

---

[82] G. C. Weitzler, In: Marpurg. *Historisch-Kritische Beyträge*, Berlin, III, 2, 1, 1756, apud Donington, op. cit. p. 157.

zir hoje – escravos que somos do texto escrito. Daí também a dificuldade que temos de coletar informações a respeito de ornamentação e improvisação. Precisamente por serem questões "de gosto", subordinadas ao livre-arbítrio do intérprete, são pouco passíveis de organização e classificação. Como normatizar liberdade? Aqui não resistimos à tentação de citar as palavras da madre superiora naquele filme antológico, *A Noviça Rebelde*: como pegar uma nuvem e fixá-la, como capturar um raio de lua nas mãos, como manter uma onda presa à areia?

Estabelecendo os Princípios

Em 1719, ao tentar estabelecer normas para a improvisação, Jacques Hotteterre se dá conta da dificuldade enorme da tarefa que se impõe, como se pode ler no prefácio a seu método:

> A outra espécie é o *Prelúdio de Capricho*, que é o verdadeiro Prelúdio propriamente dito, e o assunto que abordarei nesta obra. Tratarei de reduzi-lo a regras, conferindo-lhe princípios certos e claros. Coisa que ninguém, que eu saiba, tentou empreender até agora, seja por que esta pesquisa foi negligenciada, seja por que foi julgada tarefa difícil e ingrata de abordar. Com efeito, como o Prelúdio deve ser realizado na hora, sem qualquer preparo prévio, e como o termo engloba uma variedade infinita, pode parecer fora do alcance de regras ou de Métodos. No entanto, tendo constatado que esses caprichos não surgem ao acaso, e que devem mesmo ser fundamentados numa modulação bastante regular, concebi a idéia desta obra, e ao mesmo tempo me vanglorio de que poderá ser de grande utilidade àqueles que quiserem se instruir e se aperfeiçoar nesta ciência (*Hotteterre, 1719: 1*).[CLXV]

Segundo inúmeros relatos da época, era comum o intérprete improvisar um pequeno trecho antes de tocar a composição propriamente dita.[83] O Prelúdio servia para "esquentar" a flauta e o flautista, fazendo com que ele se habituasse aos intervalos próprios da tonalidade da peça e para preparar os ouvidos do público para o *affekt* da obra executada, com

---

[83] Daí a etimologia do termo: pre + ludus, aquilo que precede o tocar/brincar.

sua paleta tonal particular. A flauta barroca não era um instrumento temperado, como sua descendente direta. Peças em tonalidades diversas soavam de fato radicalmente diferentes entre si, e não se podia passar impunemente de uma tonalidade a outra. Assim o prelúdio era uma necessidade técnica e não apenas conceitual. É curioso constatar que esta prática sobreviveu, ainda que modificada, até o século XX. Pianistas anteriores à II Guerra Mundial, como Schnabel e Kempf, freqüentemente preludiavam por alguns minutos, ao passar de uma peça para outra de tonalidade diferente. Até hoje este costume continua vivo entre os organistas: é uma herança da época em que o órgão dava a base harmônica para a congregação, antes de cada Hino cantado.

No século XVIII, o hábito de preludiar era tão difundido que atacar uma peça sem o necessário Prelúdio seria considerado estranho. Vanderhagen, por exemplo, recomenda expressamente que caso o aluno encontre dificuldade para inventar um Prelúdio, deve substituí-lo por simples escalas e arpejos, pois isso ainda será melhor do que nada.

> Os exemplos seguintes não são propriamente Prelúdios, mas sim esboços para fazê-los. Aliás, considera-se aqui que o estudante ainda está engatinhando, por assim dizer, daí ser necessário escrever os Prelúdios levando isso em consideração. Aliás, um simples acorde perfeito ou escala pode substituir o Prelúdio quando não se sabe fazer mais do que isso (Vanderhagen, 1798: 66)[CLXVI]

Um flautista era julgado, em parte, pela sua capacidade de preludiar com criatividade e de acordo com o *affekt* da peça executada. É interessante notar que este hábito se estendeu até o período chamado de pré-clássico. Existem relatos fascinantes sobre o encontro de Dülon (um jovem flautista cego) com Carl Philipp Emanuel Bach, em que Dülon tocou para o mestre uma peça solo (muito provavelmente a *Partita* em Lá menor) entremeada de Prelúdios. É impossível saber se esses Prelúdios foram improvisados na hora, ou cuidadosamente preparados com antecedência. De qualquer modo, o costume de acrescentar um Prelúdio antes da peça era de tal forma arraigado, que mesmo no final do Barroco, quando a improvisação já estava caindo em desuso, inúmeros compositores passaram a incorporar um Prelúdio aos movimentos de suas peças.

XVIII. Boismortier: Suíte II para flauta solo

Um exemplo disso são as *Suítes para Flauta Solo*, de Joseph Bodin de Boismortier, que começam invariavelmente com prelúdios de caráter improvisatório, mas nos quais toda a ornamentação é detalhadamente notada pelo próprio compositor. É verdade que esta obra tem caráter declaradamente didático, assim como as *Sonatas Metódicas* de Telemann. Esses prelúdios serviriam de exemplo para o aluno, assim como os pequenos trechos sugeridos por Devienne para vir antes de cada um dos movimentos das sonatas de seu método.

São esses prelúdios, que ele chama de *Préludes de Caprice*, que Hotteterre se propõe a ensinar em *L'Art de Préluder sur la Flûte Traversière*. Como seus colegas, o autor enfatiza que essas peças são apenas modelos, exemplos que devem servir para o aluno se acostumar com o tipo de invenção melódica necessária para preludiar (Hotteterre, 1719: 1). Para ele, os prelúdios devem sempre ser executados de maneira livre, sem uma pulsação marcada: "De resto, apesar de eu ter posto barras de compasso na maior parte dos prelúdios, não se deve sujeitar a bater o compasso neles quando quisermos executá-los de memória" (Hotteterre, 1719: 6).[CLXVII]

XIX. *Hotteterre: prelúdios para flauta.*

Esse caráter livre dos prelúdios pode ser também constatado em obras não didáticas, como nos "Préludes non-mesurés" para cravo, de Couperin, em que as barras de compasso nem mesmo estão notadas, e muitas das ornamentações aparecem sugeridas de forma quase esquemática; traços para cima ou para baixo indicam a movimentação geral dos floreios, mas não sua exata composição. Este tipo de notação é quase uma coreografia, uma sugestão de gesto.

É curioso observar que, apesar deste tipo de improvisação ter praticamente desaparecido dos concertos de música erudita, continua muito vivo nos meios de música popular. Não apenas no Jazz a improvisação ainda é parte da linguagem comum dos intérpretes, mas também, mais perto de nós, entre os músicos de choro, a improvisação aparece exatamente da mesma maneira como aparecia no século XVIII: como uma introdução à composição que vai ser executada. É freqüente numa roda de choro ver o tema ser antecipado por pequenos fragmentos elaborados e passados de um instrumentista para outro, numa espécie de desafio. Da mesma maneira que a improvisação no Barroco era difícil de explicar em palavras, este tipo de prelúdio, tão comum entre nós, também ainda não rendeu estudos aprofundados, apesar do interesse crescente dos meios acadêmicos pelo choro.

Música Italiana, Escola Francesa

No século XVIII, outros teóricos além de Hotteterre também escreveram a respeito de técnicas de improvisação, até mesmo porque foi então que se popularizaram os métodos e compêndios dirigidos à alta burguesia, que no século XIX seria grande consumidora de bens culturais. Porém, o assunto raramente é tratado em detalhe, como ocorre nas obras de Hotteterre e de Quantz. Ao estudarmos os métodos do alto Barroco e até mesmo da virada do século XIX, nos deparamos com mais uma questão interessante: se, como já vimos anteriormente, nas obras italianas havia muito mais espaço para a improvisação do que naquelas em estilo francês, e se o estilo Italiano foi o que acabou predominando na Europa do século XVIII, por que a ornamentação italiana não é discutida a fundo nos métodos de flauta do alto Barroco?

A razão principal, claro, é a maior facilidade em se descrever os *agréements* franceses, ao contrário do que ocorre com as passagens e floreios da música italiana. Mas outra razão é de ordem instrumental: na Itália os veículos ideais para a expressão do estilo eram a voz e, dentre os instrumentos, o violino. Apesar da hegemonia estilística da Itália, foi na França que os instrumentos de madeira (aí incluída a flauta) encontraram o palco ideal para seu desenvolvimento e florescimento.

A família Hotetterre é geralmente considerada responsável por inserir a flauta transversal no mapa da Europa durante o período barroco. De fato, a flauta transversa, apesar de sua origem alemã (nesta época ainda era denominada de *Flauta Alemã*) tornou-se um instrumento caracteristicamente francês.

Em relação a isto, deve-se notar que, na edição alemã do *Versuch*, de Quantz, a flauta aparece no título não como "Querflöte", como seria de se esperar, mas sim com o nome híbrido de "Flöte Traversiere". Os grandes virtuoses do instrumento eram franceses: Buffardin e Blavet[84], no século XVIII, bem como a maior parte dos inúmeros flautistas que reinaram no século seguinte (dentre os quais Berbiguier, Drouet, Camus, Rault, Saust, para citar apenas alguns...). Até hoje são os franceses que dominam a escola da flauta. Portanto, não é de se espantar que a maioria dos métodos escritos para este instrumento fosse igualmente de origem francesa (Corrette, Hotteterre, De Lusse, Devienne...), assim como grande parte dos métodos do século XIX (ainda em uso nos conservatórios do mundo inteiro): Taffanel & Gaubert, Altès, Camus, Dorus, Tulou... a lista é interminável.

Os poucos italianos que escreveram métodos para a flauta do final do período barroco em diante, ainda que escrevessem música italiana, eram totalmente ligados à tradição flautística francesa: Lorenzoni, Gariboldi, Hugues. Assim, ocorre que, apesar do predomínio da música italiana nas salas de concerto, os métodos franceses geralmente mencionam a improvisação ao gosto italiano, mas se ocupam muito mais com a correta execução dos ornamentos padronizados, aquilo que em inglês se chama de "gracenotes", chegando mesmo a oferecer ao leitor extensas tabelas de trilos e mordentes. Mahaut, por exemplo, gasta inúmeras páginas de seu manual, dando sugestões de dedilhados especiais para trilos. Alguns trilos chegam a merecer seis diferentes opções de dedilhado. A improvisação, no entanto, não é nem mesmo mencionada. É claro que esta tendência refletia mais do que apenas orgulho nacional. Como foi dito anteriormente, um grupo de ornamentos padronizados se presta à descrição e classificação com muito mais facilidade do que improvisos livres.

A Província dos Profissionais

Os métodos da época pretendiam ser manuais práticos de instrução, freqüentemente dirigidos a principiantes ou músicos amadores, e não obras teóricas ou filosóficas sobre interpretação musical. Ora, o improviso, o Prelúdio, era a província dos profissionais. A habilidade de improvisar era justamente um dos principais critérios pelos quais se podia julgar o valor de um músico. Acontece que um músico profissional é, por definição, alguém que já domina a arte de seu instrumento, e que pode, portanto dispensar instruções sobre seu *métier*. Um dos vários manuais para flauta publicado no início do século XVIII, na Inglaterra, o de Prelleur, explica da seguinte maneira a ausência de exercícios para a improvisação:

> Não podemos oferecer regras precisas para a inserção destes ornamentos; é o ouvido e a prática que devem ensinar seu uso no momento certo, ao invés da teoria. O que eu o aconselharia a fazer é tocar durante um certo tempo apenas peças de música que contenham esses ornamentos anotados, acostumando-se assim, pouco a pouco, a usá-los com as notas com que combinem melhor (Prelleur, 1731: 11).[CLXVIII]

Naturalmente, o contexto cultural de um país e de uma época é óbvio para aqueles imersos nele. Como já ressaltei, os autores do período barroco não estavam escrevendo para a posteridade. Escreviam, isso sim, para seus contemporâneos, que estavam mergulhados no mesmo caldo cultural. Mas assim como as palavras mudam sua acepção com o passar das décadas, de maneira mais brusca ou mais imperceptível (há apenas 50 anos a palavra "irado" certamente não tinha o sentido de "formidável, excelente" que tem hoje), também as práticas de execução sofrem imensas transformações com o correr das décadas. É provável que apenas uma coisa soe mais antiquada do que uma gíria de 50 anos atrás: uma interpretação musical de 50 anos atrás!

Infelizmente, com relação à música do Barroco, ao contrário do que costuma acontecer com a evolução orgânica das línguas faladas, houve uma quebra de continuidade das práticas de interpretação tanto vocal quanto instrumental. Com pouquíssimas exceções, as obras do Barroco desapareceram dos programas musicais do século XIX. Assim, perdeu-se para nós um conhecimento tácito a respeito de hábitos de execução e ornamentação deste repertório, que apenas recentemente vem sendo resgatado através de pesquisa musicológica.

Duas Obras Imprescindíveis

Se dispomos de sonatas com sugestões de ornamentação, existem relativamente poucos volumes teóricos que se ocupam em detalhe da improvisação. Duas notáveis exceções, como já dissemos, são justamente *L'Art de Préluder sur la Flûte Traversière*, de Jacques Hotteterre, datado de 1719, e *Versuch einer Anweisung die Flöte Traversiere zu spielen*, de Johann Joachim Quantz, de 1752. O livro de Hotteterre é o único manual expressa e exclusivamente dedicado ao ensino da improvisação. Além de seu óbvio interesse musicológico, tem a vantagem de ter sido escrito por um dos grandes compositores do Barroco francês.

Hotteterre é de fato um dos compositores que mais escreveu para a flauta; suas suítes e trios são obras de rara beleza, que exploram ao máximo todas as possibilidades do instrumento. Os Prelúdios de seu manual não ficam atrás em termos de qualidade musical. Além dos inúmeros exemplos de improvisação, *L'Art de Préluder sur la Flûte Traversière* nos diz muito sobre o estudo de harmonia da época, uma vez que está repleto de instruções diretas. É um dos métodos que oferece o maior número de respostas a perguntas sobre improvisação, como se pode ver nos comentários de Hotteterre sobre o que é essencial num Prelúdio:

> A regra mais essencial do Prelúdio é que ele deve ser modulado no tom que a gente se propõe, principalmente ao começar e terminar. Para entender o que é modulação, é preciso saber que tudo o que se compõe em música, seja Ária, Sinfonia, Cantata, Sonata, etc., está num certo modo (ou tonalidade) e deve, absolutamente, acabar nesta tonalidade: a primeira nota deve mesmo ser aquela da tonalidade, ou uma das notas de seu acorde perfeito [..] Ora, as mesmas regras se observam para o Prelúdio (*Hotteterre, 1719: 3).*[CLXIX]

O manual contém exemplos de Prelúdios em todas as tonalidades, com instruções sobre a nota sensível e as regras de modulação a serem observadas. Contém também esclarecimentos sobre as cadências e sua distribuição nos modos maiores e menores; sobre sistemas para reconhecer, no início de uma peça, qual é sua tonalidade; sobre o aprendizado da transposição em todas as tonalidades e claves, e, finalmente, um capítulo dedicado aos diferentes tipos de compasso. Como se pode ver, uma abordagem completa da improvisação flautística, que será estudada por Quantz com o mesmo detalhe apenas algumas décadas depois.

Apesar de freqüentemente citados lado a lado, os dois livros são obras totalmente diferentes em intenções e estrutura. Enquanto o manual de Hotteterre é um pequeno livro que, como diz o título, pretende ensinar especificamente a arte da improvisação através de exemplos práticos, o tratado de Quantz vai muito além do que seu título modesto promete, sendo tão importante pelos capítulos que abordam a técnica específica do instrumento quanto pela imensa variedade de assuntos tratados exaustivamente.

O Método de Quantz

É exatamente o escopo de seu tratado, que descreve com igual zelo tanto os "ornamentos essenciais" característicos da música francesa, quanto as passagens ornamentais italianadas, que faz com que esta seja até hoje nossa fonte de referência para desvendar os hábitos interpretativos flautísticos do século XVIII. A sofisticação do *Versuch* fica patente desde a organização de seus capítulos. A primeira parte do livro é dedicada à flauta propriamente dita: sua história, técnica, dedilhado, pequenos ornamentos, respiração. A partir do décimo capítulo, os assuntos discutidos são de interesse musical abrangente: bom gosto na interpretação, andamentos, dinâmicas, *affekts*, improvisação, acompanhamento. A última parte discorre sobre os vários estilos e formas em voga na época, com comentários acerca de sua interpretação.

Juntamente com as partituras contendo sugestões de ornamentação originais, como as *Sonatas Metódicas* de Telemann, já mencionadas, o *Versuch* nos ajuda a ter uma idéia do que era a execução de uma peça ornamentada no Barroco. O capítulo intitulado *"Da maneira de tocar o Adágio"* traz explicações sobre detalhes de articulação e emissão de som, e, principalmente, instruções sobre ornamentação livre. Segundo Quantz, deve-se inicialmente tocar o tema principal sem qualquer modificação, e só acrescentar ornamentos quando este tema é reapresentado. Esta idéia é compartilhada por Francesco Tosi, dentre outros, e há sonatas que parecem confirmar esta regra, como as já citadas composições de Michel Blavet e Carl Philipp Emanuel Bach.

> O modo pelo qual todas as árias divididas em 3 partes devem ser cantadas. Na primeira elas não requerem nada além do mais simples dos ornamentos, de bom gosto e escassos, para que a composição continue simples, singela e pura; na segunda se espera que a essa pureza alguns enfeites artísticos sejam acrescentados, através dos quais os judiciosos possam ouvir que a habilidade do cantor é maior; e na repetição da ária, aquele que não conseguir variá-la tornando-a melhor não é nenhum grande mestre (Tosi, 1742: 93). [170]

Segundo Quantz, quando uma sonata contém várias reexposições do tema, deve-se alternar ornamentação abundante com ornamentação discreta, de modo a conseguir contraste e manter a atenção do ouvinte.

Variedade, aliás, é a palavra-chave na execução de movimentos lentos. Quantz aconselha ao flautista criar contrastes de articulação ou dinâmica no caso de se encontrar momentaneamente desprovido de idéias para ornamentos; recomenda o uso de *appoggiaturas* antes de notas longas, e o de notas de passagem entre intervalos de terça; alerta para o perigo de se acelerar o andamento ao adicionar muitas notas a uma frase, e de se ornamentar em excesso movimentos singelos como *Sicilianas*, *Musettes* e *Bergeries*. O mais importante, entretanto, é que ele oferece exemplos práticos de ornamentação, em que vários tipos de floreios são demonstrados. Constantemente, porém, Quantz avisa ao leitor de que não se deve abusar destes ornamentos:

> Os ornamentos devem ser introduzidos apenas onde a ária simples torna-os necessários [...] Em outros casos, continuo da opinião previamente mencionada: quanto mais o Adágio for tocado com sentimento, de modo simples e correto, mais ele encantará aos ouvintes, e menos obscurecerá ou destruirá as boas idéias que o compositor tiver criado com cuidado e reflexão. Pois quando se está tocando, é muito pouco provável que, no ímpeto do momento, seja possível melhorar as idéias de um compositor que pensou longamente a respeito de sua obra (*Quantz, 1752: 169*). [CLXXI]

O conselho de Quantz continua tão atual hoje quanto era há três séculos, quando o *Versuch* foi escrito. Absortos como estamos numa era que valoriza as aparências, a velocidade, destreza e superficialidade, na qual a capacidade de impactar, chocar ou simplesmente impressionar pelo virtuosismo é exaltada pela mídia, temos de levar em conta que a música era encarada de forma bem diversa no período Barroco. Se quisermos buscar uma empatia maior com o repertório desta época, devemos nos lembrar que os intérpretes de três séculos atrás sabiam ser o propósito de uma composição, muito mais do que apenas entreter o público. Este devia ficar profundamente emocionado ou levado a perceber os vários "afetos" da música, como alegria, tristeza, entusiasmo.

Ficavam por conta do executante a melhor dinâmica, a articulação mais apropriada e o andamento certo, raramente marcados na partitura pelo compositor. "Assim, ao tocar, o flautista deve procurar se regular de acordo com o sentimento que prevalece, para que não toque um Adágio melancólico rápido demais ou um Adágio cantabile lento demais." (Quantz, 1752: 164).[CLXXII] A ornamentação era considerada apenas mais um dos aspectos expressivos da música, que, como os outros, era de responsabilidade do intérprete. Novamente cito Mary Cyr:

> Além de tais omissões intencionais nos manuscritos, algumas obscuridades de notação resultam das convenções estilísticas da época. Em sonatas italianas, por exemplo, compositores freqüentemente escreviam apenas um baixo e uma linha melódica simples, e esperavam que o intérprete ornamentasse a melodia. Não apenas o intérprete e compositor participavam do processo criativo, mas intérprete e instrumento estavam unidos no propósito de expressar a paixão ou *affekt* inerentes à música (*Cyr, 1992: 123)*.[CLXXIII]

A Improvisação Sai de Cena

O desenvolvimento da música ocidental durante os séculos parece ter se dado de forma cíclica, sob vários aspectos. No que diz respeito à música vocal, do mesmo modo como se alternam períodos em que reina a palavra e outros em que domina a melodia – a eterna rixa entre poesia e música –, no caso da composição versus interpretação, fenômeno semelhante pode ser observado. O século XVIII assiste a uma transformação em relação ao público de concertos, assim como em relação ao *status* do músico. A burguesia se firma, os conservatórios[84] se estabelecem, o ensino de música passa a ser disponível para todos os cidadãos, o músico profissional passa a ter *status* de classe-média. Não é surpreendente, portanto, o aparecimento de três métodos diferentes de flauta (Devienne, Cambini e Vanderhagen) em um período de apenas cinco anos. Esses métodos, dirigidos ao diletante burguês, tentam esquematizar ao máximo o ensino do instrumento, uma tendência geral do período. A ornamentação improvisada, que depende da orientação direta de um mestre, deixa de ser assunto prioritário.

Paralelamente, do século XVII ao XIX ocorreu uma mudança gradual no enfoque sobre a figura do compositor, e este se tornou cada vez mais importante. No Barroco, o meio musical privilegiava os intérpretes, como bem observa David Fuller,

> Nos séculos XVII e XVIII, a colaboração entre compositor e intérprete, sem a qual não pode existir qualquer música que não seja improvisada ou composta diretamente em seu meio (como é o caso da música eletrônica), se inclinava para o lado do intérprete com mais peso do que em qualquer outra época *(Fuller, 1989: 117).*[CLXXIV]

Se o século XIX pode ser considerado o ápice do culto à personalidade do compositor, igualado ao herói solitário da literatura, que luta contra o peso da sociedade e do destino (Beethoven encarna esta figura à perfeição!), no Barroco é o intérprete quem goza de prestígio especial. Não é de se espantar, portanto, que ornamentação e improvisação tenham experi-

---

[84] Nos referimos aqui aos conservatórios tais como os conhecemos hoje. Apesar da maioria das instituições com este nome e espírito datarem do início do século XIX, o nome existe na Itália desde 1537 – o Conservatório de Santa Maria de Loreto, em Nápoles, foi o primeiro conservatório de música secular na Europa. A palavra "conservatório" vem do italiano *conservare*, referindo-se tanto à preservação da música quanto a das crianças (*conservati*) que abrigava. Uma escola de música estatal foi fundada em Lisboa no século XVII; em 1771, Estocolmo inaugurou seu primeiro conservatório; o famoso Conservatório de Paris começou suas atividades em 1796.

mentado durante este período um florescimento extraordinário. Toda arte que favorece os aspectos interpretativos é logicamente um campo fértil para o desenvolvimento da improvisação. É o caso do jazz, do choro e de outros gêneros de música popular instrumental dos dias de hoje.

Às vezes a sobrevivência de certas práticas musicais é encontrada nos lugares mais surpreendentes. Em Cuba, uma tradição antiga, que se origina na França, é a *Charanga*, uma orquestra de piano, cordas, vozes, flauta e percussão, caracterizada por um repertório de dança de salão e que costumava animar os bailes da elite. Como explica Connie Grossman, em seu artigo "Charanga: then and now":[85]

> Partes do *danzón* exigiam ornamentação florida semelhante àquela do Barroco francês ou do estilo galante na repetição da melodia. Isso era particularmente impressionante porque as flautas em que esses flautistas tocavam eram o instrumento simples de madeira, de 5 chaves, inventado por Georg Tromlitz, da Bavária, no início do século XIX. [...] Uma vez que a migração primária da França para Cuba, via Haiti, aconteceu no final do 1700, e uma vez que o desenvolvimento das orquestras de *Charanga* teve lugar principalmente durante os 1800 e início de 1900, não é surpreendente que a flauta mais usada em *Charangas* seja a flauta Tromlitz de 5 chaves. Mesmo hoje em dia, muitos ainda preferem esta flauta de 5 chaves devido ao seu som quente, sua sutileza, e sua facilidade na quarta oitava (sic), assim como por um desejo de manter uma tradição.[CLXXV]

Como se pode perceber, ficaram congeladas no tempo uma prática de ornamentação do século XVIII, e, curiosamente, a utilização dos instrumentos de um período posterior, num sincretismo delicioso! É um fenômeno semelhante ao de certas comunidades colonizadas, que a adotam a língua do colonizador e acabam por preservá-la na sua forma mais pura. A sensação de deparar com fotos e mais fotos de flautistas orgulhosamente empunhando suas flautas de cinco chaves é maravilhosa. E o som que produzem dela é único e cativante.

Mas estamos nos adiantando no tempo. De volta à Europa do século

[85] http://www.lafi.org/magazine/articles/charanga.html, acessado em 23 de outubro de 2003.

XVIII, com o surgimento do estilo clássico, a participação do intérprete na forma final da obra musical decresce e aumenta a importância do compositor. É uma tendência que irá desembocar no Romantismo, em que duas vertentes se definem claramente: a da música "séria", na qual a fidelidade ao texto escrito é essencial, e a figura do compositor é proeminente; e a música "de salão", virtuosística e ligeira, em que a figura do virtuose é festejada – músicos como Paganini, Liszt, Nicholson, e o enorme número de flautistas/compositores que grassaram no século XIX. Como observa o articulista do *Rough Guide to Classical Music*, no verbete sobre Paganini (2001: 354)

> Com a chegada de Paganini, e mais tarde Liszt, a interpretação, composição e apresentação da música clássica foram virtualmente reinventadas. Em suas mãos ligeiras, o sério negócio da arte foi remodelado como entretenimento, e eles fizeram do brilho uma virtude espetacular. Executando suas próprias obras, escritas para expor suas habilidades sob a melhor luz possível, reverteram a polaridade da apreciação, e fizeram o método de execução ser mais importante do que a obra que estava sendo executada.[CLXXVI]

É curioso observar que, mesmo nas obras destes intérpretes/compositores, freqüentemente a ornamentação, ainda que abundante e até mesmo exagerada, provinha da pena do próprio autor, notada na partitura, e não inventada ao sabor do instante, apesar de muitas vezes haver uma representação quase teatral desta prática. No caso de Paganini, tornou-se famoso o momento em que as cordas do violino se arrebentavam, até que o virtuose "improvisava" o resto do concerto numa única corda apenas. O grande improvisador, ao estilo de J. S. Bach, cede lugar ao intérprete-*showman*. As *cadenzas*, ao invés de apenas indicadas por uma fermata e deixadas ao gosto do intérprete, são escritas minuciosamente, imitando a espontaneidade de uma improvisação. A forma *Tema e Variações*, que neste século atinge seu apogeu, é o perfeito exemplo de música fartamente elaborada do ponto de vista melódico, mas em que a improvisação já deixa de ser característica fundamental. Ao comentar o processo de dissociação entre compositor e intérprete, que começa em 1600, aproximadamente, e atinge seu apogeu 300 anos depois, Ernst Krenek comenta:

Os compositores cada vez mais queriam fazer de sua escrita a expressão de suas idéias, cada vez mais personalizadas como indivíduos. [...] a conseqüência essencial deste processo é que agora ao executante é dado um material que não mais deve soar como sua própria invenção no momento da interpretação, mas que tem sentido e dignidade em si mesmo antes de se tornar audível. O problema envolvido surge do fato de que o intérprete, de acordo com sua própria natureza, [...] ainda luta para fazer o material soar como se ele o tivesse criando no ato de interpretá-lo (Krenek, 1958: 169).[CLXXVII]

Razões para o Declínio

A arte de improvisar vai sendo esquecida à medida que a ornamentação vai sendo incorporada à própria composição – fenômeno que ocorre de forma mais ou menos gradual, ao longo de todo o século XVIII. Paralelamente à valorização crescente da figura do compositor, há outros motivos que determinaram o declínio da arte da improvisação. Às vezes é difícil estabelecer o que foi causa e o que foi conseqüência da morte de tal prática. Muitos atribuem o seu enfraquecer ao desaparecimento do baixo cifrado, o qual, como as cifras do Jazz e da MPB, é um estímulo natural ao improviso.

Mas será que o hábito de escrever baixos cifrados também não entrou em desuso porque a improvisação já não era mais tão difundida? A proliferação de edições dirigidas a músicos amadores provenientes da nova classe média que se estabelecia criou uma necessidade de notação mais detalhada. O compositor não mais podia se fiar na habilidade do intérprete em entender uma escrita esquemática e elaborá-la a contento; ao contrário, o mais provável é que o intérprete não soubesse representar fielmente suas idéias, a não ser que estas estivessem cuidadosamente notadas.

No século XVIII, improvisar era parte da rotina de qualquer intérprete, e parte do aprendizado de qualquer estudante de música. Instrumentos barrocos tinham possibilidades de articulação e de dinâmica menores do que seus descendentes, e o intérprete dependia mais da ornamentação para criar a variedade imprescindível para dar vida a uma composição. Além disso, no Barroco, ornamentos como as *appoggiaturas, port-de-voix* e trilos cadenciais, especialmente em movimentos lentos e líricos, tinham função harmônica. Serviam para adicionar o tempero da dissonância aos momentos mais dramáticos da frase.

No século seguinte, em que as regras de condução harmônica permitiam um número muito maior de dissonâncias, este tipo de ornamento passou a ser desnecessário e a improvisação se tornou uma arte em extinção. Além do mais, no Barroco a escrita de cada peça era geralmente voltada para uma única apresentação, e esta se dava sob o controle imediato do compositor. No século seguinte começa a tomar forma a idéia de que as composições têm uma vida além da vida do próprio autor, que as lega à posteridade, longe de seu domínio, tanto espacial quanto temporal. Por parte do compositor passa a existir uma urgência de explicitar, o mais claramente possível, suas idéias para o intérprete. É exatamente neste quadro que se dá o desenvolvimento maior dos sinais de notação, não apenas de ornamentos, mas igualmente no que se refere à articulação, dinâmica e fraseado.

Seja por que motivos fosse entretanto, a arte da improvisação morreu no século XVIII, para renascer inteiramente apenas no século XX, com o Jazz. No período Romântico, sobrevivia apenas no âmbito restrito das cadências solo dos concertos, e na tradição de música para órgão. De uma perspectiva contemporânea, o declínio da improvisação parece um paradoxo, uma vez que o moderno amante de música tende a pensar na espontaneidade como sendo uma característica do Romantismo.

Mas o músico do século XIX só parece um improvisador razoável se comparado ao do século seguinte, e suas habilidades empalidecem ao serem confrontadas com as do músico barroco. Enquanto no século XVIII todos os compositores eram intérpretes e virtualmente todos os intérpretes sabiam compor (até mesmo sua Majestade, Frederico II, o Grande, da Prússia!), os intérpretes de música clássica do século seguinte se tornaram altamente especializados. Eram instrumentistas que estudavam horas por dia, num esforço hercúleo para dominar textos compostos por outros músicos. A técnica era cultuada acima das outras qualidades, e apesar de serem altamente capazes de reproduzir peças com perfeição, não tinham mais qualquer treinamento ou estudo que os capacitasse a inventar seu próprio repertório! Felizmente o nosso século está presenciando um resgate da arte de ornamentar e improvisar, não apenas nos campos da música popular e folclórica como também no âmbito da chamada música de concerto.

Charles Burney, autor de um livro com inúmeros relatos sobre concertos, considerado uma das fontes mais valiosas de informação sobre a vida musical na Europa do século XVIII, observa, em 1776, que a ornamentação livre já começava a sair de moda:

> Antigamente era mais fácil compor do que tocar um adágio, que basicamente consiste em algumas poucas notas que são deixadas por conta do gosto e da habilidade do intérprete; mas já que um compositor raramente encontrava suas idéias realizadas a contento pelo executante, adágios agora são escritos mais *chantant* e o executante não tem que passar pela tortura da ornamentação (*Burney, 1776: 10*).[CLXXVIII]

Cabe a nós, intérpretes da música do passado, ao introduzirmos ornamentação improvisada no repertório da época, procurarmos aquele equilíbrio ideal prescrito pelos tratados e sonhado pelos compositores. Só assim conseguiremos fazer com que não apenas a ornamentação não seja a "tortura" mencionada por Burney, como bem mais do que isso: que jamais se torne uma tortura para o ouvinte!

Conclusão

Conclusão

> *Nenhum músico que ouve [...] Jazz pode alimentar qualquer ilusão sobre um "código de execução" ou, aliás, sobre qualquer combinação de notação e descrição escrita que possibilite que ele reproduza uma execução que não ouviu. [...] se existem códigos, então devem ser tão diversos quanto os modelos que seguimos. Talvez a lição fundamental que os intérpretes da música antiga podem aprender do Jazz é rever as suas expectativas (Fuller, 1989: 119)*[CLXXIX]

Ao longo deste livro analisei comparativamente os métodos de flauta do século XVIII e XIX, acompanhando as mudanças na metodologia instrumental que desembocaram na moderna escola de flauta universalmente adotada hoje. Com este estudo, procurei lançar um olhar sobre os métodos do passado, principalmente os do século XVIII, que se encontravam esquecidos, e discutir a conveniência de trazê-los de novo à vida.

Ao penetrar nas engrenagens do ensino, visei, ao mesmo tempo, alargar o conhecimento sobre a maneira como se aprendia e se fazia música no Barroco, e avaliar sob que aspectos as mudanças nas formas de aprendizado ocorridas durante o século seguinte correlacionaram-se às mudanças de gosto artístico, considerando-se seu contexto político, filosófico e social. Para isso, comecei por delinear uma breve história do desenvolvimento da fabricação da flauta, e em cada capítulo subseqüente me detive nas questões que normalmente preocupam os escritores de métodos de qualquer época.

Acredito que esta meta foi plenamente realizada, e posso afirmar, sem sombra de dúvida, que o panorama descortinado por esta pesquisa é fascinante e envolvente. O mergulho no passado trouxe à tona um universo que ainda tem muito para revelar. Optei por restringir a comparação a quatro aspectos fundamentais da técnica flautística, mas muitos outros, igualmente importantes, aguardam a atenção dos pesquisadores. Mais ainda: sobre cada uma das vertentes abordadas, tomos completos poderiam ser escritos, e o assunto continuaria inesgotável e palpitante.

A vontade de organizar o mundo é humana. Desde tempos imemoriais, o homem luta contra o caos. Queremos descobrir como funcionam as coisas, e depois queremos compartilhar com os outros o que aprendemos. Não é de surpreender, portanto, que a padronização seja uma tendência forte em todos os campos do conhecimento humano. Mesmo os músicos que estudam o repertório de épocas conhecidas pela sua diversidade, acabam de alguma maneira cedendo às pressões de um mundo globalizado.

Basta pensarmos, por exemplo, na questão das afinações no Barroco. Hoje achamos que a afinação daquela época era mais baixa, e assim todos aqueles que se dedicam à música antiga usam uma afinação de Lá = 415 hz. Mas é fundamental lembrarmos que isso nada mais é do que uma convenção que visa a nossa conveniência: os instrumentos do Barroco estavam longe de ter uma uniformidade tão prática. Como bem observou Christopher Addington (1984: 35): "todas as evidências do período mostram que o diapasão variava loucamente, pelo menos de Lá = 350 até Lá = 500".[CLXXX]

Por outro lado, é o diapasão padronizado que nos permite fazer música de câmara em qualquer lugar do mundo, sem sermos obrigados a carregar conosco uma maleta com cem flautas, em diferentes afinações! Ou com vários *corps-de-rechange*, como faziam nossos colegas em 1700!

Se a diversidade é cativante, a padronização também não deixa de ter o seu charme, ao nos oferecer a ilusão de um universo compreensível e, portanto, controlável. Assim, temos que estar atentos para não cairmos numa velha armadilha: a de tentar classificar os métodos em pastinhas arrumadas, sem qualquer papel fora do lugar.

*

Quando comecei esta pesquisa, esperava encontrar fronteiras bem delimitadas, com métodos barrocos de um lado da cerca, métodos clássicos do outro, em posições radicalmente antagônicas. Mas era uma forma simplista de pensar o problema. Os métodos de flauta de qualquer época têm que se preocupar forçosamente com alguns aspectos básicos da técnica: como conseguir tirar som do instrumento (tema do Capítulo II, "Embocadura e Sonoridade: Uma Perspectiva Histórica"); como adquirir agilidade de dedos e língua (tema do Capítulo III, "Exercícios de Mecanismo: Uma Revolução no Estudo"); como emitir claramente cada nota, como juntá-las com graça (tema do Capítulo IV, "Articulação, ou a Arte de se Expressar"), etc. Nisso, todos se parecem. Existem tendências gerais, é claro. E essas foram apontadas no decorrer do presente livro. Porém, elas aparecem desordenadamente, em ondas que se sobrepujam e se confundem, escapando a qualquer classificação estanque. São miríades de pequenas diferenças, pontos de vista pessoais, comentários rabugentos ou malévolos dirigidos a algum rival que nem sabemos mais quem foi, digressões de todo tipo, que dão aos tratados um interesse especial.

É fascinante entrever, em assunto que parece tão técnico e limitado, a acuidade de observação de certos autores e a intensidade de sua paixão pela música. E também perceber de que forma este microcosmo se relaciona com a sociedade de cada época – tema abordado no Capítulo II, sobre Mecanismo, que analisa as mudanças sociais do período de transição entre dois séculos.

Àquela minha atitude inicial, um tanto redutora, aliava-se um viés pessimista ou, no mínimo, nostálgico, é mister confessar. Comparado com o nosso tempo, sempre pensei no passado como uma época de maior liberdade em termos de interpretação, de maior colorido sonoro, de maior riqueza instrumental e musical. Uma das surpresas agradáveis que tive durante a elaboração deste livro foi constatar que minha postura inicial, bastante preconceituosa, não passava de falta de informação. À medida que me embrenhava pelos meandros tortuosos da pesquisa, meu enfoque foi gradualmente mudando.

Ao escrever o capítulo sobre a história da flauta, acabei descobrindo que o mundo atual, que imaginava ser totalmente pasteurizado e globalizado, ainda tem lugar para um enorme contingente de artesãos dedicados e apaixonados, que estão em busca de sons inusitados, únicos e inéditos. Ao contrário do que vinha ocorrendo até recentemente, a nossa época está mais uma vez se abrindo para idéias originais e para surpreendentes sonoridades, como vimos no Capítulo I: "Um Pouco da História da Flauta." No campo da indústria flautística, os fabricantes têm deixado a massificação de lado, e voltado seu olhar para a madeira, material que andava esquecido.

Até bem pouco tempo atrás, o uso de metal para a confecção de flautas era tão habitual que muitos se surpreendiam ao perceber que a flauta é classificada entre as madeiras e não entre os metais. O retorno da madeira não é uma atitude saudosista apenas. Os novos instrumentos de madeira aliam a beleza do material a uma tecnologia de ponta, unindo o melhor da flauta barroca – a doçura e flexibilidade do som – com o melhor da flauta romântica – a potência e capacidade de penetração do som. Mas há também uma outra tendência antiga que está começando a se reafirmar: a de adaptar os instrumentos às pessoas, ao invés de pessoas a instrumentos.

É cada vez maior o número de personalizações, assim como adaptações que visam adequar a flauta a flautistas com diversos tipos de deficiências nas mãos, e já existem flautas feitas expressamente para acomodar dedos mais curtos ou prejudicados por algum acidente. Um bom exemplo disso é a flauta de John Lunn, que além de chaves com extensores especiais, ainda se dá ao luxo de ter um design originalíssimo, como se pode ver na figura a seguir:

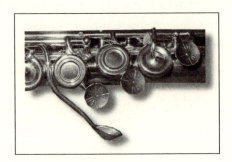

37. Flauta John Lunn, 2002.

E John Lunn tem companhia: um fabricante bastante extravagante, Chris McKenna, além de fabricar instrumentos totalmente exóticos (como misturas de flautas com ocarinas), faz flautas de cristal, porcelana e até... pedra! Aqui mesmo, no Brasil, já está começando a haver campo para a pesquisa de materiais. Alguns flautistas do Rio de Janeiro estão usando bocais de fibra de carbono, fabricados por Leonardo Fuchs.

Esta tendência inovadora não se restringe à flauta, é claro. Para citar apenas um exemplo, os belos trompetes Monette, de desenho absolutamente revolucionário, e que inicialmente encontravam resistência por parte da maioria dos músicos, atualmente são disputadíssimos, tendo entre seus partidários alguns dos maiores trompetistas do mundo. Charles Schlueter, principal trompetista da Boston Symphony Orchestra[87], por exemplo, quando aqui esteve em 2002, me garantiu que não há instrumento melhor. Afirmação idêntica me fez Wynton Marsalis, considerado o mais importante trompetista de Jazz vivo, que se utiliza corriqueiramente de instrumentos Monette.

Mas não apenas de flautas e trompetes vive a moderna produção de instrumentos. As indústrias de fabricação de todos os instrumentos têm caminhado a passos largos na direção do verdadeiro progresso: não a maquinização e estandartização absolutas, mas sim a pesquisa de novos materiais, novos recursos, novos usos. Assim como há flautas feitas de fibra de carbono e pírex, violinos têm suas formas revistas, pianos acrescentam a eletrônica a seus recursos habituais, clarinetas são confeccionadas de resinas plásticas, e assim por diante.

Outro desenvolvimento fascinante é o retorno das famílias de instrumentos. Enquanto no século XIX apenas a flauta e o *piccolo* eram normalmente utilizados, atualmente as flautas são feitas em tamanhos cada vez mais diferenciados. A flauta em sol é instrumento corriqueiro na música popular, e

---

[87] É curioso constatar, mais uma vez, a importância da orquestra de Boston no que concerne à aceitação de novas sonoridades. Como já vimos no Capítulo I, dedicado à história da flauta, os músicos da *Boston Symphony* estão sempre à frente de seu tempo, dispostos a experimentar e a estabelecer novos padrões musicais ou sonoros. Foi assim em relação à adoção da flauta de metal, no século XIX, e no nosso século, em relação à volta da flauta de madeira.

orquestras de flautas (herdeiras diretas dos "consorts" da Renascença!) se utilizam das flautas de vários tamanhos para criar cor e profundidade na sonoridade final do grupo. A flauta *d'amore* (espécie de intermediária entre a flauta de concerto e a flauta alto, com som doce e envolvente), que estava completamente abandonada há séculos, há pouco fez uma *rentrée* triunfal, e agora consta da linha de montagem da Sankyo, para citar apenas uma das mais importantes fábricas de flautas!

*

Em relação ao equilíbrio compositor/intérprete, indiscutivelmente favorável ao compositor durante todo o século XIX, como vimos no Capítulo V: "Teoria e Prática da Improvisação," já a algumas décadas o pêndulo se inclina novamente para o lado do intérprete, que é cada vez mais valorizado e volta a ter uma participação enorme no resultado musical das obras que escolhe tocar. A redescoberta da música do Barroco e de suas práticas de improvisação foi também responsável pelo aumento do interesse pela improvisação em geral, e a nova geração de intérpretes que se forma têm se dedicado cada vez mais a esta arte. Sem dúvida existe igualmente uma influência da música popular, na qual o intérprete sempre teve primazia sobre o compositor, e na qual a improvisação nunca foi abandonada de todo. Seja como for, vemos com prazer uma volta da improvisação e da ornamentação na chamada música de concerto.

Ainda que os métodos utilizados nos conservatórios sejam os poucos que se fixaram no século XIX, aumenta dia-a-dia o interesse pelos tratados do passado, assim como se multiplicam novos livros de instrução, escritos por autores contemporâneos que abordam aspectos até então pouco explorados, como os efeitos especiais na flauta e o uso da flauta no Jazz e na música popular. Além dos já clássicos *The Other Flute*, de Robert Dick, e *New Sounds for Woodwinds*, de Bruno Bartolozzi, vários autores se dedicam a explorar o mundo de efeitos especiais e sonoridades inéditas que a flauta pode produzir. Num desenvolvimento surpreendente, mas que faz sentido, a moda de instrumentos originais estimulou até mesmo o florescimento de métodos para flautas barrocas... escritos no nosso século. É o caso de *The Baroque Flute Fingering Book*, de Margaret Neuhaus, assim como *A Practical and Tuneful Method for the Baroque Flute*, de Peter Bloom, que há muito passaram da primeira edição!

A edição e reedição de livros sobre o instrumento, como *The Flute Book*, de Nancy Toff, publicado pela primeira vez em 1996, e *The Early Flute*, de 1992, do flautista John Solum, mostram que existe um público disposto a aprender sempre mais sobre este instrumento. Muitos autores de métodos atuais já se afastaram da velha idéia de formular bulas únicas para gerar flautistas em linha de montagem, como vimos no Capítulo II, "Exercícios de Mecanismo: uma Revolução no Estudo," e escrevem suas obras com um público específico em mente. Instruem levando em conta características nacionais e, ao fazê-lo, criam sua própria marca. O *Método de Flauta* do Professor Celso Woltzenlogel, por exemplo, inclui não apenas exercícios feitos expressamente para o flautista brasileiro como ainda dá uma ênfase especial ao estudo da síncope, traço tão importante em nossa música, que foi negligenciado por praticamente todos os métodos estrangeiros do passado, com exceção talvez, de Vanderhagen. Mário Sève é outro autor carioca que escreveu um método dirigido para o aluno brasileiro, mais especificamente, para o aluno que deseja tocar Choro.

Nos últimos cinqüenta anos, o impulso que ganhou a pesquisa sobre a música antiga fez mais do que colocar velhos instrumentos em ação. Reavivou o interesse pelo riquíssimo repertório desta época e, ao transformar a música do passado em algo vivo e vibrante, ressuscitou também métodos e tratados que se encontravam soterrados sob camadas de poeira, submetendo-os a uma nova leitura, e fazendo deles o ponto de partida para um debate extremamente frutífero. Velhos tratados impossíveis de serem encontrados algumas décadas atrás, estão sendo reeditados em edições de luxo, que não só interessam ao musicólogo, mas também visam alunos e professores de música.

Recentemente foi lançada pela *Fuzeau* (2002) uma coletânea magnífica, que reúne em dois volumes, de apresentação gráfica impecável, vinte e três métodos franceses escritos entre os anos de 1600 a 1800. A *Studio per*

Edizioni Scelte, editora sediada em Florença, tem igualmente presenteado o público com métodos antigos em edições fac-similadas, acompanhados de Prefácios que são verdadeiros tratados musicológicos, de altíssimo nível, como é o caso de *Tre Metodi per Flauto Del Neoclassicismo Francese* (1984). Aproveitando a boa recepção que encontraram esses livros junto aos flautistas, também lançaram excelentes obras que abordam historicamente os diversos aspectos da técnica flautística, como o primoroso *Del Portar della Língua negli Instrumenti di Fiato*, de Marcello Castellani e Elio Durante (1987). Ao mesmo tempo, cresce o número de pessoas dedicadas ao estudo de flautas específicas e de seu repertório, como atesta o "boom" da flauta nativa norteamericana, da música irlandesa e da música cubana com suas flautas pré-Boehm, das flautas japonesas e chinesas, e das flautas indianas. Para nos atermos a um único exemplo, no último número da *The Flutist Quarterly* (v. 28, n. 2, 2003) descobrimos que James Pellerite, um dos flautistas mais importantes no cenário norte-americano e autor de dois livros clássicos (*A Handbook of Literature for the Flute*, 1965, e *A Modern Guide to Fingerings for the Flute*, 1969) acaba de decidir abandonar inteiramente a flauta moderna para se dedicar de corpo e alma à flauta nativa norteamericana, executando e promovendo novas peças escritas especificamente para ela. No Brasil, a reavaliação das bandas de pífano e a inclusão deste instrumento em grupos urbanos que atuam fora da área em que tradicionalmente se delimitavam é uma indicação desta vitalidade refrescante. Prova disso é o grande sucesso de músicos como Hermeto Pascoal, com suas ousadas experiências instrumentais, Egberto Gismonti, que recorre tanto a pífanos quanto a flautas das mais variadas etnias aliadas à flauta tradicional, e Carlos Malta, com seu conjunto *Pife Muderno*.

Não seria possível terminar este livro sem mencionar um dos mais férteis campos de discussão e de acesso a materiais relevantes, e que de muito serviu a esta pesquisa: a Internet. *Sites* inteiramente dedicados à flauta demonstram que existem cabeças pensantes a serviço do instrumento, oferecem conselhos valiosos e muitas vezes questionam idéias já solidificadas pelo hábito. Grupos de discussão que reúnem flautistas do mundo inteiro são uma novidade saudável e profícua, criando uma verdadeira rede de difusão de idéias a respeito da flauta e de tudo que lhe diz respeito.

Por fim, a própria indústria fonográfica, por muito tempo uma das fontes de massificação de nossa era mais difíceis de combater, começa a se dar conta do esgotamento desta fórmula, e procura diversificar, ressuscitando compositores relegados ao esquecimento, voltando-se para grupos que pesquisam instrumentos de época, ou mesmo apoiando aqueles que tentam unir esses instrumentos à composição própria e a conceitos totalmente inéditos. É o caso do grupo tcheco responsável pelo CD *Echoes* (2001), em que a flauta barroca se junta a alguns instrumentos insólitos para se lançar em novas aventuras sonoras muito bem sucedidas. Aumenta também o número de gravações de concertos feitas ao vivo, registrando um momento interpretativo, e não mais exibindo uma soma de recursos tecnológicos inatingíveis na vida real. A improvisação, a saudável corda-bamba mencionada por Levin (s. /d.), passa assim a fazer parte, mais uma vez, da fruição musical.

Minha intenção inicial era redescobrir o passado. Acabei conseguindo muito mais do que isso: redescobri o presente. Espero que meu livro possa despertar nos leitores não apenas a curiosidade pela herança que ainda serve de guia para nossas andanças sonoras, mas também a vontade de explorar o pensamento musical de nosso próprio tempo, desbravando as veredas musicais que conduzem aos itinerários do futuro.

Bibliografia

Bibliografia

ADDINGTON, Christopher. *In search of the Baroque flute: the flute family 1680-1750*. In: *Early Music*. Londres: 1984.

ALTÈS, Henry. *Méthode Complète de Flûte*. Paris: Schoenaers-Millereau, [1906]. Paris: Alphonse Leduc, reedição de 1956.

AMMER, Christine. *Harper's Dictionary of Music*. New York: Harper & Row, 1973.

ANON. *Encyclopédie Méthodique, Arts et Métiers Mécaniques*. Liège: Pomteaux, 1788. Fac-símile da edição de Paris, Paris: J. M. Fuzeau, 2002.

ANON. [Corrette, Michel]. *Methode Pour apprendre aisèment... joüer de la Flute Traversiere*. Paris: Boivin, ca.1740. Fac-símile da edição de 1773, Geneva: Minkoff, 1977.

ANON. *New Instructions for the German-Flute, Containing... a complete Scale and description of a new-invented German Flute with the additional keys such as play'd on by two eminent Masters*. Florio & Tacet. Londres: John Preston, sem data.

ARTAUD, Pierre-Yves. *Méthode Elémentaire de Flûte*. Paris: Lemoine, 1972.

ASSIS, Pedro de. *O Manual do Flautista*. Rio de Janeiro: sem editora, 1925.

BACILLY, Bénigne de. *Remarques curieuses sur l'art de bien Chanter. Et particulierement pour ce qui Regarde le Chant François*. Paris: Edição do autor, 1668. Fac-símile da edição de 1679, Geneva: Minkoff, 1974.

BAINES, Anthony. *Woodwind Instruments and their History*. Londres: Faber and Faber, 1967.

BARTOLOZZI, Bruno. *New Sounds for Woodwinds*. (tradução para o inglês por Reginald Smith Brindle). Londres: Oxford University, 1967.

BARTON, Karl S. *Flute attack! A Comprehensive Overview of Articulation Possibilities*, In: *The Flutist Quarterly*, vol. XXII, n° 1, Elkhart, Indiana, 1996.

BERBIGUIER, T. *Nouvelle Méthode pour la Flûte*, Paris: Janet et Cotelle, ca.1818.

_____. *L'Art de la Flûte*, Paris: Aulagnier, ca.1838.

BLÉMANT, L. *Méthode de Flûte*. Paris: Evette et Schaeffer, ca.1885.

BLOOM, Peter H. *A Practical and Tuneful Method for the Baroque Flute*. Sommerville, Massachussets: Edição do Autor, 1989.

BOEHM, Theobald. *Die Flöte und das Flötenspiel*. Munique: Joseph Aibl, 1871. (tradução para o inglês por Dayton C. Miller). *The Flute and Flute-Playing*. New York: Dover, 1964.

BORDET, Toussain. *Méthode raisonnée pour apprendre la Musique*. Paris: Edição do autor, ca.1755.

BOWERS, Jane. *New Light on the Development of the Transverse Flute between about 1650 and about 1770*. In: *Journal of the American Musical Instrument Society*, n°.3, Middleton: A-R, 1977.

BROWN, Clive. 'Articulation Marks', In: *The New Grove Dictionary of Music Online*. MACY, L. (ed.). Acessado em 8 de Agosto de 2003, <http://www.grovemusic.com>

BURNEY, Dr. Charles. *A General History of Music from the earliest Ages to the Present Period*. Londres: 1776. Fac-símile, Londres: Frank Mercer, 1935.

CAMBINI, J.M. *Méthode pour la Flûte*. Paris: Gaveaux, 1793. Fac-símile, Florença: Studio per Edizioni Scelte, 1984.

CAMUS, Paul Hippolyte. *Méthode pour la nouvelle Flûte Boehm*. Paris: E. Gérard, 1839.

CARNAUD Jne. *Méthode Complète pour le Flageolet, nouvellement augmentée de Douze Grands Caprices et un Air Varié par N. Bousquet*. Paris: Billaudot, sem data.

CASTELLANI, Marcello. Estudo introdutório para *Tre Metodi per Flauto Del Neoclassicismo Francese*. Florença: Studio per Edizioni Scelte, 1984.

CASTELLANI, Marcello & DURANTE, Elio. *Del Portar della Lingua negli Instrumenti di Fiato: Per una Corretta Interpretazione delle Sillabe Articolatorie nella Trattatistica dei Secc. XVI-XVIII*. Florença: Studio per Edizioni Scelte, 1987.

CIARDI, Cesare. *Metodo Elementare per Flauto*. Milão: G. Ricordi, ca.1860.

COCKER, Jerry et alii. *Patterns for Jazz*. Miami: Studio, 1970.

COPLAND, Aaron. *Music and Imagination*. New York: Mentor Books, 1959.

CORRETTE, Michel. *Méthode raisonnée pour apprendre aisément a jouer de la Flûtte traversière*. Paris, 1773. Fac-símile, Genève: Minkoff, 1977.

CYR, Mary. *Performing Baroque Music*. Portland: Amadeus, 1992.

DELUSSE, Charles. *L'Art de la Flûte Traversière*. Paris: 1761. Fac-símile, Geneva: Minkoff, 1973.

DEVIENNE, François. *Nouvelle Méthode Théorique et Pratique pour la Flûte*. Paris: Imbault, 1794. Fac-símile, Florença: Scelte, 1984.

DICK, Robert. *The Other Flute*. Londres e New York: Oxford University, 1975.

DONINGTON, Robert. *The Interpretation of Early Music*. Londres: Faber and Faber, 1975.

_____. *A Performer's Guide to Baroque Music*. Londres, Faber & Faber, 1973.

DORUS, Louis. *L'Etude de la Nouvelle Flûte*. Paris: Schoenberger, ca.1840.

DROUET, Louis. *Méthode pour la Flute* (textos em francês e alemão), Antuérpia: A. Schott, 1827.

_____. *Drouet's Method of Flute Playing*, Londres: R. Cocks, 1830. Fac-símile, Buren: Frits Knuf, 1988.

Early Music, Flute Issue. Oxford: Oxford University Press, 1995.

FERREIRA, Aurélio Buarque de Hollanda et alîi. *Aurélio Eletrônico – Século XXI*, versão 3.0. Rio de Janeiro Lexikon, Novembro de 1999.

FLOYD, Angeleita S. *The Gilbert Legacy: Methods, Exercises and Techniques for the Flutist*. Cedar Falls, Iowa: Winzer, 1990.

FOUCAULT, Michel. *Vigiar e punir: nascimento da prisão*. Tradução de Raquel Ramalhete. Petrópolis: Vozes, 1987.

FRANÇA, Cecília Cavalieri. *Performance Instrumental e Educação Musical: a relação entre a compreensão musical e a técnica*. In: Per Musi, Revista de Performance Musical, Belo Horizonte: Escola de Música da UFMG, V. 1, 2000.

FROEHLICH, J. *Vollständige Theoretisch-practische Musikschule*, Parte II. Bonn: N. Simrock, 1810-11.

FULLER, David. *The Performer as Composer* In: BROWN, Howard Mayer & SADIE, Stanley, (eds.). *Performance Practice: Music after 1600*. New York: W.W. Norton, 1989

FÜRSTENAU, Anton Bernhard. *Flöten-Schule. Anweisung zum Flötenspiel*. Op. 42, Leipzig: Breitkopf & Härtel, 1826.

_____. *Die Kunst des Flötenspiels, Op. 138*. Leipzig: Breitkopf & Härtel, ca.1844. Fac-símile: Buren, Holanda: Frits Knuf, 1991.

GALWAY, James. *Flute*. New York: Schirmer, 1982.

GANASSI, Sylvestro. *Opera Intitulata Fontegara*. Veneza: Biblioteca Musica Bononiensis, ed. Giuseppe Vecchi, II nº 18, 1535. (tradução para o inglês por Dorothy Swainson) Berlin-Lichtrfelde: Robert Lienau, 1959.

GARIBOLDI, G. *Méthode élémentaire pour la Flûte Boehm et Flûte Ordinaire*. Paris: Alphonse Leduc, ca.1870.

GRAF, Peter-Lukas. *Check-up: 20 Basic Studies for Flautists*. Mainz: Schott's Söhne, 1991.

GRANOM, Lewis Christian Austin. *Plain and Easy Instructions for Playing on the German-Flute*. Londres: T. Bennett, 1766.

GUNN, John. *The Art of Playing the German-Flute on New Principles*. Londres: Birchall, 1793. Fac-símile: Marion, IA: Janice Dockendorff Boland, 1992.

_____. *The School of the German-Flute*. Londres: Birchall, 1794.

HADIDIAN, Eileen. Estudo introdutório para *The Virtuoso Flute-Player by Johann George Tromlitz*. Cambridge e New York: Cambridge University Press, 1992.

_____. Estudo introdutório para *A New Method for Learning to Play the Transverse Flute*. Bloomington e Indianapolis: Indiana University Press, 1989.

HARNONCOURT, Nikolaus. *Le Discours Musical: Pour une nouvelle conception de la musique*. (tradução para o francês por Dennis Collins). Paris: Gallimard, 1984.

_____. *O Diálogo Musical* (tradução para o português por Luiz Paulo Sampaio). Rio de Janeiro: Zahar, 1985.

_____. *Baroque Music Today: Music as Speech*. (tradução para o inglês por Mary O'Reilly). Portland: Amadeus, 1995.

HOLOMAN, D. Kern. *Introduction: 19th century*. In: *Performance Practice, vol. II: Music after 1600*, BROWN, Howard Mayer e SADIE, Stanley (eds.). New York: W.W. Norton, 1989.

HOTTETERRE, Jacques-Martin. *L'Art de préluder sur la Flûte Traversière*. Paris: Boivin, 1719. Fac-símile, Genebra: Minkoff Reprint, 1978.

_____. *Principes de la Flûte Traversière*. Paris: Christophe Ballard, 1707. Fac-símile J. M. Fuzeau, Paris.

HUGOT, Antoine e WUNDERLICH, Johann Georges. *Méthode de Flûte du Conservatoire*. Paris: Conservatoire de Musique, 1804. Fac-símile: Buren, Holanda: Frits Knuf, 1975.

JAMES, W.N. (ed.) *Flutist's magazine and Musical Miscellany*. Londres, 1827.

JENEY, Zoltán. *Fuvola-iskola*. Budapest: Zenemükiadó Vallalat, 1952. Editado em húngaro e alemão, 1957; Edição em inglês intitulada *Flute Method*. Editio Musica Budapest, 1970.

KELLER, Hermann. *Fraseo y articulación. Contribución a una lingüística musical*. Buenos Aires: Eudeba,1964.

KINCAID, William. *The Art and Practice of Modern Flute Technique*. New York: MCA Music, 1967.

KOEHLER, Ernesto. *Flöten-Schule*. Leipzig: Jul. Heinrich Zimmermann, ca.1880.

KOEHLER, Hans. *Practischer Lehrgang des Flötenspiels*. Braunschweig, H. Litolff's Verlag, 1882.

KRAKAMP, Emmanuele. *Metodo per il Flauto Cilindrico Alla Böhm, Op.103*. Milão: G. Ricordi, 1847.

KRENEK, Ernst. *Exploring Music*. New York: October House, 1958.

KUMMER, Kaspar. *Practische Flötenschule, Op.119*. Offenbach: Joh. André, ca.1850.

LABORDE, Jean Benjamin de. *Essai sur la Musique Ancienne et Moderne*. Paris: P.D. Pierres, 1780. Fac-símile Paris: J.M. Fuzeau, 2002.

LAGE, Guilherme Menezes et alii. *Aprendizagem motora na performance musical, reflexões sobre conceitos e aplicabilidade*, In: *Per Musi, Revista de Performance Musical*, vol. 5-6, 2002. Belo Horizonte: Escola de Música da UFMG, 2002.

LEVIN, Robert. *Improvising Mozart*. Artigo no *Site* da *The Academy of Ancient Music*, <http://www.aam.co.uk>, acessado em 1/9/03.

LONGMAN e LUKEY. *Longman and Lukey's Art (in Miniature) of Blowing or Playing on ye German Flute*. Londres: No. 26, Cheapside, ca.1775.

LORENZONI, Antonio. *Saggio per ben sonare il flauto traversa*. Vicenza: Francesco Modena, 1779. Fac-símile, Bolonha: Forni, 1988.

MAHAUT, Antoine. *Nouvelle Méthode pour Aprendre en peu de tems a Joüer de la Flute Traversiere/Nieuwe Manier om binnen korte tyd op de Dwarsfluit te leeren speelen*, Paris: Lachevardiere, 1759 e Amsterdam: Hummel, 1759. Fac-símiles por Geneva: Minkoff, 1972. (tradução para o inglês por Eileen Hadidian) *A New Method for Learning to Play the Transverse Flute*. Bloomington e Indianapolis: Indiana University Press, 1989.

MAQUARRE, André. *Daily exercises for the flute*. NY/Londres: G. Schirmer, 1899.

MARIENTHAL, Eric. *Comprehensive Jazz Studies & exercises for all instruments*. Miami: Warner Bros., 1996.

MATHER, Betty Bang. *The Interpretation of French Music from 1675 to 1775*. New York: Mc Ginnis & Marx Music Publishers, 1973.

MATHER, Roger. *The Art of Playing the Flute*. 3 vols., Iowa City: Romney, 1980-81.

MERSENNE, Marin. *Harmonie Universelle*. Paris, 1636-7

MEYLAN, Robert. *La flute de Haydn a Schubert*. In: *L'Interpretation de la Musique Classique*. Anais dos Colóquios Internacionais de Evry, Paris: Minkoff, 1977.

MICHEL, Winfrid e TESKE, Hermien. Estudo introdutório para QUANTZ, *Solfeggi pour la Flûte Traversière*, Winterthur: Amadeus, 1978.

MILLER, Edward. *The New Flute Instructor or The Art of Playing the German Flute*. Londres: Broderip and Wilkenson, ca.1799.

MOLDENIT, Joachim von. *Sei Sonate da Flauto Traverso e Basso Continuo con un discorso sopra la maniera di sonar il Flauto traverso*. Hamburgo, 1753.

MOORE, Tom. Entrevista a Robert Cummings, de *Cosmik Debris*: http://www.cosmik.com, acessado em 20 de maio 2002.

MOYSE, Marcel. *Enseignement Complet de la Flûte*. Paris: Alphonse Leduc, sem data.

_____. *Comment J'ai Pu Maintenir Ma Forme*. West Brattleboro: Edição do autor, 1974.

NELSON, Oliver. *Patterns for improvisation*, Los Angeles, Calif.: Noslen Music Co., ca.1966.

NESTROVSKI, Arthur. *Ironias da Modernidade*. São Paulo: Ática, 1996.

_____. *Notas Musicais do Barroco ao Jazz*. São Paulo: Publifolha, 2000.

NEUHAUS, Margaret. *The baroque Flute Fingering Book*. Naperville, Illinois: Flute Studio Press, 1986.

NICHOLSON, Charles. *Nicholson's Complete Preceptor, for the German Flute*. Londres: Preston, 1816.

_____. *Nicholson's Preceptive Lessons for the Flute*. Filadélfia:G.E. Blake, ca.1825.

_____. *A School for the Flute*. Londres e New York: W. Hall & Son, 1836. Fac-símile, West Somerville: America Musicworks, 1989.

NICOLET, Aurèle. Entrevista para *La Traversière*. Primavera/verão de 1996.

PAGANELLI, Sergio. *Instrumenti Musicali nell'Arte*. Milão: Fabbri, 1966.

PELLERITE, James. *A Handbook of Literature for the Flute*. Bloomington: Zalo, 1965.

_____. *Performance Methods for Flutists*. Bloomington: Zalo, 1969.

_____. *A Modern Guide to Fingerings for the Flute*. Bloomington In: Zalo, 1964.

PERAUT, Mathieu. *Méthode pour la Flûte*. Paris: Edição do autor, sem data. Fac-símile, Florença: Scelte, 1987.

POPP, Wilhelm. *Neuste practische und vollständige Methode des Flötenspiels*, Op. 205. Leipzig: Aug. Cranz, ca.1870.

POWELL, Ardal. *The Hotteterre Flute: Six Replicas in Search of a Myth*. In: *journal of the American Musical Instrument Society*. Middleton: A-R, 1996.

PRELLEUR, Peter. *The Newest Method for Learners on the German Flute*. In: *The Modern Musick-Master or the Universal Musician* [Segunda edição] Londres: Printing-Office in Bow Church Yard, 1730/31. Fac-símile: Londres: Bärenreiter, "Documenta musicologica", sem data.

PRILL, Emil. *Schule für die Böhm-Flöte. Method for the Boehm Flute*, *Op*. 7. Leipzig: Wilhelm Zimmerman, 1905.

QUANTZ, Johann Joachim. *Versuch einer Anweisung die Flöte traversière zu spielen*. Berlim: Johann Friedrich Voss, 1752. (tradução para o inglês por Edward R. Reilly) *On Playing the Flute*. New York: Faber and Faber, 1966.

_____. *Solfeggi pour la flûte traversière*, MICHEL & TESKE (eds.). Winterthur: Amadeus, 1978.

RÉMUSAT, J. *Méthode Complète de Flûte*. Paris: Alphonse Leduc, ca.1860.

RIMBAULT, Edward F. *Chappell's Popular Instruction Book for the Flute*. Londres: Chappell & Co., Ltd., ca.1860.

ROCKSTRO, Richard Shepherd. *School for the Flute* [flauta de 8 chaves] and *School for the Boehm Flute*. Londres: Keith, Prowse & Co., 1863.

SCHAFER, R. Murray. *A afinação do mundo*. (tradução para o português por Marisa Trench Fonterrada). São Paulo: Unesp, 2001.

SIMPSON, James B. Simpson's Contemporary Quotations. New York: Houghton Mifflin Company, 1988.

SCHLUETER, Charles. *Zen and the art of the trumpet: a concept*. Newtonville: Edição do autor, sem data.

SCUDO, P. *Lannée musical*. Paris: Hachette et Cie, 1860.

SELFRIDGE-FIELD, Eleonor. *Introduction: 18th century* In: *Performance Practice, vol. II: Music after 1600*. BROWN, Howard Mayer e SADIE, Stanley (eds.). New York: W.W. Norton, 1989.

SERRÃO, Ruth. *J. B. Cramer e Arthur Napoleão: uma redescoberta de seus estudos*. Tese de Doutoramento apresentada ao Programa de Pós-Graduação em Música do Centro de Letras e Artes da UNIRIO, Rio de Janeiro, 2001.

SÈVE, Mário. *Vocabulário do Choro*. Rio de Janeiro: Lumiar, 1999.

SNAVELY, Jack. *Basic Technique for all saxophones*. Delevan, NY: Kendor, 1970.

SOLUM, John. *The Early Flute*. Oxford: Clarendon, 1992.

STAINES, Joe. (ed.) *The Rough Guide to Classical Music*. Londres: The Rough Guides, 2001.

TAFFANEL, Paul & GAUBERT, Philippe. *Méthode Complète de Flûte*. Paris: Alphonse Leduc, 1923.

THOMPSON, Oscar (ed.). *The International Cyclopedia of Music and Musicians*. New York: Dodd, Mead & Company, 1949.

TOFF, Nancy. *The Flute Book*. New York: Oxford University, 1996.

TOSI, Francesco. *Opinión*. Londres: 1742, (tradução para o inglês por Galliard). *Observations on the Florid Song*. Fac-símile, New Cork: P.H. Lang, 1968.

TROMLITZ, Johann George. *Ausführlicher und gründlicher Unterricht die Flöte zu spielen*. Leipzig: Adam Friedrich Böhme, 1791. Fac-símile: Buren, Holanda: Frits Knuf, 1973. (tradução para o inglês por Ardal Powell) *The Virtuoso Flute-Player by Johann George Tromlitz*. Cambridge e New York: Cambridge University Press, 1992.

_____. *Über die Flöten mit mehrern Klappen*, Leipzig: Adam Friedrich Böhme, 1800. Fac-símile: Buren, Holanda: Frits Knuf, 1973, 1991. (tradução para o inglês por Ardal Powell), *The Keyed Flute by Johann George Tromlitz*. Oxford: Clarendon, 1996.

TULOU, Jean Louis. *Méthode de Flûte Progressive et Raisonnée adopteé par le Comité d'Enseignement du Conservatoire, Op.100*. Paris: Chabal, 1835. Fac-símile da edição de Paris: Brandus, 1851, por Geneva: Minkoff, 1973.

VALADE, Pierre-André. *Flûte et Créations*. Paris: G. Billaudot, 1990.

VANDERHAGEN, Amand. *Méthode nouvelle et raisonée pour la flûte*. Paris: Boyer, ca.1790.

_____. *Nouvelle méthode de Flûte*. Paris, Pleyel, ca.1799. Fac-símile, Florença: Studio per Edizioni Scelte, 1984.

VÁRIOS AUTORES. *Cambridge Learner's Dictionary*. Cambridge: Cambridge University, 2001. Versão 1.00.

VÁRIOS AUTORES 2. *Grove Dictionary of Music*. Versão on-line, 2003.

VÁRIOS AUTORES 3. *Echoes* (Fonograma). Iva Bittová (voz); Andreas Kröper (flauta). Com Petra Klementová (flauta), Pavel Novotny (trombone), Jan Beránek, Martin Flasar (violino); Bedrich Havlík, Helena Velická (cello), Vladislav Bláha (violão), Alzbeta Horská (harpa), Dan Dlouhy (percussão); Milos Stedron, Jan Ocetek (direção) Supraphon SU 3505-2 931 (46:29) Iva Bittová: *Ecos I*; *Ecos II*; *Winds*. Jacques Hotteterre: *Ecos*. Andreas Kröper: *Iva*. Milos Stedron (Sr. & Jr.): *Vanitas*. Milos Stedron Sr.: *Passacaglia*; *Requiem Zingarorum*. Milos Stedron Jr.: *Requiem*; Milos Stedron Sr. & Bittová: *Passacaglia*.

VEILHAN, François. *Sonorité et Techniques Contemporains*. Paris: Lemoine, 1992.

VOXMAN, Himie and GOWER, William. *Rubank Advanced Method [for] Flute*. Chicago: Rubank, 1954.

WAGNER, Ernest Frederick. *Foundation to Flute Playing*. New York: C. Fischer (nova edição de ca.1918).

WALCKIERS, Eugène. *Méthode de Flûte, Op. 30*. Paris: Edição do autor, 1829.

WETZGER, Paul. *Die Flöte*. Heilbronn: C. F. Schmidt, ca.1910.

WION, John. *Site* da Internet, <http://johnwion.com>, acessado em 1/7/03.

WYE, Trevor. *Practice Books for the Flute*. 6 Vols., Londres: Novello & Co., sem data.

WOLTZENLOGEL, Celso. *Método Ilustrado de Flauta*, Rio de Janeiro: Vitale, 1984.

Índice onomástico

Índice onomástico

A

Abel, Carl Friedrich – 68, 107

Addington, Christopher – 244

Albéniz, Isaac – 127

Altès, Ernest Eugène – 49

Altès, Joseph-Henri – 31, 47, 49, 99, 110, 119, 125, 147, 194, 229

Ammer, Christine – 186

Andersen, Karl Joachim – 50, 96, 117, 122

Assis, Pedro de – 32, 79, 83-85, 138, 156

Astor, George – 33, 91

B

Bach, Carl Philipp Emanuel – 222, 225, 233

Bach, Johann Sebastian – 62, 68, 71, 72, 107, 218, 237

Bacilly, Bénigne de – 219

Barge, William – 91, 96

Barsanti, Francesco – 219, 220

Bartolozzi, Bruno – 248

Barton, Karl S. – 182, 183, 205, 206

Beethoven, Ludwig van – 68, 112, 235

Benda, Franz – 222

Berbiguier, Benoit Tranquille – 33, 50, 65, 119, 154, 155, 180, 229

Berlioz, Hector – 69

Blavet, Michel – 174, 203, 212, 219, 220, 229, 233

Bloom, Peter – 87, 144, 145, 249

Boehm, Theobald – 43, 47, 77, 78, 81, 82, 85, 86, 89-93, 95, 100, 119, 139, 146, 186, 187, 202, 203

Boismortier, Joseph Bodin de – 40, 62, 125, 184, 212, 226

Boosey & Co. – 92

Bordet, Toussaint – 35, 37, 50, 190, 195, 212

Brahms, Johannes – 41, 93, 97, 194

Bressan, Pierre Jaillard – 48, 63

Briccialdi, Giulio – 97

Broadwood, John – 86

Brown, Clivel – 101, 192, 196

Bruggen, Frans – 134

Buffardin, Pierre Gabriel – 36, 62, 229

Buffet, Auguste – 43, 90

Bürger, J. M. – 81

Burney, Charles – 240

C

Caix d'Hervelois – 62

Cambini, Giuseppe Maria – 37, 41, 75, 235

Cameron, Rod – 48, 101

Camus, Paul Hyppolite – 37, 50, 77, 78, 229

Carcassi, Matteo – 122

Card – 198

Carnaud, Joseph [le Jeune] – 187, 191, 192, 195

Carte, Richard – 97, 99

Castellani, Marcello – 37, 41, 221, 250

Cavalieri França, Cecília – 106

Cavally, Robert – 119

Chédeville, Esprit Philippe – 212

Cherubini, Luigi – 68

Chopin, Frédéric – 125

Clementi, Muzio – 68, 91, 100

Clérambault, Louis-Nicolas – 62

Clinton, John – 92

Coche, Victor Jean Baptiste – 90

Cocker, Jerry – 130

Colijaer, Walter de – 36

Conn, C. G. – 98

Copland, Aaron – 55

Corelli, Arcangelo – 221, 222

Corrette, Michel – 40, 50, 62-64, 142, 148, 154, 159, 160, 178, 183, 229

Cortet, Roger – 126

Couperin, François – 212, 227

Cramer, Johann Baptist – 68, 69

Cyr, Mary – 217, 218, 234

Czerny, Carl – 68, 192

D

De la Barre, Michel – 62, 212

De Lusse, Charles – 36, 179, 180, 184, 185, 195, 197, 220, 221, 229

Demerssemann, Jules – 87, 93

Denner, Jacob – 63

Descartes, René – 112

Devienne, François – 35, 37, 41, 143, 154, 155, 161, 180, 188, 197, 198, 200, 221, 226, 229, 235

Dick, Robert – 248

Donington, Robert – 186, 201, 202, 218

Doppler, Franz – 93

Doppler, Karl – 93

Dornel, Louis Antoine – 62

Dorus, Louis [Steenkiste, Vincent Joseph] – 36, 50, 80, 90, 229

Drouet, Louis-François-Philippe – 42, 50, 180, 198, 200, 229

Dülon, Friedrich Ludwig – 225

Duque Estrada Meyer, Paulo Augusto – 85

Durante, Elio – 250

Dussek, Franz Chaver – 68

Duval, François – 212

F

Fleury, Louis – 36, 99

Florio, Pietro Grassi – 40

Floyd, Angeleita – 118

Foucault, Michel – 112, 114, 115

Frederico II – 33, 62, 108, 222, 239

Fuchs, Leonardo – 247

Fuller, David – 218, 235, 243

Fürstenau, Anton Bernhard – 42, 50, 75, 76, 87, 94

Fürstenau, Caspar – 42

Fürstenau, Moritz – 42, 81

G

Gallay, Jacques François – 122

Galway, James – 168

Ganassi, Sylvestro – 205

Gariboldi, Giuseppe – 31, 45, 80, 110, 122, 125, 155, 229

Gaubert, Philippe – 31, 36, 47, 50, 110, 117, 119, 125, 127, 129, 130, 147, 148, 156, 229

Gedney, Caleb – 40, 48

Gerock & Wolf – 86

Gilbert, Geoffrey – 117, 119

Giorgi, Carlo Tommaso – 97

Gismonti, Egberto – 250

Godfroy, Clair – 89, 98

Gordon, William – 87

Graf, Peter-Lukas – 126

Granom, Lewis – 197

Grenser, Johann Heinrich – 63

Grenser, Karl Auguste – 58, 63

Greve, Rudolph – 89

Grossman, Connie – 236

Guillou, Joseph – 50

Gunn, John – 180

H

Hadidian, Eileen – 37

Hall, Mary – 102, 117

Hammig, Auguste Richard – 48, 49, 55

Hammig, Philipp – 49

Handel, George Frideric – 123

Hanon, Charles-Louis – 117

Hanson – 113

Harnoncourt, Nikolaus – 41, 69, 73, 223

Haydn, (Franz) Joseph – 40, 68, 124, 222

Haynes, William S. – 99, 101

Heindl, Eduard – 189

Hindemith, Paul – 97

Holoman, D. Kern – 105

Hotteterre, Jacques-Martin – 35, 37, 40, 44, 50, 61, 62, 69, 74, 80, 127, 136, 141, 153, 155, 159, 163, 166, 191, 194, 200, 205, 211, 213, 223, 224, 226-229, 231, 232

Hudson, John – 62

Hugot, Antoine – 32, 37, 143, 144, 163, 187, 188

Hugues, Luigi – 50, 129, 229

Hummel, Charles – 68

J

James, H. N. – 32, 35, 59, 88, 94, 145, 164, 198-200, 217

Jaunet, André – 126

Jenkins, David – 37

Jomelli, Niccolò – 222

Juillot, Djalma – 85

K

Kähönen, Matti – 99, 100

Karg-Elert – 97

Kempf, Wilhelm – 225

Kocian, Jaroslav – 117

Koellreuter, Hans Joachim – 55

Köhler, Ernesto – 93, 117, 119, 122

Krakamp, Emmanuele – 37, 45, 78, 79, 91, 121, 126

Krenek, Ernst – 237, 238

Kubelik, Jan – 117

Kuhlau, Friedrich Daniel – 89, 117, 122

L

Laborde, Jean Benjamin de – 153

Lage, Guilherme Menezes – 128

Laurent, Claude – 83, 84, 102

Levin, Robert – 215, 217, 251

Lind, Jenny – 81

Lindsay, Willman Thomas – 180, 199

Liszt, Ferenc – 68, 81, 125, 237

Lorenz, J. – 127

Lorenzoni, Antonio – 184, 229

Lot, Louis – 99

Lowell, Amy – 20

Lunn, John – 246, 247

M

MacMahon, Mike – 176

Maelzel, Johann Nepomuk – 113

Mahaut, Antoine – 36, 37, 139, 143, 144, 148, 153, 159, 162, 163, 178, 197, 229

Mahler, Gustav – 93

Malta, Carlos – 250

Maquarre, André – 129

Marienthal, Eric – 130

Marsalis, Winton – 247

Mather, Betty Bang – 212

Mazas, Jacques-Féréol – 122

McGee, Terry – 101

McKenna, Cris – 247

Méhul, Etienne-Nicolas – 42

Mendelssohn, Felix – 68, 87

Merry, Jan – 80

Mersenne, Marin – 113

Metzler, Valentin – 102

Meyer, H. F. – 49, 92, 93, 96, 97

Meylan, Robert – 216

Michel, Winfrid – 109

Moldenit, Joachim von – 181

Molé, Charles – 96

Molière – 46

Monette, David G. – 247

Mönnig, Moritz Max – 97

Montéclair, Michel
Pignolet de – 62

Moore, Tom – 209

Morini, Érica – 117

Moscheles, Ignaz (Isaac) – 68

Moyse, Marcel – 119, 126, 164

Mozart. Wolfgang Amadeus – 40, 68, 129, 222

Müller, August Eberhard – 43

Muramatsu – 99

N

Naust, Pierre – 58

Nelson, Oliver – 130

Neuhaus, Margaret – 249

Neumann, Frederick – 37

Nicholson, Charles – 33, 42, 43, 45, 46, 49, 56, 59, 76, 86-89, 91, 100, 102, 136, 141, 155, 167, 180, 237

Nicolet, Aurèle – 173

Nolan, Frederick – 87

Nonon, Jacques – 97

O

Oistrakh, David – 134

P

Paganelli, Sergio – 61

Paganini, Niccolò – 117, 237

Palanca, Carlo – 63

Parado, João – 43

Pascoal, Hermeto – 250

Pellerite, James – 250

Peraut, Mathieu – 65, 143

Philidor, André François
Danican – 62

Platti, Giovanni – 220

Popp, Wilhelm – 37, 45, 79, 80, 91, 123, 124, 137

Potter, Richard – 40, 91, 92

Pottgiesser, Heinrich Wilhelm
Theodor – 87

Powell, Ardall – 34, 101

Powell, Verne Q. – 99

Pratten, Robert Sidney – 92

Prelleur, Peter – 35, 137, 138, 148, 153, 154, 162, 189, 193, 194, 200, 230

Prokofiev, Sergey – 73

Prowse, Thomas – 91

Q

Quantz, Johann Joachim – 33-35, 37, 49, 62-64, 108, 109, 115,

116, 118, 124, 133, 134, 136, 141, 142, 148, 152, 158, 162, 164, 177-179, 181, 182, 194, 197, 205, 210, 216, 228, 231-234

R

Radcliff, John – 97, 99

Rault, Félix – 32, 229

Reicha, Anton – 42

Reichert, Mathieu André – 127

Reilly, Edward R. – 37

Reinecke, Carl – 97

Ribas, José Maria Del Carmen – 42, 87, 216

Richard – 97

Robison, Paula – 125

Rockstro, Richard Sheperd – 97, 180, 181

Rossini, Gioachino – 124

Rottenburgh, François-Joseph – 48

Rottenburgh, Godfroid-Adrien – 48

Rottenburgh, Jean-Hyacinth – 48, 63

Rudall, George – 98

Rudall & Rose – 89, 91, 97

S

Saint-Saëns, Camille – 97

Sankyo – 48, 99, 101, 248

Santoro, Dante – 55

Saust, Carl – 87, 229

Schafer, R. Murray – 38, 175

Scheibe, Johann Adolph – 38, 175

Schlueter, Charles – 175, 247

Schnabel, Arthur – 206, 225

Schoenberg, Arnold – 186

Schroeter, Johann – 68

Schubert, Franz – 41

Schumann, Robert – 93

Schwedler, Maximilian – 49, 96, 97

Scudo, P. – 32, 83

Selfriedge-Field, Eleanor – 31

Serrão, Ruth – 117, 119, 127

Sevcik, Otakar – 117

Sève, Mario – 130, 249

Sheridan, William – 48

Siccama, Abel – 92

Snavely, Jack – 130

Solum, John – 249

Stanesby, Thomas – 48, 58, 63, 80

Strauss, Richard – 93

Strickland, Bispo de – 36

T

Taffanel, Claude-Paul – 31, 36, 47, 50, 99, 110, 117, 119, 125, 127, 129, 130, 147, 148, 156, 229

Talich, Václav – 117

Tchaikovsky, Pyotr Ilyich – 93

Telemann, Georg Philipp – 124, 219, 220, 222,226, 232

Terschak, Adolf – 50, 93

Teske, Hermien – 109

Tessarini, Carlo – 219, 220

Thibouville (Louis, Nicolas e Pierre) – 97

Tillmetz, Rudolph – 81

Toff, Nancy – 110, 111, 139, 249

Tosi, Francesco – 233

Tromlitz, Johann Georg – 34, 35, 37, 74, 75, 89, 102, 114, 118, 137, 139, 140, 146, 148, 151, 152, 178, 184, 203, 236

Tulou, Jean-Louis – 33, 42, 45, 50, 69, 75, 76, 87, 90, 97, 102, 124, 125, 229

U

Uebel, G. Rudolph – 99

V

Vanderhagen, Amand (Jean François Joseph) – 35-37, 41, 50, 142, 145, 160, 161, 188, 225, 235, 249

W

Wagner, Ernest – 155, 156

Wagner, Richard – 81

Walsh, John – 36

Ward, Cornelius – 42, 97

Weber, Carl Maria von – 42, 68

Weitzler, G. C. – 223

Wetzger, Paul – 96

Winkel, Dietrik Nikolaus – 113

Winkler, Theodor – 81

Wion, John – 177

Wölfl, Joseph – 68

Woltzenlogel, Celso – 168, 249

Wragg, Gerhold – 180

Wunderlich, Johann Georg – 32, 37, 42, 50, 143, 144, 163, 187, 188

Y

Yamaha – 99, 101

Z

Ziegler, Johann Joseph – 50

Zoon, Jacques – 101

Apêndice
Textos originais

Capítulo I

Uma pequena História da Flauta

[1] Authors did not perceive themselves as writing for posterity and they therefore often failed to document what was obvious to their peers but may be completely unfamiliar now. Most authors of practical manuals traveled little and knew of practices elsewhere only as much as they could deduce them by examining music itself. That, as today's performers are no doubt aware, was sometimes quite little.

In the final analysis, treatises and tutors leave many questions unresolved. Even when they can be interpreted unequivocally, it is almost never certain whether a particular composer or performer sought to prove a particular theorist correct. It is not at all clear how widely the bulk of the period's music and of its treatises were known. Few books or musical works survive in more than a handful of copies.

[2] L'affermazione della borghesia nella Parigi rivoluzionaria sancisce il definitivo affrancarsi del musicista di professione da una condizione poco piu che servil e di artigiano e stabilisce un rapporto del tutto nuovo e quasi paritetico fra compositore e destinatario-committente fra i quali le differenze di classe tendo no sempre di piu ad annullarsi: il musicista – e intendiamo soprattutto il musicista di successo – finisce sempre di piu per far parte di quella classe borghese che costituisce anche la sua clientela piu importante.

[3] I have derived from all other instruction-books for the flute with which I am acquainted, by selecting the key of C for my first scale; the reason for my doing so is, that the progression through all the keys may be the more systema-

tic, and because I am of the opinion that, to one just beginning the instrument, it is immaterial what key he first studies, – the difficulty of four or five sharps, or as many flats, consisting entirely in the infrequency of their use.

[IV] The principal concern of the composer is to seek out the expressive nature of any particular instrument and write with that in mind. There is that music which belongs in the flute and only in the flute. A certain objective lyricism, a kind of ethereal fluidity we connect with the flute. Composers of imagination have broadened our conceptions of what was possible on a particular instrument, but beyond a certain point, defined by the nature of the instrument itself, even the most gifted composer cannot go.

[V] The moderns will have a perforation of an immense magnitude – not quite so large as the burrow of a fox – but large enough in all conscience to bury a sixpence in. This alarming cavity has its partisans; for to be sure Mr. Nicholson was the inventor of it, and who would not follow the whim of so great a man? In this hole, however, has been buried the hopes of many an amateur, who thinking like the frog in the fable, perished in the undertaking.

[VI] Ben più agile, duttile, nel timbro e nella técnica, il flauto traverso corrisponde com maggiore precisione a quanto veniva richiendendo la musica strumentale Del '700. Il modo stesso in cui veniva prodotto il suono, soffiando contro il bordo di uma apertura circolare su uma estremittà della cana, permetteva effetti chiaro-oscuro, di piano e di forte, che non erano possibili nel flauto diritto; in più, le note potevano essere emesse com rapidità e precisione.

[VII] La flûte traversière [...] est faite ordinairement de Boüis, ou de bois de Violet, de grenadille, d'Erable, d'Ebene verte, d'Ebene noire, etc...On fait quelque fois les moulures d'yvoire, de Cuivre, ou d'Argent, même d'Or: mais cela ne fait rien a la bonté de l'instrument. Les Flutes les plus a la mode sont Composées de quatre pièces pour les porter plus aisement dans la poche: [...] La premiere piece se nomme la Tête: sur cette piece est percé un seul trou qui sert a emboucher: sur la seconde piece nommée premier Corps, sont percés trios trous qui servent pour la main gauche: Sur la troisième piece, nommée deuxieme Corps, Sont percés aussi trois trous qui servent pour la main droite: Et sur la Quatrième piece nommé Patte est percé un seul trou, qui est toujours bouché par une Clef de Cuivre ou d'Argent, et cette Clef bouche naturellement le trou, que l'on debouche en posant dessus le petit doigt de la main droite. (sic)

VIII Toutes les Flutes sont du ton de l'Opera. Mais comme on trouve quelque fois dans Les Concerts Le Clavecin trop haut ou trop bas; On a ordinairement plusieurs Corps de Rechanges de differentes longueurs pour s'accorder au ton du clavecin. Ces changements de Corps n'est que pour le premier. Mais ces changemens de ton n'arrivent guere que par le caprice de quelques voix pour se Donner un air, ou quand elles sont enrhumées; Ainsi les corps de rechange sont trés utiles. (sic).

IX Il est d'une importance fondamentale de conserver à chaque instrument la différence de timbre qui lui est propre; car c'est cette différence même qui constitue en grande partie le charme de la musique. [...] Récherchons les améliorations utiles, rectifions, s'il est possible, les défauts qu'on est à même de reconnaître; mais conservons le son pathétique et sentimental de l'instrument.

X Chaque amélioration qu'on obtenait au moyen de transformations devait se payer par des appauvrissements dans d'autres domaines (avant tout dans celui du son). Tout dépend donc de ce que l'on considère comme particulièrement important. Ou bien, si l'on compare une flute en argent de Böhm avec une flute à une clef de Hotteterre, on constatera que sur la flute Böhm tous les demi-tons sonnent pareillement, alors que sur la flute Hotteterre, en raison des dimensions variables des trous et des inévitables doigtés en fourche, presque chaque note a une couleur différente. La flûte Böhm sonne aussi plus fort, mais sa sonorité est plus pauvre, plus plate, plus uniforme. Bien entendu, on pourrait aussi formuler tout cela autrement, suivant le point de vue et le goût personnels: la flûte Hotteterre est un mauvais instrument, car les différentes notes n'y sont pas égales – suivant l'idéal sonore de la flûte Böhm; ou: la flûte Böhm est un mauvais instrument, car toutes les notes y sont égales – suivant l'idéal sonore de la flûte à une clef. [...] Bon nombre de musiciens, dont je suis, au terme de l'expérience comparative, constatent que les avantages et les inconvénients de chaque stade de l'évolution d'un instrument concordent exactement avec les exigences de la musique qui lui est contemporaine. Les couleurs différenciées et le timbre sombre de la flûte Hotteterre conviennent parfaitement à la musique française d'environ 1700 et nullement à la musique allemande de 1900, alors que la sonorité égale et métallique de la flûte Böhm est idéale pour la musique de cette époque-ci et inadéquate pour la musique de celle-là. On pourrait se livrer à des comparaisons de ce genre pour chaque instrument; seule la question de savoir si tel ou tel instrument peut aujourd'hui être joué de maniere tout à fait adéquate peut entraver, dans des cas isolés, un jugement impartial.

XI La qualité objective est une question d'une importance primordiale dans le choix d'un instrument. Outre la question de savoir s'il faut jouer sur des instruments "modernes" ou "anciens", il faut aussi se demander: qu'est-ce en somme qu'un *bon* instrument? Et si l'aspect purement sonore de l'interprétation a vraiment une importance *telle* que je *doive* me décider en faveur des instruments d'une certaine époque pour des raisons artistiques, alors il doit à mes yeux être tout aussi important pour évaluer les instruments. Autrement dit: il serait absurde de préférer une mauvaise flûte baroque à une bonne flûte Böhm pour la seule raison qu'il s'agit d'une flûte baroque. Un mauvais instrument reste mauvais même si, sous l'effet de la mode, l'absence généralisée d'esprit critique des musiciens et des mélomanes lui vaut une gloire passagere (tel le pseudo-clavecin évoqué ci-dessus). Cela veut dire qu'il faut être sur ses gardes pour éviter que les faux prophetes - les loups dans la bergerie, pour ainsi dire - ne nous fassent prendre le faux pour le vrai et le mauvais pour le bon. Une éventuelle vogue des instruments anciens ne doit pas aboutir à ce que d'innombrables tuyaux de bois plus ou moins joliment tournés et percés de six ou huit trous soient vantés comme "instruments originaux", et employés en tant que tels, quelque inadéquate que puisse être leur sonorité. Nous devrions toujours nous en remettre à l'arbitrage de nos oreilles et de notre goût et ne nous contenter que du meilleur.

XII Le FA naturel ne se peut presque point faire tout au haut de la flûte; je l'ay néamoins trouvé sur quelques-unes, en la maniere que je vais l'expliquer, mais il ne faudroit point s'opiniâtrer à le chercher indifferemment sur toutes sortes de Flutes, non plus que les cadences qui en procédent; car ce seroit vouloir tenter l'impossible.

XIII I could mention many more of the various superficial, trifling inventions that have been applied to the flute, given out by various people to be new and useful, but actually ridiculous and useless; but since they are inconsiderable matters which are of no benefit to anyone, it is reasonable to leave them out and let them take their place where they belong, that is, as abuses. The more simply and economically a machine is put together, the more lasting and useful it is.

[XIV] With this flute I came to London; and although my public performances met with a gratifying reception, and my tone was particularly noticed, yet my flute was not approved of, inasmuch as it required a total alteration in the system of fingering.

[XV] Tutto le voci del flauto Boehm escono nette e naturali, hanno maggior volume, maggior forza, maggior dolcezza e maggior sicurezza di quelle di flauti fin qui usati; e permettono al suonatore certi contrasri e sfumature, Che non potevansi ottenere sugli altri strumenti.

[XVI] Il flauti e uno dei primi strumenti inventati sin dall'infanzia della musica: la sua voce melodiosa e soave, che scende all'anima e ne tocca le fibre più nascose, ha reso questo strumenti sin da tempi più remoti, dirò cosi connaturale all'uomo. I recenti miglioramenti che in esso sono introdotti particolarmente dal Sig: Bohm hanno dato uma maggior regolarità di suoni al flauto, ed una perfetta intonazione di voce; mentre che da un canto raccomandono sempre più questo strumento, e le rendono quase indispensabile in un'orchestra qualunque, dall'altro canto poi rendono poco utili quei Metodi antichi, i quali sono difettosi al pari dello strumento a cui si applicavano.

[XVII] Quoique, aujourd'hui, le système Boehm soit presqu'universellement employé, nous avons jugé bon de laisser subsister la tablature de l'ancienne flute à huit clés, tant pour les possesseurs de cette derniere que pour ceux qui, utilisant le systeme Boehm, s'intéresseraient de façon plus approfondie à l'Art de la flute.(sic)

[XVIII] I did as well as any continental flutist could have done, in London, in 1831, but I could not match Nicholson in power of tone, wherefore I set to work to remodel my flute. Had I not heard him, probably the Boehm flute would never have been made.

[XIX] But before the meteoric rise of the Boehm flute put an end to glorious diversity in the flute world, there were three categories of flutes from which to choose: small hole French style flutes championed by Tulou, Demerssemann, and players of their persuasion; large hole Nicholson style flutes favored by many British Isles players and some others (including Ribas, a Spaniard who played under Mendelssohn and later in America); and flutes with moderate holes used by A.B. Fürstenau (and everybody else).

XX In justice, we must allow that the embouchure in question has its advantages, and to a performer of great nerve, as well as great command over his instrument, it is the one which, of all others, ought to be chosen. Its advantages are these – a greater variety of tone is to be produced from it than from any other – the upper notes are easier produced from the same causes which we pointed out in the thick substance of wood, – and lastly, the harmonics, we think – are facilitated. Having pointed out its advantages, let's also mention its disadvantages. And these, be it remembered, will apply to ninety-nine persons out of a hundred – the first is, that no one who does not possess an admirable ear will be able to play in tune with it, and even supposing a good ear, he must also be gifted with strong nerve. The good ear and strong nerve granted, it still will require indefatigable study to acquire great tact and judgment to articulate and produce the variety of tone of which it has been said it is susceptible. In short, the difficulty, we may say, is tenfold increased by performing with an embouchure of this description.

The very small embouchure is liable too, we think, to many great objections, and on the whole, we would prefer the very large, to the very small one. From the small embouchure, but one uniform tone can be drawn, and the monotony occasioned in consequence, is very much to its prejudice.

XXI His expression, likewise, was of a high character – tender, soothing, and appropriate, his articulation perfect, and finely softened; and his feelings those of the true Musician.

XXII In Germany no flutist would be tolerated who had not a very soft tone, and that the loudness of ours would strongly be objected to. Perhaps this feeling in his countrymen may be the cause of his deficiency in this respect. I agree with him that softness of tone is a desirable qualification in a flute player; but unless he has also force, how can the light and shade be given? (grifo no original)

XXIII We fully agree with Flauto in regard to the power of the instrument. We were before aware, that in Germany the plaintiveness, and not the power of the flute, is almost exclusively cultivated; but have reason to believe that Mr. Fürstenau, before he left England, was quite convinced of the error of his countrymen in this respect; – his tone was not only much improved in strength, but he took back with him a number of English flutes, as being the most capable of producing it.

Capítulo II

Exercícios de mecanismo: uma revolução no estudo

[XXIV] Professional classical musicians and instrument makers tend to be conservative in their ideas of how a piece should be played or an instrument made. [...] The general reaction among professional players was a mixture of interest and skepticism.

[XXV] The practice of 19th-century musicians was deeply affected by the rampant mechanization of Western Europe. Machines descended from those of the 19th century still produce most kinds of music-making, and their prototypes are arguably the single most important source for the study of how music sounded then.

Railways, steamships and telegraph networks, in general use shortly after mid-century (Phineas Fogg made his 80-day journey in 1873, using all three), shrank what was widely thought of as the civilized world and appear to have profoundly altered perceptions of time and space. Notions of volume and size expanded in proportion to the new noise of industrialized urban life.

[XXVI] And of course, eventually you should play the exercises with compound articulations, or mixtures of tonguing and slurring. Varying the articulation will also relieve the monotony of these very important but admittedly not very "musical" drills.

[XXVII] It is helpful to develop a practice routine, an "order of service" that is observed at least once daily. If you have time for more than one session a day, you may want to use this routine only for the first one of the day, using the others to work on particular problems or pieces. Remember that a musician's practice is not unlike an athlete's: its aim is to develop muscular skills and agility. It is first and foremost a physical learning process, and, admittedly, not necessarily an intellectual challenge. In its basic stages practice is not a creative process, but practice will give you the tools to be creative.

[XXVIII] But his scattered and repetitive discussion had no apparent influence in a world that felt little need to communicate music to China; and he implied that the current flexibility of performance tempos would require several different pendulums in the course of a single piece.

XXIX And who think they are bigwigs, and if they can drone out something they call a concerto on more than one wind instrument, fancy to themselves that they are worth more than an individual who possesses the above qualities, and plays only *one* instrument skillfully. Foolish pride! How much work and effort are necessary to make progress with only *one* instrument, particularly the flute, on which a lifetime can be spent without nearly coming to the end. (sic)

XXX At the beginning he must select, from solos and concertos, easy passages that move more by step than by leap, playing them slowly at first, and then more and more quickly, so that the action of the tongue and fingers coincide.

XXXI To develop the necessary facility with his tongue and fingers, the beginner must for a considerable time play only pieces that consist entirely of difficult passages in leaps and runs, in both minor and major keys.

XXXII He must never play a piece more quickly than he is able to perform it in a uniform tempo; the notes must be expressed distinctly, and whatever the fingers are at first unable to manage must be frequently repeated.

XXXIII Pay special attention to the fingers in those exercises in which the passages make steps or leaps, so that they move simultaneously with the tongue, otherwise it is a mess; for it is difficult even in the fastest passages to move the fingers and tongue meticulously together so that one does not come earlier or later than the other. Of course it takes a long time and demands much time and daily practice to become master of this; only ceaseless application conquers the difficulties. Experience teaches that you must have a lot of patience with these exercises; but you must not allow yourself to be frightened of it. If it will not work straight away: it will work in the end. It was like that for me too, until I made a resolution in order to become master of it: I chose a concerto of Quantz containing uninterrupted so-called double tongues, and wrote three solos for myself with a large amount of similar articulation; although I was able to play these pieces, I wanted to see if it would make any difference, and what kind, if I played these things for two hours every day for six months, carefully noticing, examining and studying each little note so that everything became beautifully clear. I kept my word, I did it, although it became very tiresome to me, and after playing for a long time it aroused my disgust just to see those pieces lying around, but still I overcame myself and continued to play them every day for two hours in a row until the six months were up. Now I left it to others to judge, and they found far more skill, clarity and facility in them; although I myself was not aware of everything I had gained, I could clearly feel that my fingers and tongue had become more fluent, my lips and chest far stronger, more flexible and adaptable.

XXXIV It is important to understand the difference between studies (études) and daily exercises. Studies or études are what Gilbert calls "expendable" or "dispensable" exercises, addressing specific techniques (such as technical problems in various keys, arpeggios, trills, ornaments, and articulations). Students should work on these études for perhaps two to three weeks maximum and then move on. Examples from the standard flute repertoire would include any of the études by Andersen, Altès, Berbiguier, Koehler, and Boehm or collected works such as the *Melodious and Progressive Studies*, Books 1 through 4, revised by Robert Cavally. On the other hand, daily exercises are materials that flutists should practice every day throughout their playing career, such as Moyse's *De la Sonorité*, and Taffanel & Gaubert *Daily Exercises* and *Méthode Complète de Flûte*.

XXXV The best way to test a clean technic is to try the flute-part of a Mozart Symphony; it looks easy, and must sound easy. (sic)

Capítulo III

Embocadura e Sonoridade: Uma Perspectiva Histórica

[XXXVI] More depends upon the player than upon the instrument. If many persons play in succession upon the same instrument, it will be found that each produces a distinctive and different tone quality. This quality does not depend upon the instrument, but upon upon him who plays it. Many possess a gift for imitating both the quality of voice and the language of other people. With close scrutiny, however, it is found that the voice quality is not their own, but an imitation. It follows that each person naturally possesses a particular voice quality, and upon instruments a particular tone quality which he cannot entirely alter. I do not wish to deny that with great industry and much exact observation you can change your tone quality, and can to a degree achieve some semblance of the tone quality of another player, especially if you apply yourself to it from the beginning; yet I know from my own experience that the tone quality of one person always remains a little different from that of another, even if both play together for many years. This is apparent not only on the flute and all the other instruments upon which the tone is produced by embouchure or bow-stroke, but even on the harpsichord and the lute.

[XXXVII] Les Avis d'un bon Maître, joints à la demonstration, peuvent épargner beaucoup de peine & de difficulté à ceux qui cherchent cette Embouchure. (sic)

[XXXVIII] Someone who has the talent and inclination for music must make every effort to secure a good master [...] It is absolutely necessary [...] to have a good master, and I expressly demand it of anyone who wishes to make use of my method.

[XXXIX] Those who select any particular art or science for their amusement or profession, have generally some genius for that which is the object of their pursuit; but although such persons may do much by their own application to the theories of others, they may be assured, that by the assistance of a master they will escape infinite perplexity and trouble – that their time will be greatly economized, and that the path by which they approach perfection will be nearer and more agreeable than that they would select probably for themselves.

[XL] I will therefore try to provide here a written lesson which the pupil can use without the assistance of a teacher, for what is the point of a written instruction if a teacher is first needed to explain it? In that case, it is better to take the teacher and put the book away.

[XLI] Die meisten bis jetz im Drucke erschienenen Musik-Schulen enthalten soviele Text-Bemerkungen, dass für die Hauptsache. "Die musikalischen Beispiele" häufig nur wenig Baum übergeblieben ist. Theils aus diesen Grunde, andeenthells aber weil die Flöte durchaus nicht ohne Lehrer erlernt werden kan, übergegehe ich in vorliegender Schule alle nicht unbedingt nothwendigen Bemerkungen und haben mir zur Aufgabe gemacht, elne aus gediegenenund progressiven Etuden bestehend Schule, vom ersten Anfang bis zu Vollndung zu liefern. Auch bin Ich der Ansicht, dass ein richtiger Ton-Ansatz, richtige Halfung der Flöte und ganz besonderseine guet Aplicatur, welche jeden Ton "rein" erscheinen läss, aus eine Schulenicht gelernt werden können, Ich uberlässees daher den resp. Herren Lehrern, die zu Etuden nöthigen. (sic)

[XLII] Altho' a great many are of the opinion that the filling of the Flute cannot be taught by Rules, but must be acquir'd by practice, there are never the less some Rules that may very much facilitate the finding out ye method; the Instructions of a good Master, together with showing his manner of blowing into it, may save the learner much time & trouble in acquiring of it. I shall therefore do both as far as possible by writing as to the manner of blowing into it. (sic)

[XLIII] The tone is the voice without which one cannot even begin to sing.

[XLIV] L'Embouchure est le premier et en quelque façon le principal objet de la Flute Traversiere. On prefere assez generalement une Execution mediocre em faveur d'une belle Embouchure, a une Execution etonante avec le desavantage d'une Embouchure mediocre. (sic)

[XLV] How the tongue should be moved in all eventualities is hard to describe, unless we employ certain tokens whereby these movements are made at once clear and comprehensible to another person. It is impossible to say: at this point the tongue must be placed in this way, or positioned, used or moved in that way for that passage; nobody at all would be able to imitate that easily, since the movements of the tongue are not visible.

[XLVI] The tone ought to be as reedy as possible, as much as that of the hautboy as you can get it, but embodying the round mellowness of the clarionet. (sic)

XLVII In general the most pleasing tone quality (*sonus*) on the flute is that which more nearly resembles a contralto than a soprano, or which imitates the chest tones of the human voice. You must strive as much as possible to acquire the tone quality of those flute players who know how to produce a clear, penetrating, thick, round, masculine, and withal pleasing sound from the instrument.

XLVIII Au reste quelques Regles que j'aye prescrites, tant pour l'embouchure que pour la position des Mains; il ne faut pourtant les observer avec exactitude qu'autant qu'on ne les trouvera pas une disposition tout a fait contraire. Par example, si une Personne se trouvait avoir les Lèvres disposées de maniere, qu'il luy fut plus difficile d'emboucher la Flute, en les unissant, & en les applatissant, qu'en avançant celle d'en haut; alors il ne faudroit prendre des mes Regles que ce qui ne feroit pas tout a fait contraire a cette disposition, & et il faudroit suivre toûjours ce qui paraîtroit le plus naturel. (sic)

XLIX Au reste, on ne peut Donner aucune règle, quil n'y ait quelque exception. Cela dépend de la disposition des lévres.

L Hence you can see that it is not an easy matter to give certain and specific rules for a good embouchure. Many acquire one very easily through natural aptitude, many have much difficulty, and many have almost no success. Much depends upon the natural constitution and disposition of the lips and teeth.

LI La Flute étant par la nature le plus doux de tous les Instruments à vent: en consequence son embouchure est la plus delicate: bien des personnes l'ont belle naturellement. D'autres sont obligées de chercher longtems pour tirer quelques sons de la Flute, mais a tout cela il faut de la patience. (sic)

LIII Some people have good embouchure naturally without working at it, others have to acquire it painstakingly. A few people never succeed. I do not claim to teach undisputed rules for acquiring good embouchure, but will just attempt to make the task easier through the following advice.

LIII De tous les instruments, la Flute est celui qui paraît le plus aisé en ce que le mécanisme en est très simple, cependant il devient un des plus difficiles à jouer, soit par rapport à son embouchûre, soit par rapport à sa justesse [...]Une belle embouchûre est aussi souvent un don de la Nature que le fruit du travail, cependant comme il n'est pas donné à tout le monde de l'avoir tout de suite, il faut pour l'acquerir faire beaucoup de Gammes [...] (sic)

[LIV] Quoiqu'il n'existe point, à strictement parler, des régles générales pour l'embouchure, a cause des différentes conformations des lèvres [...]

[LV] Il est assez difficile d'établir une théorie positive pour acquerir unne bonne embouchure; c'est une qualité qu'on ne peut espérer de posséder si, comme nous l'avons dit l'on n'est doué par la nature des dispositions nécessaires; ces dispositions dépendant de la conformation de la bouche, L'etude ne peut que les developer.

[LVI] Il y a des Personnes qui ont les Levres disposés de façon qu'elles ne peuvent Emboucher la Flute, qu'en avançant la Levre d'en haut au lieu de la retirer vers le coin de la Bouche comme nous avons enseigné, ceux la ne doivent suivre notre méthode qu'autant quelle est conforme a leurs dispositions. D'autres posent la Flute entre la Levre d'en haut et le Nez embouchant l'Embouchure de la Flute par en bas cette derniere maniere n'empeche pas de bien jouer, mais elle a mauvaise Grace. On conseille a ceux qui n'ont pas encore contracté ces habitudes, de choisir la Méthode que nous venons d'enseigner. (sic)

[LVII] For a ridiculous looking, yet useful exercise, try the inverse of Step 3. Start with the embouchure centered and roll up toward your nose. Work diligently at getting a flute sound this way. This looks and feels silly. It's not the way that you normally play. But by working "upside down" you'll gain new and valuable insight into technique.

[LVIII] Comme nous avons les lèvres plus ou moins épaisses, il faut que le trou de l'embouchure y soit proportioné. Des lèvres épaisses demandent un trou un peu grand et oval. Si le trou étoit trop petit on perdroit trop de vent et par la même raison un trou trop grand pour des lèvres minces auroit le même inconvenient.

[LIX] Many prefer a small embouchure, others a large one; some give the preference to *oval form* – others decide in favour of the *round ones*, and frequently this occurs with good performers!

If this be the case with experienced professors, what must be the situation of the amateur? The only remedy that I can suggest is – *two heads;* one with an *oval* embouchure, and the other with a *round* one, of course differing in size. The performer then will soon ascertain which suits him best; for possibly he will be able to produce a comparative1y melodious tone from the one, while he may labour in vain at the other.

^{LX} The first and principal objet is, to have both the embouchures mathematically and critically *exact*.

^{LXI} A good embouchure depends for the most part upon a normal formation of the lips and teeth. However, if one has a defective embouchure, and also lacks a proper appreciation of beautiful tone quality, that is, if he does not have a proper tone sense, both of these faults can be considerably improved by exercising in the following manner.

^{LXII} I wish to articulate my knowledge as clearly as possible in the form of rules, so as to make it generally applicable.

^{LXIII} Les conformations physiques les plus favorables pour acquérir la maitrise de l'embouchure sont:

a – Lèvres ni trop minces ni trop épaisses.

b – Dents régulieres.

c – Mâchoire inférieure non proéminente.

d – Partie supérieure du menton légerement concave.

^{LXIV} Modification de la forme du jet d'air. Partant de la position de la fig.1, en pressant les lèvres l'une sur l'autre, les dimensions de la fente des lèvres diminueront Jusqu'à n'être que de 1/2 mm. de largeur et 3 mm. de longueur environs. Nous appellerons cette pression de pincé des lèvres.

^{LXV} La flute est percée de douze trous qui, si l'on y ajoute l'Ut grave donné par le tube lui-même, correspondent aux treize notes fondamentales en progression chromatique [...] les notes [...] sont émises par une action particuliere des lèvres et par la direction du souflle, secondé dans l'octave aigue par l'ouverture de certains trous dénommés, de ce fait, trous auxiliares ou trous d'octave.

^{LXVI} Car l'embouchure de la Flute n'est pas plus difficile, que de siffler dans le trou d'une clef. [...] mais le principal de l'Embouchure est de faire sonner la Flute, et que le son soit net.

^{LXVII} The ear will dictate the correct degree to which the chin must be drawn back and the upper lip moved forwards. There is no other gauge.

^{LXVIII} Set the flute at the mouth so that the inner edge of the mouth-hole lies just at the point where the red part of the lower lip begins, that is, right next to the outward firm part; the lower lip would have to be very strong if one were obliged to place the flute closer towards the middle. If the aforementioned edge *is* placed in the middle of the red part of the lower lip, a low register rather strong and thick, though not well focused, will be obtained, and a good high register will be quite lacking. But if it is done in the way described above, one can have not only a full and well-focused low register, but also a fine and beautiful high register. This goes for a well-made flute; on a badly and incorrectly made one nothing very worthwhile can be achieved.

[LXIX] It is common knowledge, and a pity, that flute-players do not have a good embouchure and therefore cannot always play equally well from day to day, or even from hour to hour! If tone is lacking, everything is lacking, and this depends quite simply on the condition of the lips. Good, healthy and supple lips produce a good tone; hard lips, or those swollen and cracked with inner turmoil, or spoiled by rich and bitter foods, or roughened by cold, raw air, produce a bad tone and are obstructive to good playing.

[LXX] Soit que l'on joüe debout ou Assis, il faut tenir le Corps droit, la Tête plus haute que basse, un peu tournée vers l'Épaule gauche, les Mains hautes sans lever les Coudes ni les Epaules, le Poignet gauche plié en dedans & le Bras gauche proche du Corps. Si l'on est debout, il faut être bien campé sur ses jambes, le Pied gauche posé sur la Hanche droite; le tout sans aucune contrainte. On doit sur tout observer de ne faire aucun movement du Corps ni de la Tête, comme plusieurs font en battant la mesure. (sic)

[LXXI] L'on ne peut rien ajoutter a ce que M. Hotteterre le Romain a dit a ce sujet dans son Traité de la Flute Traversière; aussi la plupart de ceux qui ont donné des principes pour cet instrument après lui, l'ont plus ou moins copié, sans lui en faire honneur. Voicy le précis de cet Auteur a ce sujet: [....] Il est certain que cette attitude est très gracieuse mais elle ne doit pas être generale, chacun peut, jouant de bout prendre l'attitude qui lui est la plus naturelle, et qui lui paroit la plus noble. (sic)

[LXXII] As a gracefull posture, in playing on this Instrument, no less engages the Eyes of the beholders, than its agreeable Sound does their Ears.

[LXXIII] Deux choses aux qu'elles on fait peu d'attention et qui sont ce pendant de la plus grande conséquence, sont l'aisance et la Grace que de nécessité on doit avoir en jouant de la flute. Les Ecoliers ne sauroient trop y prendre garde d'autant plus que les positions des bras et de la tête étant forcées cela influe sur tous les moyens. (sic)

LXXIV Toutes les manières de monter une Flute ne sont pas bonnes, une Flute dont le trou de l'embouchure se trouve monté sur la même ligne que ceux des autres corps, force celui qui la joue, ou de lever le coude trop haut, ou de baisser la tête, ce qui à la longue fatigue l'un ou l'autre; il s'en suit de là que le bras se baisse, l'embouchure se dérange, le ton hausse et le son perd toute sa pureté: il faut en conséquence de ces observations tourner la tête de l'instrument de manière que le trou se trouve en dedans a une ligne de différence des autres. Voyez en l'exemple à la tête de la premiere gamme.

LXXV The most elegant position is invariably the best in the use of all instruments, and merits the earliest and most serious consideration of the pupil.

LXXVI La Flute devrait être montée toute droite, c'est-à-dire, que la barre des clés F. G. et le centre des anneaux le bord extérieur de l'embouchure, devraient se trouver en ligne droite, Cependant, pour certaines conformations de lèvres, une certaine latitude pourra être laissée pourvu, toutefois qu'une position des trois pieces etant adoptée, la flute soit toujours montée de la même façon.

LXXVII Pour observer toutes ces règles il sera bon de se mettre devant un Miroir, (précaution qui sera d'un grand secours). Il ne faudra point songer d'abord a placer aucun Doigt, mais souffler seulement dans l'Embouchure toute a vide, & a chercher à en tirer du son.

LXXVIII Those who have very thick lips would do well to try their embouchure a little to the left rather than in the middle of the lips; for the wind receives more edge when it is directed against the angle to the left of the mouth hole, a circumstance better demonstrated by experience than by description.

LXXIX In such circumstances, and especially in warm weather, it also may happen that he perspires about the mouth, and the flute in consequence does not remain securely at the proper place, but slips downwards, so that the mouth hole is too much covered, and the tone, if not lacking altogether, is at least too weak. Quickly to remedy this last evil, let the flautist wipe his mouth and the flute clean, then touch his hair or wig and rub the fine powder clinging to his finger upon his mouth. In this way the pores are stopped, and he can continue playing without great hindrance.

LXXX Il faut qu'elles soient jointes l'une contre l'autre, excepté dans le milieu où l'on doit former une petite ouverture pour le passage du vent: On ne les avancera point, au contraire, on les retirera du coin de la bouche, afin qu'elles soient unies & applaties.

^{LXXXI} L'Embouchure est bonne, quand le son est rond, bien nourri, Egal et net. Elle est belle quand outre cela, ce son est moelleux, délicat, sonnore et gracieux.

^{LXXXII} Il faut bien joindre les levres l'une contre l'autre en les retirant du coin de la bouche pour les unir et les applatir laissant une petite ouverture au milieu pour le passage du vent. On place le trou de l'Embouchure de la Flute vis a vis l'ouverture des levres, en apuyant la Flute contre la levre d'en bas, de façon que l'Embouchure de la Flute reste presque a decouvert. Après cela on soufle moderement le vent, et on cherche a former le son, tournant la Flute plus ou moins en dehors ou en dedans pour trouver le veritable point.

^{LXXXIII} I – Il faut poser les lèvres sur le trou de l'Embouchure, les joindre l'une contre l'autre, et faire une petite ouverture dans le milieu pour le passage du vent. Et pour Emboucher aisément, il faut retirer les lèvres des côtés de la bouche, et placer le trou de l'Embouchure vis-avis la petite ouverture des lèvres; ensuite pousser le vent fort doucement.

II – Il y a des personnes qui ne peuvent emboucher la Flute qu'en avançant la lèvre inférieure sur le bord du trou [...]

III – On peut tourner la Flute un peu en dedans ou en dehors pour se faciliter l'Embouchure. [...] Il faut encore observer, qu'a mesure que les tons montent, l'on doit augmenter le Vent, mais par gradations imperceptibles.

^{LXXXIV} Pour parvenir plus promptement à tirer des sons de cet instrument, voici les moyens qu'il faut employer. En plaçant la Flute à la bouche, il faut serrer la levre inferieure vers le cotes de la bouche la levre superieure doit être un peu saillante sur le trou de l'embouchure afin que le vent sortant de la bouche puisse entrer perpendiculairement dans la flute. Il est bon, de chercher a faire raisonner la flute sans metter aucun doigt sur les trous, on reussit plus tot, ensuite on place tous les doigts sur les trous pour faire sortir le RÉ qui est la note la plus basse: il faut pour cela que l'ouverture des levres soit assez grande afin de tirer des sons forts dans le bas de l'instrument ce qui est un mérite, et l'on resserre les levres graduellement en montant, pour former le son dans le haut. Il faut toujours commencer par souffler moderement et quand on entend le son il faut l'enfler et le diminuer, et le quitter pour le reprendre plusieurs fois

de suite j'observe qu'on ne doit jamais introduire le vent par bouffées cela ne sert qu'a fatiguer et ne produit aucun son agreable. Voila tout ce que je puis dire sur l'embouchure de la Flute qu'on est toujours obligé de chercher, malgré les meilleurs conseils du monde qu'on puisse donner à ce sujet. (sic)

LXXXV La flute est sans contredit de tous les instruments a vent celui qui souffre le plus la médiocrité mais comme il est très doux par sa nature, il est essentiel d'en tirer un bon son qui soit Male dans le bas, rond et velouté dans le haut. Pour y parvenir il faut longtems travailler les differentes gammes que vous trouverés dans cet ouvrage. Il ne faut jamais chercher a monter trop haut dans le commencement car cela donne l'habitude de pincer et de trop serrer les lèvres, ce qui ne peut produire que des sons maigres et faux et détruiront à jamais l'espoir d'avoir une belle embouchure. Travaillez au contraire tous les sons l'un a prés l'autre restés longtems sur chaque note enflés et diminués le son successivement. Voila le seul moyen avoué par tous les Artistes pour acquerir un beau son. (sic)

LXXXVI Il faut pour l'acquérir faire beaucoup de gammes; en enflant et diminuant chaque note, sans déranger l'embouchure et seulement par le moyen des lévres avec l'attention que le *Forte* et le *Piano* soient d'une parfaite égalité pour la justesse; il faut pour cela serrer les levres, puis commencer la note *Piano*, les ouvrir insensiblement pour la faire passer sans saccade par le *Crescendo* et arriver au *Forte:* le même procédé doit s'employer en sens contraire, pour revenir du *Forte* au *Piano:* voyez la première gamme.

Ce travail n'est pas fort agréable; Mais il est tres nécessaire; les morceaux lents sont les seuls qu'on doit employer en commençant, afin de pouvoir mettre facilement de l'ensemble entre la langue et les doigts.

Voyez ci-après les leçons aisées qui doivent être étudiées en sortant des gammes. (sic)

LXXXVII Observe therefore that your lips ought to be joy'nd close together, except in just the middle where a little opening is form'd for the passage of the wind, the lips must not pout, but rather be contracted toward the corners of the mouth; so that they may be smooth and even; let the hole of the Flute be plac'd just opposite of this opening of the lips, and resting the Flute upon the under lip blow moderately, turning the flute outward, or inward, till you find the true point.

You need not think of placing your fingers at first, but only blow into the Flute with all the holes open, till you are able to fill it & bring out a right tone, then place the fingers of the left hand in order, one after another and blow to each Note, till you are well assur'd of the truth of your tone, you put the fingers of your right hand in like manner; you need not trouble your self to fill the first Note, because it can't be done with out stopping all the holes perfectly well, which is harder to do than one would imagine, and must be attained by practice only. When you have arrived at filling the Instrument, then proceed to learn your Scale or Gamut which is as follows. (sic)

LXXXVIII L'orsque l'on sera parvenu a emboucher la flute on commencera a poser les doits l'un après l'autre en commençant par le premier de la main gauche, toujours en soutenant chaque Ton et en reiterant souvent le souffle jusqu'à ce que l'on puisse parfaitement Emboucher la Flute, et boucher tous les trous, apres qu'oy l'on passera au chapitre suivant. (sic).

LXXXIX Looking then at the relative situation, and of the great similarity between this instrument and the voice, it occurs to us that perfection in tone is attained only by the same means; namely, by what the Italians term *sol:fa*, that is, to begin a note quite pianissimo, increase it gradually, but slowly, till it has acquired its greatest volume and loudness, and then again sink it as gradually into silence. This ought not only to be the process of one note or of one key, but of every note and of every key on the instrument.

The advantage of this system is incalculable, and is as certain to produce a good tone as that any known truth in the problems of Euclid cannot be doubted. The gamut, *after* this system has been persevered in for some time, may then be practiced with great advantage; but *before* this – we cannot help thinking, it is like putting the leader on the wrong side of the coach.

XC When you play, your chin and lips must constantly move backwards or forwards, in accordance with the proportions of the ascending and descending notes. To produce a full and penetrating tone in the low register, from D" down to D', the lips must be drawn back gradually, and the opening of the lips must be made a little longer and wider. From D" up to D''' the chin and both lips must gradually be pushed forwards, in such fashion that the lower lip projects a little more than the upper, and the opening of the lips becomes a little smaller and narrower. Do not press the lips together too tightly, however, lest the hiss of the air be heard.

XCI Vibration (marked thus ~) is an embellishment deserving the utmost attention of all of those who are anxious to become finished performers on the flute, it ought to resemble the beats or pulsations of a bell or glass, which will be found to be slow at first, and as the sound gradually diminishes, so will the vibrations increase in rapidity. There are three ways of producing this effect, – by breath, by a tremulous motion of the flute, and by the shake, – if by the breath, the moment the note is forced, subdue the tone, and on each succeeding pulsation, let the tone be less vigourous. When the vibration becomes too rapid to continue the effect with the breath, a tremulous motion must be given to the flute with the right hand, the lips being perfectly relaxed, and the tone being subdued to a mere whisper.

Capítulo IV

Articulação, ou a Arte de se Expressar

[XCII] Ce que je pense – du point de vue de l'enseignement – c'est que le souflle, l'âme, l'air sont notre matière première. Mais un son n'est pas encore la musique, il faut après les relier entre eux: apparaît l'articulation et le parler musical. En dernier lieu, vient l'aspect mécanique et technique.

[XCIII] What is this process we call articulation? It is about how notes are connected – either by sound or by silence. Yes, also by silence. A slur is the sound that connects the notes of different pitch. Silence is harder to define; it's not quite enough to say "absence of music", because silence between the notes is as important for expression as the sound of notes themselves; they are partners. A rest is a notation for silence. But, all notes not connected by sound (i.e. *detaché*) legato and staccato notes are connected by silence: the problem is "by how much silence".

[XCIV] Something else that I think is relevant is the way that the French 'set' the tongue when they speak; it's quite different from what's used in most varieties of English. For French, the whole body of the tongue is positioned further forward in the mouth: it's as if it swings from an anchor-point behind the lower front teeth; in English, the anchor-point is much further back: the sides of the tongue touch the upper side teeth and the tongue 'works' from that position. This has big implications for how we tell people to start tonguing notes on a flute. The popular view that the English don't open their mouths when they talk, but the French do, contains a lot of wisdom.

[XCV] Most French flutists use forward or lip articulation, whereas most Americans tongue behind the teeth, on the hard palate. As one cannot fault the articulation of either Mr. Rampal or Mr. Baker, it seems reasonable that both are worth investigating. Natural articulation comes from native language. The French language is spoken very forward for both lips and tongue, and the consonant T is well defined. Americans tend to speak further back and T can become D or even lack any definition in speech. So, an American wanting to articulate on the flute in the French manner needs to practice something that will not come naturally.

[XCVI] Those accustomed to the Upper Saxon dialect must take particular care not to confuse the T with the D.

[XCVII] Anciennement on Exprimoit les Coups de langue par les deux Sillabes TU et RU cella suffisoit pour la Musique de ces Tems la, ou on lioit presque toujours les nottes deux a deux; il n'en est pas de même dans la musique moderne qui pour l'expression des liaisons et des nottes détachées demande des Coups de langue de differentes éspeces, chaqu'un selon sa disposition naturelle (sans s'embarasser d'aucune sillabe) doit chercher a former un coup de langue le plus net qu'il luy est possible. (sic)

[XCVIII] Autre-fois on se servoit des deux Syllabes TU, RU, pour exprimer les coups de langues: Mais les Virtuoso d'apresent ne les montrent plus par TU, RU; et regardent cela comme une chose absurde qui ne sert qu'a embarasser l'Ecolier. (sic)

[XCIX] Des Coups de langue ou Tacs.

Il y en a quatre différens, l'un d'obligation, & les trois autres d'agrément.

Le coup de langue d'obligation ne se fait entendre bien distinctement qu'en articulant la lettre T; on le doit employer à chaque note.

Du coup de langue perlé.

Ce coup de langue se fait en avançant le bout de la langue sur le bord des levres, de sorte qu'elle ait la liberté d'articuler la syllabe TU. Il est désigné par des petits points couverts d'une liaison sur les notes qui le demandent, & quelquefois par des petits traits: on ne l'employe jamais que dans des mouvements gais & vifs.

Du Tac aspiré

On fait celui-ci par la seule action des poulmons, en articulant la syllabe HU. Il est aussi désigné par des petits points couverts d'une liaison sur les notes qui l'exigent; mais il n'est jamas d'usage que dans les mouvemens lents & tendres.

Du double coup de langue.

Il se fait en resserrant les levres sur les dents, & conservant toujours la langue dans la bouche, en sorte qu'allant & venant avec une rapidité extrême sur le palais, elle articule la syllabe LOUL. Il est désigné par des lignes brisées audessus des notes. Ce coup de langue n'a lieu que dans des passages de Caprice, ou dans ceux qui caractérisent les Vents, la Tempête.

De la Syncope

On entend par Ia syncope la jonction de deux notes appartenantes à deux différens tems de la mesure; ou, ce qui revient au même, c'est la distinction d'une ou de plusieurs notes, qui, prises au milieu de la mesure, entre deux notes de moindre valeur, s'exprime ainsi: T, HÉ. (sic)

[C] It was reserved for some English players of the present generation to perpetrate the offence of protruding the tongue in articulation. This in its mildest form is a lisp, but it is sometimes carried to such an extent as to amount to actual spitting. Happily this most reprehensible habit is rare, and it is strongly condemned by public opinion.

[CI] J'ai determiné les fonctions de la levre, & en meme tems celles de la langue. Que doit faire la langue? Rien. C'est là l'idée, que l'on s'en doit former, tant que l'on n'est point maitre de la levre. Lorsque l'on est en etat, d'exprimer les sons distinctement par la levre, l'on trouvera, que la langue n'a pas grand'chose à faire, & que dans les passages memes, ou ses coups sont necessaires, [...] elle ne fait, que confirmer ceux de la levre, & cela, parce que si la langue peut donner quelque vigueur au vent, elle ne peut pourtant pas separer les sons, ni leur donner la rondeur &c. L'on trouvera encore, que la langue ne doit jamais toucher au palais, pour ne point gener la bouche, & empecher la levre, d'articuler. (sic)

[CII] The tongue is the means by which we give animation to the execution of the notes upon the flute. It is indispensable for musical articulation, and serves the same purpose as the bow-stroke upon the violin. [...] The liveliness of the execution, however, depends less upon the fingers than upon the tongue. It is the later which must animate the expression of the passions in pieces of every sort, whatever they may be: sublime or melancholy, gay or pleasing.

[CIII] Of all the wind instruments, the flute has the greatest freedom of articulation. Unencumbered by reed, mouthpiece, or extreme lip pressure, the tongue is able to move relatively freely throughout the mouth. When the tongue is combined with subtle movements of the lips, the flutist is able to enunciate in virtually every possible way, thus providing the performer with a means of phonetic expression unparalleled in the world of acoustical musical instruments.

[CIV] The concept of articulation is often closely allied with phrasing and how one note is joined to the other that initiates sound, or an action that interrupts or disrupts a continuous sound in the flute tube.

[CV] On fait plusieurs coups de langue sans reprendre haleine, et on ne reprend haleine ordinairement qu'a la fin d'une phrase.

[CVI] Although it does occasionally, though infrequently, happen that a figure can be marked with the chest, this technique cannot be regarded as a rule and used in the normal course of things, because it would result in a wretched and disgusting manner of performance.

[CVII] A direction to perform a note quickly, lightly, and separated from the notes before and after it.

[CVIII] Dots, dashes and wedges are staccato signs not distinct from one another until very late in the baroque period, when the dot tended (no more) to imply a lighter staccato.

[CVIX] This is indicated in three different ways, namely a short *staccato* by little lines, less *staccato* by points and an entirely smooth *staccato* by points over which there is a slur, indicating that the tone is to have merely a new impulse, but should not to be interrupted.

[CX] Le *spiccato* ou piqué se marque par des points ronds au-dessus des notes. Ils indiquent de ne soutenir les notes que la moitié de leur valeur et de les completer par un silence pris de cette même valeur. Le *staccato* ou detaché se marque par des points allongés; Ils indiquent de ne faire que le quart de la valeur.

[CXI] On distingue trois sortes d'articulations, le detaché ou le coupé, le coulé et le piqué. Le detaché doit êtres executé avec un coup de langue sec et bien articulé sur chaque note, en serrant un peu les lèvres. On execute le coulé en donnant um coup de langue sur la première note seulement. Il ne faut pas trop serrer les lèvres, car allors on étoufferait une partie du son. Pour bien executer le piqué, il faut détacher chaque note moëlleusement en portent la langue au palais sans force et sans trop serrer les lèvres, en prononçant la syllable DU. Cette dernière articulation se confond avec le detaché, elle n'en differe que par un peu de légéreté.

[CXII] Quoiqu'on ne puísse pas prescrire des règles invariables sur cet objet, on peut dire néamoins qu'il faut employer généralement le coulé dans les morceaux lents ou d'un genre gracieux, et le detaché dans les morceaux vifs.

[CXIII] Il y a differentes manières de donner le coup de langue, savoir le coup de langue moëlleux, qui semble lier un son à un autre et le coup de langue sec, qui sert a detacher. Le premier s'exprime par TU et le deuxième par TÉ. Le coulé sert a lier plusieurs notes ensemble, enfin, on ne saurait former aucun chant sans employer l'un et l'autre, donc le coup de langue et le coulé sert aux instruments a vent comme l'archet sert au violon.

[CXIV] Slurring is when two or more notes are passed over with only one tip of the tongue, which is markt by a Curve line, over or under the heads of the notes. (sic)

[CXV] In musical notation, a curved line (or square bracket etc.) extending over or under a succession of notes to indicate their grouping as a coherent unit, for example in legato.

[CXVI] Lors que deux nottes de même degré sont liées ensemble elles ne forment qu'un même ton. (sic)

[CXVII] Tie: to fasten something with string, rope, etc; Slur: to speak without separating your words clearly, often because you are tired or drunk.

[CXVIII] Le port-de-voix est un coup de Langue anticipé d'un degré, au dessous de la Note sur laquelle on le veut faire. Le Coulement est pris un degré au dessus & ne se pratique guere que dans les intervalles de Tierces en descendant. (sic)

[CXIX] Le coulé placé sur plusieurs notes differentes indique aussi qu'il faut les lier d'un seul coup de gosier ou d'un seul coup d'archet. Il faut appuyer sur la première des notes coulées et donner à la dernière la moitié de sa valeur. La deuxième note coulée ne conserve toute sa valeur que lorsqu'elle est plus longue que la première.

[CXX] Le portato ou porté se marque par des points surmontés d'une coulé, ce qui indique de porter les notes les unes sur les autres, sans les separer ni les couler.

[CXXI] Le saccadé est une suite de notes alternativement longues et brèves; la note longue qui est toujours pointée ne se soutient pas; le point doit être elidé et remplacé par un silence équivalent; la note brève doit être jetée sur la longue.

[CXXII] There are many references in theoretical writing to a manner of performance in which the first note under the slur would receive an accent (sometimes agogic) and the final note would be shortened. This mode of execution seems more likely to have been regarded as normal in the 18th century than in the 19th century.

A number of 19th-century writers, including Czerny, limited this type of performance to groups of two or three notes, and it is clear that many slurs, particularly successions of longer slurs beginning on metrically strong beats, were intended merely to indicate a general legato.

CXXIII To render playing more agreeable, and to avoid too great a uniformity in tongueing, 'twill be proper to use two principal articulations, Viz TU and RU, the TU, is most in use, and is used in all cases as to Semibreves, minims, Crotchets and to the greatest number of quavers, for when these last are on the same line, or such as a leap, you pronounce TU, when they ascend or descend by degrees and joyn'd we use also TU but intermixed RU with it.

CXXIV Observe that TU RU are regulated by the number of Crotchets, when the number is odd, you pronounce TU RU alternatively [...] when the Quavers are even you pronounce TU to your two first, then RU alternatively.

CXXV On fera bien d'observer que l'on ne doit pas toüjours passer les Croches également & qu'on doit dans certaines Mesures, en faire une longue & une breve; ce qui se regle aussi par le nombre. Quand il est pair on fait la premiére longue, la seconde breve, & ainsi des autres. Quand il est impair on fait tout le contraire; cela s'appelle pointer. Les Mesures dans lesquelles sela se pratique le plus ordinairement sont celle à Deux-temps, celle du triple simple, & celle de six pour quatre. (sic)

CXXVI In quick passage-work the single tongue does not have a good effect, since it makes all the notes alike, and to conform with good taste they must be a little unequal. Thus the other two ways of using the tongue may be employed, that is, *tiri* for dotted notes and moderately quick passage-work, and *did' ll* for very quick passage-work.

CXXVVII Nevertheless, Brahms's correspondence with Joachim makes clear that, in keyboard playing at any rate, Brahms regarded a shortening of the second note in slurred pairs as obligatory, and a similar treatment of longer groups as 'a freedom and refinement in performance, which, to be sure, is generally appropriate'.

CXXVIII Il faut seulement augmenter le son sur chaque notte pointée comprise sous ce signe et ne point détacher. Il faut détacher chaque notte d'un coup de langue sur les instruments à vent; Il faut piquer et couper chacune de ces nottes sans avoir égard à leur valeur; Il faut augmenter le son sur la 2ᵉ notte qui forme la sincope sans la détacher. (sic)

CXXIX Le scandé est une manière d'appuyer sur la première note de chaque tems ou de chaque groupe de notes. Par example la mesure a 3/4 a 6/8 qui contiennent chacune six croches, font à l'audition une impréssion bien differente; dans l'une le scandé se fait sentir de deux en deux notes, dans l'autre de trois en trois notes. [...] Le scandé se marque plus fortement au commencement de chaque tems, et se fait sentir même dans une suite de notes coulées. (sic)

CXXX The inclusion of other articulation marks in manuscript and printed music was relatively uncommon before the 19th century, but by the middle of that century additional signs had been proposed by theorists, and several were beginning to be adopted by composers. This process was encouraged by the growing concern of composers with details of articulation as an essential element in their music and by their determination to exercise greater control over the performer's interpretation.

CXXXI I shall here lay open the great Secret of the double Tongue, which with much Pains, Assiduity, and Labour, took me up to four years to accomplish, which I now as frequently teach, in less than so many hours.

CXXXII Plusieurs font Cas du double coup de Langue; il sert dans les passages de grande vitesse, et s'exprime par les deux Sillabes DI DEL.

CXXXIII On le prononce aussi *Tourou* ou *Turu* mais de quelque maniere qu'il soit prononcé il n'en est pas moins défféctueux en ce qu'il ne représente à l'oreille qu'un routi désagreabIe: qu'il est impossible d'avoir de la nêteté dans l'execution et qu'il contraint celui qui l'employe à ne pouvoir nuancer ses traits ni donner aucune expression: d'ailleurs pourquoi employer des moyens surnaturels? est il queIqu'autre instrument ou l'on emploie cette articulation? La Clarinette, le Basson, le Haut bois et le Cor s'en servent-ils? je ne fais ces questions qu'aux amateurs de ce bredouillage. (sic)

CXXXIV Drouet's variations to *Rule Britannia* was the piece which Mr. Card chose. This composition requires three indispensable requisites in a performer: a fine unclouded tone, a rapid finger, and a brilliant and distiuct articulation. In the former and latter of which, we think Mr. Card deficient; for his tone, although large, is not polished; and his articulation is rendered neutral and indistinct, from the practice of double-tongueing. We cannot imagine, indeed, Drouet's music to be otherwise than ineffective, if a performer use this articulation.

CXXXV Perhaps, in conclusion, the reader may not think it misplaced if we should point out, *paucis verbis*, a few errors which we have observed of most common occurrence amongst amateur performers. In the first place, and as "the very head and front of their offending," we rank double-tonguing.

CXXXVI Lindsay has effected this with much success, but we must quarrel with the common-place coda which he has attached to the fourth arrangement. This "old song" has been so often sung before, that we wonder it does not engender nausea even to the double-tonguing gentlemen, for whom it appears expressly composed.

CXXXVII The double-tonguing used to be of high consideration among flute-players, but with all possible deference to the eminent masters who still use it, I am of the opinion that, in this age of refinement, it ought to be entirely exploded.

CXXXVIII It is, in every point of view in which way we will, a trick of execution, which has as much of quackery in it as any of the wonderful nostrums which have for their object the renovation of human life. It is also a false and bad articulation; and, however well might have served the purpose of old masters, when the flute was, as it were an instrument full of quackeries, it is certainly unworthy the professors of the present age, and of the great perfection to which the instrument is now brought. (sic)

CXXXIX It is not only imperfect in itself, but it has another great disadvantage attending it. In the reaction of the tongue, on the second syllable of the word that is used, the accent is allways ill-defined and obscure; and the consequence of Using it is, that the whole performer's general style in a measure partakes of it. It is too, of very easy accomplishment, which makes the abuse of it more frequent and more to be deprecated

CXL This articulation is used to an alarming extent by some masters; and whether it be that the evil is contagious, and they cannot avoid using it, I know not, but there is scarcely a staccato passage in any composition which they do not execute with this Babylonish gabble [...] It is one of those errors of which sloth and idleness are the most willing propagators.

CXLI In *bel canto*, the enunciation of the words is inseparable from the production of the notes, both in their sonority (colouring) and in their articulation (declamation).

CXLII There can be no proper *bel-canto* without a full understanding and intelligent exploitation of the words.

CXLIII Articulation, like phrasing, is of the highest importance in baroque music, and capable of the highest subtlety. Even within one passage, although the separation may be basically of one kind, the refinements can be varied from note to note: and no two notes running should necessarily be given quite the same degree or manner of separation. As usual, the sense of line comes first; and good articulation, like good phrasing, is an element in good line.

CXLIV For example, to play well an *adagio* with all the possible colorature, the player must not only be a perfect master of his instrument, but he must also have the power to transform the tones, as it were, into words, by which he will be able to give his feelings a clear expression. The composer of vocal music endeavors to make the tones express the emotions described by the words, and the singer is most easily led to a correct musical interpretation through the words connected with the tones; likewise, the flute player must learn to sing upon his instrument

CXLV He will learn by the study of good song music when and why a note should be played staccato, or be slurred with the next following; and when an accent or a crescendo or diminuendo in the tone strength, is necessary to bestow upon the music an expression corresponding to the words; and when a breath can be taken without breaking the correct declamation.

CXLVI Since it is only possible to indicate the declamation or correct expression of the words of a text on an instrument by means of articulation, that is by striking the notes according to the meaning or syllable-beginnings of the words, it is important to learn the necessary art of tonguing and its proper application.

CXLVII Nota come io procedo da le litere vocale accioche possi invistichar quala silaba over litera la natura ti habia dotato di esprimere tal che con piu velocita procedendo con questo ordine deponendoti li tre moti originali e poi a moto per moto io distendero li sui varii effetti da essi derivati: cioe in questo modo.

CXLVIII A primary effect which the dawn of the machine age brought to flute playing was the advent of machine-like tonguing, which strove for greater uniformity between the front and back strokes of the tongue. It is evident from the principal historical examples that performers using compound articulations before the machine age employed more varied consonant/vowel combinations than their modern counterparts do.

CXLIX The French concept of *inégale* is inherent in the choice of the *tu-ru* tonguing suggested by Hotteterre and the *ti-ri* and *di-dll* varieties of tonguing by Quantz, which are latent with a slightly less-pronounced, but still apparent, inequality. The *dootle* tonguing of later English flutists and other derivations of Quantz's *di-dll* tonguing all lack the uniform character of much modern tonguing. Subtlety and non-uniformity are the hallmarks of the one-keyed flute, and the articulations that correspond to the idiosyncrasies of the Baroque flute are as essential to a historically-informed performance as are the graces and extemporaneous ornaments that must adorn the melody.

CL The notes I handle no better than many pianists. But the pauses between the notes – ah, that is where the art resides!

Capítulo V

Teoria e prática da Improvisação para a Flauta

CLI I would like to be able to record baroque music with the amount of ornamentation that it deserves. I feel like I'm making progress in that direction, but I think we should aspire to the sort of freedom and creativity that you find in Jazz. That would make a huge difference in performing baroque music.

CLII The Adagio [...] may be viewed in accordance with the French or the Italian style. The first requires a clean and sustained execution of the air, and embellishment with the graces, such as appoggiaturas, whole and half-shakes, mordents, turns, battements, flattements, &c., but no extensive passage-work or significant addition of extempore embellishments. In the second manner, that is, the Italian, extensive artificial graces that accord with the harmony are introduced in the Adagio in addition to the little French embellishments.

CLIII Apart from organists, few classical performers improvise any more, even though the training that would enable them to do so is available. Today's performers, shaped in the crucible of competitions and recordings, learn early to avoid risk as a threat to consistency and accuracy. There is nothing more risky than improvisation, but there is nothing more devastating to music's dramatic and emotional message than avoidance of risk.

CLIV Il y a des moments pour faire des notes à justesse variable. A d'autres, c'est insupportable. C'est aussi insupportable que d'entendre quelqu'un trop orner à un moment essentiel dans la musique baroque.

CLV Cadenzas require more fluency of imagination than erudition. Their greatest beauty lies in that, as something unexpected, they should astonish the listener in a fresh and striking manner and, at the same time, impel to the highest pitch the agitation of the passions that is sought after. You must not believe, however, it is possible to accomplish this simply with a multitude of quick passages. The passions can be excited much more effectively with a few simple intervals, skillfully mingled with dissonances, than with a host of motley figures.

CLVI With regard to his taste and style, we do not hesitate one moment to pronounce it inferior and deficient in expression and delicacy. For the truth of these observations we have only to recall the recollections of those of our readers who were present at his performance, to the style in which our beautiful national air was given by Mr. Ribas. We will venture to assert that the melody was never so given at a concert before. Not a note of the theme was without embellishment; a constant succession of thirds and fifths met the ear before each note of the air; and on the first note (the dotted crotchet) of the second bar, a shake was introduced, for the purpose, we suppose, of giving effect to the remainder; which was played to the conclusion, without any exception in precisely the same style. Now if here is one theme, that requires less adornment than another, it is the one of which we are speaking. All embroidery is absolutely Gothic and ill-conceived, even as a cadence at its conclusion; but when it is used indiscriminately to every note from beginning to end, we can only lament we ever had the opportunity of hearing it.

CLVII In the 20th century musicians have been trained to try piously to observe the written testament of the composer. If the will of the performer emerges, it is often through flamboyant disregard of those instructions in order to use the composition as a mere vehicle for self-aggrandizing display.

CLVVIII In today's music, the roles of performer and composer are usually separate; composers write what they expect performers to play, and performers do not depart significantly from the written text. In baroque music, however, the performer and composer shared a more equal role in the compositional process, and two performances of the same piece could therefore be vastly different. […] A score used by the composer may be lacking in many details that one would consider crucial for modern performances.

CLIX A large part of the music of the whole era was sketched, rather than fully realized, and the performer had something of the responsibility of a child with a coloring book, to turn these sketches into rounded art-works.

CLX All embellishments, all little graces, and all that is understood by the method of playing he [J. S. Bach] expresses in written notes, and not only deprives his pieces of beauty and harmony but makes the melodic line utterly unclear.

CLXI A piece of music can be beautiful and please not, for want of being performed with the necessary embellishments, of which embellishments the most part are not at all marked on paper, whether because in fact they cannot be marked for lack of signs for that purpose, or whether it has been considered that too many marks encumber and take away the clearness of the melody, and would bring a kind of confusion; besides, it is useless to mark things, if you don't know how to fashion them with the appropriate refinements which makes all the difficulty.

CLXII I am very skeptical as to whether complete understanding remains possible today. One should keep in mind that all these treatises were written for contemporaries, so an author could count on the existence of a large body of generally familiar knowledge; he did not need to discuss it at all. [...] What was not written down, that which was self-evident, was probably more important than anything that was written! After all, his instructions were addressed to his contemporaries, not to us.

CLXIII Le nom de Prelude s'explique assez de luy même, et est assez généralement connu, sans qu'il soit nécessaire d'en Donner icy aucune définition.

CLXIV With regard to the embellishments, I think it is advisable to note them down only when they are ordinary quick passages; with others which come partly from the natural facility of the fingers, partly from luxuriant invention, it is useless to do so. Either they cannot be indicated in notes, or else good taste will reject such embellishments so soon as one realizes that they are supposed to be these and none others, thus and not otherwise at a given place; in short, as soon as one misses the fortuitousness so essential to them. A musical person with good interpretative powers will never play in the same way, but will always make modifications in accordance with the state of his feelings.

CLXV L'autre espece est le Prelude de Caprice qui est proprement le veritable Prelude, et c'est dont je traiteray dans cette Ouvrage. Je tâcheray de le reduire en Regles et d'en donner des Principes certains et clairs, ce que personne, a ce que je croys, n'avoit entrepris jusqu'icy, soit que l'on ait negligé cette recherche, ou soit q'uon l'ait jugée ingraitte, et difficile a traiter; En effet, comme le Prelude doit estre produit sur le champ, sans aucune preparation, et que d'ailleurs il comprend une variété infinie, il semble qu'il ne puisse estre susceptible de regles ny de Methodes; Cependant ayant examiné que ces Caprices ne se faisoient point absolument au hazard, et qu'ils doivent estre même fondés sur une Modulation tres reguliere, J'ay conçu le dessin de cette Ouvrage, et me suis flatté en même tems qu'il pourroit estre d'une grande utilité a ceux qui veulent s'instruire et se perfectionner dans cette science. (sic)

CLXVI Les exemples suivants sont moins des préludes que des canevas pour en faire. D'ailleurs l'écolier est encore consideré ici comme à peu près au berceau, il a fallu faire les préludes en consequence. D'ailleur un simple accord parfait ou la gamme tient lieu de prélude quant on ne sait d'avantage.

CLXVII J'y donnerai des preludes tous faits sur tous les tons, lesquels serviront de modelle pour en faire de genie. Au reste, quoyque j'aye mesure la pluspart de ces Préludes, on ne dôit pourtant pas s'assujetir a y battre la mesure quand on voudra les jouer de memoire.

CLXVIII We can give no certain Rules for placing these Graces; tis the Ear and practice which must teach you to use them in the proper Time, rather than Theory what I wou'd advise you to; is to play some time only such pieces of Musick as have these Graces markt, thereby to accustome your self by little, and little, to use them to such Notes as they agree best with. (sic)

CLXIX La regle la plus essentielle du Prelude est qu'il soit modulé dans le ton qu'on se propose, principalement en commençant et en finissant. Pour entendre ce que c'est que Modulation il faut savoir qu tout qui se compose en Musique, soit Air, Simphonie, Cantate, Sonate, etc, est dans un certain Mode (ou Ton) et doit finir par la note de ce Ton absolument: la première note doit même estre celle du ton ou une des cordes de son accord parfait [...] or ces mêmes regles s'observent également a l'egard du Prelude.

CLXX The manner in which all *Airs* divided into three parts are to be sung. In the first they require nothing but the simplest Ornaments, of a good Taste and few, that the Composition may remain simple, plain and pure; in the second they expect, that to this Purity some artful Graces be added, by which the Judicious may hear, that the Ability of the Singer is greater; and in repeating the *Air*, he who does not vary it for the better is no great Master.

CLXXI The graces should be introduced only where the simple air renders them necessary [...], In other respects I remain of the opinion previously mentioned: the more simply and correctly an Adagio is played with feeling, the more it charms the listeners, and the less it obscures or destroys the good ideas that the composer has created with care and reflection. For when you are playing it is unlikely that you will, on the spur of the moment, improve upon the inventions of a composer who may have considered his work at length.

CLXXII Hence in playing, you must regulate yourself in accordance with the prevailing sentiment, so that you do not play a very melancholy Adagio too quickly or a cantabile Adagio too slowly.

CLXXIII In addition to such intentional omissions in manuscripts, some notational obscurities result from the stylistic conventions of the time. In Italian sonatas, for example, composers often intentionally wrote only a bass and a simple melodic line, and they expected the performer to embellish the melody. Not only did the performer and composer both participate in the creative process, but the performer and instrument were also united in the aim of expressing the passion or affect within the music.

CLXXIV In the 17th and 18th century, the collaboration between composer and performer, without which no music can exist that is not improvised or composed into its medium (like electronic music), was weighted more heavily towards the performer than at any time since and perhaps before.

CLXXV Parts of the *danzón* would call for florid ornamentation similar to that of the French Baroque or *gallant* style upon the repeated statement of the melody. This was particularly impressive musically because the flute upon which these flutists were playing was the simple wooden 5-key flute invented by Georg Tromlitz of Bavaria in the early 19th century. Although this flute was an evolution of the 2-key Baroque flute that had preceded it, it still was not nearly as versatile and "in tune" as the Boehm system flute which is the prototype of the modern flute that we use today. When Teobald Boehm invented this flute in 1832 he first introduced it to the Paris Academy of Science, where it was rejected. It wasn't until the late 1800s through the turn of the century that this "new" flute was accepted at all. Since the primary migration from France to Cuba via Haiti took place in the late 1700's and since the development of *charanga* orchestras mainly took place throughout the 1800's and early 1900's, it's not surprising that the flute mostly used in *charanga* is the Tromlitz wooden 5-key flute. Even today, many still prefer this 5-key flute because of its warm sound, its subtlety, and its facility in the fourth octave (sic), as well as because of a desire to keep with tradition. However, many flutists, (including the great Richard Egües of *Orquesta Aragón* fame) have converted to the Boehm system flute for its ease of playing and more tempered scale.

CLXXVI But with the arrival of Paganini, and later of Liszt, the performance, composition and presentation of classical music were virtually re-invented. In their blurring hands, the serious business of art was re-fashioned as entertainment, and they made a spectacular virtue of brilliance. Performing their own works, written to best illustrate their skills, they reversed the polarity of appreciation, and made the method of performance more important than the work being performed.

CLXXVII The composer increasingly wanted to make their writings expressive of their increasingly personalized ideas as individuals. […] The essential consequence of this process is that now the performer is given a material that is not any longer supposed to sound like his own invention at the moment of performance, but has a meaning and dignity in itself before it becomes audible. The problems involved arise from the fact that the performer, according to his nature, […] still strives at making the material sound as if he were creating it in the act of performing it.

CLXXVIII It was formerly more easy to compose than to play an adagio, which generally consists of a few notes that were left to the taste and abilities of the performer; but as a composer seldom found his ideas fulfilled by the player, adagios are now made more chantant and the performer is less put to the torture for embellishment.

CLXXIX No musician who listens to these three aspects of jazz can harbour any illusions about a "code of performance", or indeed any combination of notation and written description that would enable him to reproduce a performance he has not heard. […]; if there are codes, then they must be as diverse as the models we follow. Perhaps the fundamental lesson that performers of Early Music can learn from Jazz is to revise their expectations.

CLXXX We have become accustomed to the idea of an international pitch standard based upon a value for a' that is defined in terms at least as fine as one vibration per second. Performers of Baroque music have tended to settle on a pitch standard exactly a semitone below this (a' = 415) as being "correct" for the music they play. But all the evidence from the period shows that pitch varied wildly, at least from a' = 350 to a' = 500.

CTP e Impressão:

Rua General Rondon, 1500 - Petrópolis - RJ
Tel.: (24) 2249-2500
e-mail: parkgraf@terra.com.br